# “双新”背景下的高中语文教学革新

## 上海市市西中学的探索与实践

郑　岚　董君武◎著

华东师范大学出版社
·上海·

**图书在版编目（CIP）数据**

“双新”背景下的高中语文教学革新：上海市市西中学的探索与实践/郑岚，董君武著. 一上海：华东师范大学出版社，2023
ISBN 978－7－5760－3786－9

Ⅰ.①双… Ⅱ.①郑… ②董… Ⅲ.①中学语文课－教学改革－研究－高中 Ⅳ.①G633.302

中国国家版本馆 CIP 数据核字(2023)第 059481 号

**“双新”背景下的高中语文教学革新**
——上海市市西中学的探索与实践

著　　者　郑　岚　董君武
责任编辑　王丹丹
责任校对　江小华
装帧设计　卢晓红

出版发行　华东师范大学出版社
社　　址　上海市中山北路 3663 号　邮编 200062
网　　址　www.ecnupress.com.cn
电　　话　021－60821666　行政传真 021－62572105
客服电话　021－62865537　门市(邮购)电话 021－62869887
地　　址　上海市中山北路 3663 号华东师范大学校内先锋路口
网　　店　http://hdsdcbs.tmall.com

印 刷 者　上海商务联西印刷有限公司
开　　本　787 毫米×1092 毫米　1/16
印　　张　16
字　　数　260 千字
版　　次　2023 年 4 月第 1 版
印　　次　2023 年 4 月第 1 次
书　　号　ISBN 978－7－5760－3786－9
定　　价　58.00 元

出 版 人　王　焰

（如发现本版图书有印订质量问题，请寄回本社客服中心调换或电话 021－62865537 联系）

# 推荐序一　领悟与转化：学校推进“双新”改革的关键

看到郑岚老师的书稿，我有一种迫不及待的阅读渴望，造成这种迫切感的原因主要在于书名中的三个关键词：“双新”、高中语文、市西中学。众所周知，“双新”是当前课程改革领域的高频热词，是新时代国家深化课程改革的核心任务。从2001年国务院颁布的《基础教育课程改革纲要（试行）》到2017年高中新课程标准的研制，再到2022年普通高中全面实施新课程、使用新教材，可以说，从顶层设计层面，国家的课程标准研制、教材编写等已经形成系统的课程政策体系。然而，“双新”理念在一门学科的教学中如何得以落实，在一所学校的课程教学中如何得以落地，在每一位老师和学生共同编织的课堂中如何得以呈现，是推进“双新”改革的重中之重。近年来，上海市市西中学在掌门人董君武校长的带领下，聚焦学生素养培育，深入摸索教育规律，创造性地统整实施国家课程，首创“思维广场”，引发教学方式、育人方式的深度变革，创建学术性高中，为优秀学术人才成长奠基，从更具前瞻性、战略性的高度落实立德树人根本任务。探索成效显著、成果丰硕，打响了海派教育新品牌。作为母语教育的语文学科在每一次课程改革中都是最先站在风口浪尖上、最容易引发“百家争鸣”的一门学科，也是进行科学性、系统性实践挑战最大的一门学科。在“双新”背景下的市西中学语文教学革新将呈现出怎样的一番面貌呢？我有幸先睹为快！

通览全书，市西中学的语文教学革新作为践行“双新”理念的一个案例，其推进的扎实、内容建构的充实、成果提炼的丰实给我留下了深刻的印象。这本书从基层学校实践的视角，通过文献研究和对学校语文教学实践基础的分析，确定实验研究范畴；从语文学科“工具性与人文性相统一”的特点出发，对教师的教学行为与学生的学习行为进行现象搜集与归因分析；通过对语文教学现状的再反思，对语文学科育人价值的再认识，分析、梳理、提炼了“双新”背景下语文教学变革的基本特征；结合课程改革目标和市西中学校本任务要求，进行了科学化、系统化的行动研究。这本书为广大高中学校推进语文学科的“双新”改革，从改革路径与理性思考方面提供了“市西经验”。

一是科学理念引领，这展现了学校在“双新”背景下的思考。学校基于历史发展和教育现实环境，对人才培养目标进行了重新厘定，围绕“促进学生优势发展的个性化学习”的教育理念，构建三大校本化“双新”理念的价值维度：以核心素养为纲落实立德树人根本任务，以课程选择为线支持每个学生优势发展，以教学变革为基提升学科教学育人效能。市西中学提出以学校整体因材施教的行动研究推动课程教学改革的设想，构成了“双新”背景下学校改革发展的第一个关键领域和命题。市西中学还通过校本教研工作创新的研究来推动高素质教师队伍建设，提升了教师对于“双新”政策的理解力和认同感。由此生成学校经验，为落实“双新”找到载体和突破口。

二是学科样态创新，这是对学校理念的具体呈现和拓展深化，是学校层面和学科教学层面的整体联动。郑岚老师从教研组的角度对“双新”政策和理论的个性化理解，明晰了语文学科的“双新”改革的四个样态：以《语文学科校本教学实施指南》凸显分层分类的目标导向，保障因人而异的发展需要；以重构课程体系凸显多元协同的课程思维，形成序列、长效的课程群，保证课程的丰富性和选择性；以过程性、发展性和增值性评价理念凸显教学评价的标准意识，破除传统意义上单纯的甄别和选拔功能；以学促研，达成教育教学理念和价值观的趋同，凸显团队效能，促进教师的集体成长。

三是教学实践变革，这是基于传统课堂教学的新的实践范式。“双新”之“新”，更深层次的要求是坚守课堂教学的本质，设计以促进学生发展为目的的学习活动来承担语文教学应有的学科价值。语文教研组以单元重组拓展大单元教学的实施范畴，以集体教研推动单元学习活动的动态优化，让大单元教学真正在语文教学中落到实处。思维广场是市西中学在推进课程教学和人才培养改革中的创造性设计。教师充分利用思维广场的学习空间，呈现整本书阅读教学设计，同时实施跨学科融合式教学，成为学校践行“双新”理念之后的教学常态。语文教研组还基于学术性高中的创建，依托实践活动引导学生充分利用校内校外资源，通过课题、论文引领的自主探究、发现学习，彰显价值意蕴。郑岚老师以亲身参与的各个领域，呈现学校践行“双新”理念的有效策略。

本书还有一个重要贡献，即郑岚老师作为一位学科教师，同时作为学校课程管理的领导者、执行者，对学校推进课程改革起到的关键作用给我们的启发。美国学者古德莱德(Goodlad)提出了五种不同层次的课程形态：“理想的课程”“正式的课程”“领悟或理解的课程”“运作的课程”“经验的课程”。理想的课程，即由一些教育研究机构、学术团体和课程专家提出的应该开设的课程；正式的课程，即由教育行政部门规定的课程计划、课程标准和教材，我们平时在课程表中看到的课程即属此类；领悟或理解的课程，即任课教师所领悟的课程，这种领悟的课程可能与正式的课程之间有一定的差异；运作的课程，即在课堂上实际实施的课程，在实施中，教师常常会根据学生的反应随时进行调整；经验的课程，即学生在课堂学习中实实在在体验到的东西，也即课程经验。从理想的课程到学生实际经验的课程，学校课程管理者和实施者的领悟力与转化力是最为关键的要素。从这本书中，我看到一所优秀学校所表现出的突出的课程领导力，郑岚老师作为市西中学董君武校长管理团队的核心成员，以极大的学术勇气去解读国家课程政策与理念，以严谨的专业精神去建构学校的课程体系，以引领者的姿态去创造市西中学的课程特色。郑岚老师在带领语文教研组全面落实立德树人根本任务的过程中，聚焦课程要素，系统研究课程计划与设计、组织与实施、管理与评价，从学科教学的视角，建立规范性、实践性和可操作性的技术路径，阐释了教师落实“双新”背景下的教学改革的多元化途径，并为学生提供了适应个体学习需要的多层次的个性化教育，从而达到育人方式变革的丰富性和全面性。郑岚老师带领下的“双新”改革，成功地促进学校课程改革从理想形态转化为教学层面的现实形态，是真实有效的改革，是理论与实践双向转化的改革，更是成事成人的改革。

一位优秀的语文教师，一位优秀的教学管理者，一种知行合一的探索，一本用实干和实力说话的好书，《“双新”背景下的高中语文教学革新——上海市市西中学的探索与实践》值得一读。

李百艳

# 推荐序二　乐见市西中学语文谱新篇

1985 年我到华东师范大学读书，当时最熟悉的公交线路，是从学校前门乘 67 路，然后换 20 路到南京东路的书店。每每在愚园路快拐弯进乌鲁木齐北路时，便能看到上海市市西中学。校门一晃而过，我一直没怎么看清楚它令人感觉高大上的校园。但我每每会想，这所名校呀，什么时候一定要进去看一看。大四教育实习时，我们有同学被分到了市西中学，我则被特批留在了《上海文论》杂志社继续实习。那时，我骑车去淮海路社科院上班，其实也常途经愚园路和市西中学校门口，但我还真就没有以找同学为借口去探访市西中学。也不知为什么，也许就像人生中的许多缘分或错过吧。这就好比，本科毕业后我读现当代文学专业的研究生，一直读到博士毕业留校，但工作没几年，各种机缘巧合却促使我做起了语文教育方面的事。尤其是华东师范大学出版社委托我主编一套语文助学读物，并希望对标当时大火的《新语文读本》。于是我开始研读前辈的著述、一线教师的优秀案例，更结合自己当年学语文、当时给大一新生讲文学的心得和教训，在构想《新课标语文学本》的编写理念和体例的过程中也逐步形成了我的语文观。"语文有可教、好学的方面，也有不怎么可教、不太好学的方面"，"现代社会需要现代教育，现代教育需要加强科学性，需要讲求公平原则和效率原则，在这些问题上，学校语文教育责无旁贷"，"课堂是语文教育的主战场，阅读是语文学习的基本面"……这些看法卑之无甚高论，却也至今没大改变。

所以，当我和大学时代的跨系老友君武兄久别重逢，不难想见我们会聊些什么。董君武，当年数学系的学生会主席，常在学校人文讲座上出现，也是常在征文中获奖的全能选手，已经成了鼎鼎大名的“董校”——执掌市西中学有年。在他眼中，想必我也是面目可疑也或可信的“专家”了。说实话，不大记得我俩是在哪里握手或把酒言欢，又具体谈了哪些话题了，但我清楚记得不久之后，我就走进了神往很多年的市西中学的校园。

也就是在第一次到市西中学时，我认识了郑岚老师。她教语文，也做学校管理工作，看的出来她是董校的得力助手。后来，我观摩了她在“思维广场”上的“跨学科融合式”的一节课，讲的是孔子和庄子的语录，由语文、历史、政治等科目教师在课前集体备课，并给出任务单让学生在课前预学。课上，师生们围坐在一起，学生们发言踊跃，间或也有些分歧和讨论，郑老师话不多，然而循循善诱，对学生很熟悉，更是非常平等。可是，在我还没听到过足瘾、貌似不少学生也有同感之时，下课铃声响了。虽然心里有点遗憾，但我却是认真领教了郑岚的聪慧与能干，也对市西中学的教学风格和校园文化有了更多了解。因此，我也就有了一个大胆念想，要给市西中学的孩子们上一堂关于比较阅读教学的语文课。这事的筹划和准备工作落在了郑岚身上，想必她又为此忙这忙那忙了好一阵子。但郑老师效率高，做什么事都好像是风轻云淡似的。

我上的是统编版教科书中的一篇组合型课文，朱自清的《荷塘月色》和郁达夫的《故都的秋》两篇名篇强强联合。我上的是第二课时，学生们已经学过了《荷塘月色》，而我主要讲《故都的秋》。教学的核心设想是，严格按照单元目标和任务，紧贴课后的学习提示，以这两篇散文不一样的行文线索为抓手，用刚学过的《荷塘月色》的“行踪”作参照，以启发学生发现《故都的秋》的线索为“心绪”，从而走进文本的核心和肌理，在师生、生生互动中体悟郁达夫书写虚景、创造意境的才能，乃至把握《故都的秋》文本特有的节律、韵味。不难想见，现实总是比理想骨感，那天的课虽不能说是失败了，但显然没达到我自己的预期，尤其是在课堂对话的展开、时间进度的把控方面还很欠火候。那天，郑老师也来听课了，像她一贯的风格那样，不声不响地来，又不声不响地提前离开去忙其他校务了，所以课后请市西中学老师们谈观课感时没能听到她的意见。可喜的是不久之后，我读到了郑岚评我课的文章。当然是以表扬鼓励为主，但也有到位的建议及提醒，体察问题特别善解人意，考虑事情更是很有大局观和分寸感。

让人高兴的是，这篇文章也被组织进了这本书。这是我对郑老师文字的第一印象，其准确性如何大家都可以自有判断。当然，书也如其名，《“双新”背景下的高中语文教学革新》，比起个人评课的自由来，书里的多数内容要正襟危坐了许多，这应该也是副标题“上海市市西中学的探索与实践”所决定的吧。郑岚爱市西中学，也自觉地以传播市西中学的理念和做法为己任。就此而言，我感觉这本书做得相当成功，起码我自己读完是很有收获的。一方面，不少感性的经验和观察被郑岚用非常大气也颇为理论的总结给刷新提升了；另一方面，把语文课和其他文科乃至理科课程整合起来进行跨学科教学，把语文课程放在学校的教学、管理和发展的全局中来谋划，这些都是我所知、所想甚少的。所以我是大开眼界，也唯有学习的份儿。这本书不仅值得推荐给语文教师，而且我相信，也值得向其他科目的教师尤其是学校管理者推荐。

那为什么不愿意承认自己被降维打击了呢？因为我自以为，对于语文我还算是比较懂的。眼下，语文课面临新的机遇，确实需要创新，但我认为也有唯新是从，而被搞得太复杂、太花哨的危险。新名词太多，我就趁这机会选两个谈几句看法。一是“大单元教学”，在我看来，“单元”无所谓“大小”，但是有“真伪”，“大单元”的说法应该废弃，“伪单元”必须再见，而“真单元”并不容易，需要真功夫。二是“整本书阅读”，这在课程层面上确实是个值得探索的新问题。整本书与单篇选文阅读的区别在哪里？整本书阅读教学如何进课堂？教学时间从哪里来？这些——才是真问题，而“整本书阅读”搞成了教学设计大赛、做成了生意的趋势，则尤其需要警惕。

好了，就此打住。

期待董校和市西中学同仁在教学革新上有更大突破，期待郑岚老师在语文教学上总结推广更多更好的探索与实践的经验。期待！

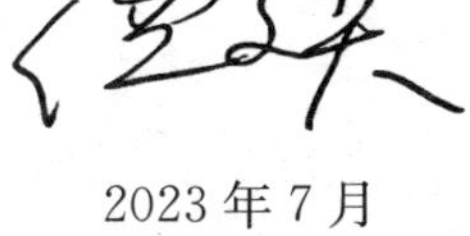

2023 年 7 月

# 目录

# 引言　以“双新”改革推动高中教育立德树人

党的十八大以来，立德树人作为教育的根本任务越来越成为引领教育改革发展的核心价值和思想。近年来，习近平总书记多次在重要讲话、批示、考察中就教育改革发展问题作出重要论述和指示，提出了新时代教育改革发展的新理念、新思路和新方法，其中多次论及立德树人的问题。习近平总书记关于立德树人的重要论述，具有鲜明的价值定位、时代内涵与实践要旨，[1]新时代各级各类教育的改革发展，都要将立德树人作为根本任务，积极探索立德树人的有效实践体系。

教育落实立德树人，涉及“怎么看”的思想认识和“怎么办”的实践建构两个维度的问题。从当前的情况看，对于立德树人的价值认同已经成为共识，立德树人“怎么看”的思想认知问题已经得到了很好的阐释和解决。立德树人是教育的根本任务，是学校的立身之本，是人才培养的核心工作，这一系列认识已经成为教育者内心根深蒂固的价值观念。由此，当前落实立德树人，更为重要的是实践领域的建构，即探索有效的立德树人之道。

课程和教材是人类文明成果、民族优秀文化的重要载体，是党的教育方针、国家意志的重要体现，[2]是学校教育教学和人才培养的基本载体，因而，也必然应该成为学校教育践行立德树人根本任务的重要抓手。一方面，立德树人呼唤着课程改

---

1　白显良，崔建西.新时代立德树人的价值定位、时代内涵与实践要旨[J].思想理论教育，2018(11)：4－9.

2　中国教育科学研究院课程教学研究所课题组.深化课程改革是落实立德树人根本任务的必由之路[J].中国教育学刊，2017(07)：1－6.

革的持续深化。着眼于立德树人的内涵和需要，当前国内外正在发生着课程与教学改革的多维度转型，如把培养全面发展的人作为课程设置的目标；趋向多样化的、开放的、发展的课程结构；更加重视学生高阶思维能力的培养和创新意识、问题解决能力的提升；更加强调不同学科和课程之间的有效贯通，形成跨学科教与学的样态，发挥课程的综合育人价值；更加注重多主体、多部门的课程管理与实践合作；更具选择性和多样性的课程安排等。另一方面，课程与教材改革是学校教育教学改革的关键领域，对于更好地落实立德树人的教育根本任务具有直接而鲜明的价值。课程改革涉及课程标准和教材的修订、教学和评价的变革等一系列立德树人工作的关键环节。通过课程改革推进立德树人，是对立德树人规律的深刻把握，是立德树人实践的重要经验，对于促进学生健康成长、让每个学生都能成为有用之才、办好人民满意的教育具有重要意义。[1]

从学生生命成长的阶段性和连贯性看，立德树人是一个长期的、系统性的工程，需要不同学段的教育给予学生既相互连接又彼此有不同重心和特点的成长支持。普通高中教育，是在学生系统接受九年义务教育的基础上，为了进一步提升国民素质而进行的一种特殊阶段的重要的基础性教育。这一阶段的教育不仅能够为高等教育输送高质量后备人才，对学生的终身发展、生命成长和国家高质量后备人才的建设也具有重要意义。正是源于普通高中教育的这种独特的价值和使命，如何提升高中教育质量始终是教育改革中社会普遍关注的重要命题。

课程改革和教材改革，是推动高中教育教学质量提升的关键举措，其根本价值在于通过课程和教材的持续性变革更好地落实国家层面对于人才培养的共性价值要求，有序有效地实现“学校改进”。“学校改进”是近年来国内外教育改革研究中的热词，它不仅意味着要使学校成为学生学习的更好场所，更意味着一种提升学生水平和优化学校管理的非凡的教育改革方法。[2] 毫无疑问，这种改革需要一定的政策支持。按照英国学者 H.K.科尔巴奇的理解，政策是“一种给思想贴上标签的方

---

1 中国教育科学研究院课程教学研究所课题组.深化课程改革是落实立德树人根本任务的必由之路[J].中国教育学刊，2017(07)：1－6.

2 ［英］霍普金斯，爱恩思科，威斯特.变化时代的学校改进[M].孙柏军，编译.北京：北京师范大学出版社，2016：4.

式，也就是我们理解世界是什么以及世界应该是什么的方式”，[1]它总是与一定的实践目的，特别是与政府在某一领域的行政实践目的相关联。由此，教育政策可被理解为实现教育目的的公共方针之体系。[2] 教育政策的制定不是随意的，而是与时代发展同频共振，能够及时反映统治阶级的教育变革需求，体现出鲜明的动态过程。中国现代高中教育的萌芽大致起始于20世纪二三十年代，自产生之日起，我国的高中教育就被赋予了鲜明的精英教育特征，其基本的价值和功能在于为高等教育培养和输送专门人才。1932年国民政府颁布的《中学法》中明确规定，高中教育的核心价值在于“培育健全国民，为研究高深学术及从事各种职业之预备”[3]，这种高中教育的价值定位对我国整个高中教育的改革发展影响深远。根据相关政策的分析，自新中国成立以来，我国普通高中特色化发展的阶段大致可以划分为四个阶段：点状尝试阶段，综合探索阶段，全面发展阶段，战略创新阶段。每个阶段的高中教育改革发展，因为有不同层面的政策支持而体现出不同的重心和特点，但是，纵观我国高中教育改革发展的整体逻辑，注重课程教学的改革，通过课程教学改革推动高中教育的整体提升，显然是一条贯穿始终的经验和逻辑。

在当下高中教育教学改革的所有政策和制度体系中，普通高中新课程、新教材改革（以下简称“双新”改革）是一个受关注最多、影响范围最广的领域。2017年，国家颁布了新修订的《普通高中课程方案和语文等各学科课程标准（2017年版2020年修订）》，正式拉开了普通高中“双新”改革的大幕。新课程、新教材进一步优化了课程结构，增强了课程选择性，促进了教考有效衔接。到2022年秋季学期，全国各省（区、市）已全面实施新课程、新教材，进入高考综合改革的29个省份均实现了新课程、新教材、新高考“三新同步”。[4] 高中“双新”改革是一种“变与不变”的逻辑范畴：不变的是坚持立德树人的教育根本任务，坚持为党育人、为国育才的教育初心；

---

1 ［英］H.K.科尔巴奇.政策[M].张毅，韩志明，译.长春：吉林人民出版社，2005：10.

2 ［日］筑波大学教育学研究会.现代教育学基础[M].钟启泉，译.上海：上海教育出版社，1986：195.

3 杨建超，孙玉丽.高中教育的历史演进及启示[J].河北师范大学学报（教育科学版），2014(05)：46－51.

4 教育部基础教育司.新课程、新教材及高中育人方式改革进展及成效[EB/OL].(2022－09－15)[2022－10－17].https：//baijiahao.baidu.com/s?id＝1744002763012702835&wfr＝spider&for＝pc.

变的是传统应试教育主导下教育管理中“简单说教、单向输灌”的教育方式，是“家长制、保姆制、半军事化”的管理方式，是“满堂灌、填鸭式”的教学方式，是“死记硬背、简单模仿、大量刷题”的学习方式，是“简单重复、机械劳动、缺乏创造”的教师专业发展模式，[1]是“目中无人、分数导向”的教育评价体系，是“千校一面、缺乏特色”的学校发展方式，而“双新”改革最为核心的追求就在于推进高中办学特色的打造、办学质量的提升和人才培养模式的变革创新。

普通高中的“双新”改革，是一项系统性工程，既需要国家层面完善的政策支持和制度保障，也需要区域层面整体性的设计推动，更需要学校层面基于实际的个性化探索和思考。作为国家教育改革综合试验区的上海，在推进高中“双新”改革的过程中，采用“全面启动、分步实施”的方式，全力做好新课程、新教材的指导支持工作，持续做好评价研究指导工作，扎实开展“双新”实施培训工作，大力推进“双新”项目研究工作，全力做好教育装备配备工作，为区域层面整体开展高中“双新”改革提供了有力的区域支持。在这样的整体背景下，作为一所办学品质在区域具有较高知名度的学校，市西中学显然需要对学校层面如何有效开展“双新”改革进行独特的思考和设计，这既是更好地优化提升学校办学水平的必然选择，也是市西中学作为一所优质中学理应承担的价值和使命。

上海市市西中学前身为1870年创建的“尤来旬学校”，1946年被正式命名，1953年成为上海市政府命名的重点中学，2004年成为首批上海市实验性示范性高中。为全面贯彻党的教育方针，实现中华民族伟大复兴的第二个一百年的宏伟目标，学校根据《国务院办公厅关于新时代推进普通高中育人方式改革的指导意见》《上海市教育发展“十四五”规划》《普通高中课程方案（2017年版2020年修订）》等文件，努力回应“为谁培养人”“培养什么人”“怎样培养人”等教育本原问题。市西中学作为一所有责任和担当的品牌学校，为更好地为党育人，为国育才，落实立德树人根本任务，深化教育改革，创新育人方式，承担起时代赋予教育的历史使命，在结合学校办学基础和发展定位的基础上，主动自觉地开展了“双新”改革的校本化尝试。

在“双新”背景下，市西中学依据国家课程方案，结合学校办学理念和培养目

---

1 谢登科.对高中“双新”改革中五对关系的思考[J].中小学校长，2022(06)：46－48.

标，积极推进“双新”改革的校本化尝试，全面建构学校课程体系，以丰富的课程指向学生志趣培育。学校科学配置学习时间，严格控制课时总量；研制学科校本化实施指南，坚持基于标准的教学；研发多样课程，满足学生多元需要；以生涯规划导航，引领学生志趣养成。学校优化教学环节，完善教学制度，聚焦课堂教学，指向深度学习、思维培育，关注问题导向、真实场景，突出思辨探究、合作研讨，加强作业设计与反馈，落实个性化辅导，全面提高课堂教学效率、效能和效果。

学校针对学科特点，变革教学空间，首创思维广场，迫使教学方式变革，研究知识结构网络，促进人文学科之间跨学科融合；创建漫思实验室，持续建设创新实验室，以实验与探究为突破口，推动理科教学变革；运用信息技术和互联网络，研究知识结构网络，建构学习平台，再造教学流程；扩建创新实验室，引导学生面对真实问题，开展研究性实践学习，促进学生在实践参与和创新体验中获得直接经验和认知升华。

广大教师秉承严谨的教学态度、踏实的工作作风、科学的研究方法、勇敢的探索精神，积极投身教育改革，提升教育专业水平。学校落实教研常规，创新教师研修机制，开展分层培训鼓励教师基于实际问题，通过团队合作开展实践研究；鼓励教师针对自身发展状况，制订发展规划，确立专业发展目标；激发教师追求发展的内驱动力；为广大教师适性发展搭建平台，逐渐形成了教研训一体化的教师专业成长与发展路径。

市西中学在推进“双新”改革的过程中，除了整体层面的统一设计，还采取了学科重点突破的方式。语文学科一直是市西中学的优势学科。在“双新”改革中，语文学科紧密聚焦立德树人的教育根本任务，从学校整体改革的逻辑出发，深刻研读课程标准，努力推动学科教学样态的重构和方式的创新，在课程内容重构、课程组织实施方式变革、课程评价创新等维度进行了一系列行之有效的探索，形成了兼具学校特质和传播辐射价值的语文“双新”改革的市西经验。本书所反映的就是我们在落实和推动语文学科“双新”改革中的思考和实践，这既是语文学科顺应“双新”改革的主动求变，也是市西中学秉持办学理念、勇于变革创新的缩影。

# 第一章

# 市西中学应对“双新”的整体设计

普通高中教育，是在学生系统接受九年义务教育的基础上，为了进一步提升国民素质而进行的一种特殊阶段的重要的基础性教育。这一阶段的教育不仅能够为高等教育输送高质量后备人才，对学生的终身发展和生命成长、国家高质量后备人才的建设也具有重要意义。正是源于普通高中教育的这种独特的价值和使命，如何提升高中教育质量始终是教育改革中社会普遍关注的重要命题。从某种意义上说，不论是国家层面"双新"改革的统一设计，还是上海结合地区特色在推动普通高中特色化、多样化发展工作中的独特设计，其根本目的都是提升高中教育的质量，更好地实现高中教育在国民教育体系中应该承担的独特价值。

毫无疑问，"双新"改革，是国家和地区整体层面为推进高中教育教学变革和高中教育质量提升而进行的一种高位的政策设计，而从政策学的角度看，正如美国政策学家格雷厄姆·艾利森(Graham Allison)所言："在实现政策目标的过程中，方案确定的功能只占10%，其余的90%，在很大程度上要依赖于政策的有效执行。"[1] 对于教育改革发展而言，一线学校显然是重要的政策执行者，学校对于教育改革政策的理解力、执行力，在很大程度上决定了政策执行的最终效能。有研究者总结了近年来我国教育教学改革的发展样态，认为发端于基层学校的课堂教学改革是我国教育领域的重要事件，这些改革呈现出"以外推内驱型为改革动力，以生命的回归与彰显为价值诉求，以关系、过程与时空之变为改革核心"等特征。[2] 其中最为基础的是学校改革自我意识和内生动力的觉醒，也就是说，随着新一轮课程教学改革的深入，特别是各类各层教育治理体系的完善，学校的课程、教学和教育其他领域的自主权在不断扩大，教育管理的逻辑体系得到重构。作为一线学校，在国家、地区整体教育改革发展的大潮中，要树立起鲜明的自觉、自发、自为意识，主动形成对教育改革发展政策的校本化理解，主动结合学校实际寻找落实课程教学改革政策的核心领域和关键举措，主动建构起一种以课程体系重构引领教育政策整体性落实的行动范式。

---

1 吴志宏，陈韶峰，汤林春.教育政策与教育法规[M].上海：华东师范大学出版社，2003：60.
2 李辉.我国基础教育学校课堂改革概览与展望[J].中国教育学刊，2013(08)：35－39.

在市西中学看来，“双新”改革，是新时代国家层面为优化高中教育、推动高中教育更好地践行立德树人教育根本任务的重要制度性设计，它提供了一种学校和教师在新时代如何思考高中教育价值、理念、逻辑、方法、评价的总体框架，具有普遍性的指导意义。但是如何将这种普遍性的指导意义与学校课程教学和人才培养变革的实践相结合，寻找学校发展与政策落实的内在契合，让学校发展符合政策框架，也用新的政策撬动学校新一轮的内涵发展，这是学校首先需要解决的问题。

## 第一节　形成“双新”理念的校本化理解

理念先行，以学校办学思想和核心理念统领学校发展，才能彰显学校的办学目标和文化精神。为此，本节构建三大校本化“双新”理念的价值维度：以核心素养为纲落实立德树人根本任务、以课程选择为线支持每个学生优势发展、以教学变革为基提升学科教学育人效能，从而促进学校办学理念的逐步深化。

### 一、校本化“双新”理念提出的背景

理念是行动的先导。对于学校改革发展而言，要在实践中取得鲜明的特色和良好的成效，必须先要有一套关于课程教学和改革发展的整体性设计，建构学校在整体上或某一领域中独特的哲学信仰，这就是理念的凝练和建立。

毫无疑问，在日益强调办学自主权和科学、专业办学的今天，学校越来越渴求理念指导下的办学。[1] 缺乏理论自觉的热情有可能导致非理性盲从和行动上的无所适从。当今时代是一个教育大变革、大发展的时代，新的教育理念层出不穷，学校如果不加以甄别和选择，不结合学校的实际情况对这些理念进行个性化的理解、

1　牛楠森.“办学理念”：概念辨析及其“诞生”[J].中小学管理，2019(11)：28－31.

消化和重新设计，就有可能在复杂的教育理念系统中丧失自我，迷失发展方向。

从概念上说，教育理念是关于教育的应然状态的判断，是渗透了人们对教育的价值取向或价值倾向的"好教育"观念，[1]是教育主体在教学实践及教育思维活动中形成的对教育应然的理性认识和主观要求。[2] 所以，教育理念以其应然性来指导教育实践活动，为教育实践活动提供合理性辩护，具有理想性，[3]也具有宏观的指导价值。但是，对于一所学校而言，如何理解教育理念，如何结合学校实际校本化地转化和创生理念，这是更为重要的问题。在近年来的课程教学、教育研究、教师队伍建设等教育改革发展的核心领域中，"走向校本"是一个越来越鲜明的趋势，理论与实践间的张力促使研究者与实践者共同转向具体的学校实践，学校在教育中所处的位置使得"校本"逐渐被纳入人们的视野，学校的复杂性使校本层面日益凸显出来，教育中对人的个性的张扬以及对激发人的创新精神的高度关注进一步激发"校本"的价值。"校本"有三方面的含义：一是为了学校，二是在学校中，三是基于学校。[4] 对于普通高中"双新"改革而言，学校层面的首要任务就是形成对"双新"理念的校本化理解，这种校本化的理解能够有助于学校设计指向"双新"的课程教学和人才培养变革之道，能够在学校之中形成一种人人理解"双新"、人人围绕"双新"、人人服务"双新"的变革氛围，能够将"双新"改革与学校原有的课程教学和人才培养体系相互关联，实现基于学校实际的教育变革与创新。

## 二、校本化"双新"理念的价值导向

市西中学认为，任何教育政策的制定出台，都必然有其相应的时代背景。当前，我国正在大力推动教育现代化建设，教育现代化是社会现代化发展的必然要求，也是社会现代化的组成部分。教育现代化包括教育的民主性和公平性、教育的终身性和全时空性、教育的生产性和社会性、教育的个性和创造性等特征，[5]其本质

---

1 陈桂生."教育学视界"辨析[M].上海：华东师范大学出版社，1997：86.
2 眭依凡.大学校长的教育理念与治校[D].上海：华东师范大学，2001：2.
3 牛楠森."办学理念"：概念辨析及其"诞生"[J].中小学管理，2019(11)：28－31.
4 郑金洲.走向校本[J].教育理论与实践，2000(06)：11－14.
5 顾明远.试论教育现代化的基本特征[J].教育研究，2012(09)：4－10＋26.

是人的现代化。高中教育的现代化与教育现代化有着密切联系，一方面，作为国民教育体系的重要组成部分，高中教育关系到整个教育体系的质量和变革成败，教育现代化理所应当地包含着高中教育现代化；另一方面，教育现代化的本质是人的现代化，通过现代化的高中教育体系培养现代化的高素质人才，这是高中教育融入现代化、服务现代化的应然选择。按照管理学家马克斯·韦伯（Max Weber）的理解，“现代性”在实质上就是一个社会的不断“理智化”。[1] 从这个意义出发，普通高中教育的现代化发展就是对保守的、落后的教育现象和教育事实的系统变革。目前我国普通高中在现代化建设的进程中，普遍存在办学定位模糊、培养目标错位、政府导向偏差、办学模式单一以及校外资源渠道不畅等问题，[2] 严重制约了高中的特色发展、内涵发展和品质提升。其中，课程教学和人才培养是最为迫切需要解决的问题。基于这样的理解，实际上可以认为，普通高中“双新”改革，正是在教育现代化的整体背景下，聚焦普通高中在课程教学和人才培养中的普遍性问题，通过理念和方法的重构，推动普通高中现代化建设，实现高中特色化、多元化办学，培养具有现代素养的公民的一种制度性设计，也是开启第二个百年“现代化和民族复兴”新征程与建构完整立德树人教育体系的重要组成部分。结合市西中学对于新时代人才培养和课程教学的理解，我们认为，高中“双新”改革的理念，着重体现了三个维度的价值导向。

（一）以核心素养为纲落实立德树人根本任务

人才培养是教育教学的主要任务，任何层面的课程和教学改革，实际上都是在理论和实践两个维度进行“培养什么人”和“怎样培养人”的思考。

在传统的课程教学目标体系中，对于知识的传授占据了重要的地位，培养和塑造“知识人”的目标长期以来影响和禁锢着教育改革发展。纵观近年来的基础教育研究与实践，对于“核心素养”的关注日渐成为焦点领域。“核心素养”是在新的历史时期，高屋建瓴地落实立德树人战略目标的重要途径，是以人为本的时代特征对教育本质认识的催化。它的提出，为我们真正走向以学生为中心的教育，确立回归教育本源的学校教育教学实践，提供了引领性支撑，从而使课程与教学育人主阵地的形成成为可能。

---

1 ［德］马克斯·韦伯.学术与政治[M].冯克利，译.北京：生活·读书·新知三联书店，1998：28－29.

2 杜明峰，范国睿.普通高中教育现代化发展指标的价值选择与建构思路[J].教育发展研究，2015(01)：71－75.

从我国的现实情况看，核心素养概念的提出重点解决两个问题，一是把对学生德智体美劳全面发展的总体要求和社会主义核心价值观的有关内容具体化、细化，转化为具体的品格和能力要求，进而贯穿到各学段，融合到各学科，最后体现在学生身上，深入回答"培养什么人、怎样培养人"的问题。二是为衡量学生全面发展状况提供评判依据，引导教育教学评价从单纯考查学生的基本知识和基本技能转向考查学生的综合素质。[1] 这意味着，核心素养不仅是一种重要的人才培养目标导向，也是一种重要的课程教学改革理念，树立起核心素养导向的教学与评价意识，这是教育改革发展赋予每一个教师的重要使命。学科教学是学生核心素养培育的重要载体，任何一门学科，都有其鲜明的育人价值，都有其隐含的学科核心素养要求。高中新课程标准的颁布和实施，一个重要的价值导向就是将核心素养的理念落实到课程、教材和教学之中。正如有研究者指出的，普通高中各学科的课程标准，最重要、最突出的变化是梳理和提炼了各学科的核心素养，并在学科核心素养的指引下，确立了新的课程目标、课程结构与学业评价标准。在可以预期的未来，指向学科核心素养的教学将成为一种新常态。相对于以往的惯常教学而言，这种指向学科核心素养的教学至少需做如下变革：教学目标的素养立意，从有机统一到分解整合；教学内容的深层追问，从显性知识到隐性知识；教学活动的人知互爱，从人知疏离到人知融生；教学评价的成就取向，从标准答案到评价标准。[2] 总而言之，从高中新课程改革的角度看，学科核心素养的培养应该成为未来高中教学的一个重要价值导向。学科核心素养包括正确的价值观、必备的品格以及关键能力，再也不能以传授知识作为教育的终点，知识背后更重要的东西就是学科核心素养，树立起学科素养的意识，才能适应"双新"背景下的教学。

立德树人是教育的根本任务，也是贯穿任何层面教育教学改革的核心。与核心素养相比，立德树人是一个更高层面的概念。教育是培养人的社会活动，然而人是一种目的性存在，是现代化的核心价值关切，我们不能因为经济与技术的飞速发展而遮蔽了根本价值诉求，[3] 而对于受教育者在道德层面的引领和塑造正是这种根

---

1 胡定荣.全面发展・综合素质・核心素养[J].新疆师范大学学报(哲学社会科学版)，2018(06)：61－78.

2 李润洲.指向学科核心素养的教学变革[J].教育科学研究，2019(09)：5－10＋23.

3 邹广文，杨景玉.新时代教育如何立德树人[J].人民论坛，2019(2下)：28－30.

本价值追求的体现。党的十八大第一次把立德树人作为教育的根本任务写入党代会报告，党的十九大、二十大又分别从不同角度强调了立德树人的重要意义。立德树人是一个体系，学科核心素养导向的教学突破了传统意义上对于知识、技能的单一要求，更加重视道德、情感、思想、价值等领域的建构，因而能够成为支撑立德树人教育根本任务的重要载体。实际上，从中小学语文新课程、新教材改革的现实情况看，核心素养和立德树人正是贯穿其中的两个关键词，[1]以学科核心素养为纲落实立德树人的任务，这是有效理解和精准落实“双新”的首要要求。

在市西中学看来，核心素养也好，立德树人也好，实际上都指向学校教育“培养什么人”的问题，因而，必然要与学校个性化的人才培养目标建构发生关联。

市西中学首任校长赵传家先生提出的“好学力行”的校训，是市西师生70余年践行和传承铸就的文化传统，已经成为市西中学的文化标识，影响和教育了一代代市西师生。在市西中学的文化传承与发展过程中，“三格三雅”(三格：国格高尚、品格优良、性格健康；三雅：志趣高雅、举止优雅、谈吐文雅)已成为市西人基本的价值追求和行为准则。

市西的历史和现实，铸就了市西中学“海纳百川的历史渊源，兼容并包的教育情怀，追求卓越的执着信念”的“海派”文化特质，市西中学堪称“海派”教育的杰出代表之一。在新的发展时期，市西中学提出了“从优秀走向卓越”的发展愿景，围绕“促进学生优势发展的个性化学习”的教育理念，赋予了“好学力行”新的时代内涵。学校坚持“不以剥夺学生的自主选择权利换取所谓的高质量，不以占用学生的独立学习时空换取所谓的高质量，不以牺牲学生的身心健康换取所谓的高质量”，致力于把学生培养成“尊重规则会选择，合作包容有爱心，实践创新善质疑，身心健康全人格，胸怀天下担责任”的优秀高中毕业生，为学生“健康、幸福而卓越的人生”奠定坚实的基础。

市西中学基于历史发展和教育现实环境，在“双新”的政策背景下对学校人才培养目标进行了重新思考和厘定，这实际上也从人才培养目标的角度实现了对“双新”的个性化理解。

---

1 温儒敏.坚持立德树人，立足核心素养——用好语文统编教材的两个前提[J].语文建设，2019(07)：4-7.

（二）以课程选择为线支持每个学生优势发展

课程是学校教育的核心元素，“双新”改革，归根结底要落实到课程和教学领域，其中课程领域的变革是具有基础性、奠基性的。

普遍层面上看，课程的实施旨在实现一定的目的，满足社会、个人、国家等对教育的需要。这样，课程自身便与社会、国家、个人之间发生了一定的联系。这些对教育的要求通常反映在课程目的之中，通过课程实践活动完成课程被赋予的价值。课程的属性与人的需要之间是一种对应关系，其中包含着人们对学校教育的一种主观要求和主观评价，即课程价值。[1] 对于学校教育而言，课程的价值维度是多元化的，其中最为核心的价值必然指向学生成长发展。从教育改革发展的角度看，对于人的尊重和认可是当下教育的重要特征，但是这种教育变革视域中的“人”应该是“具体的人”而非“抽象的人”，关注“具体的人”，就是关注具体人的生存。“具体的人”是现实生活中活生生的个体，个体的存在，是历史中有限的存在，[2] 他们有不同的生存状态和成长需要，因而也就有着不同的课程与学习需要。从这个角度来看，课程的价值，就是从“具体的人”的角度出发，在认可和尊重每一个学生的成长状态、成长需要的过程中，尽可能满足其多元化发展的需求。

课程促进“具体的人”的全面发展和成长的价值回归，更多的是通过保障学生的课程选择权来实现的。学生的课程选择权，是当下课程教学改革中学生课程权利回归和保障的关键领域与核心表征。学生的课程权利是指学生在学校课程设置、学习、发展、评价、管理等方面所应享有的权利，是学生基本的学习权和人权的体现，既有合法性，也有合理性，符合社会和教育发展趋势。[3] 特别是在倡导多元参与的现代教育治理体系中，学生的课程权利理应得到重视和保障。

高中“双新”改革在课程设计上的一个重大改变，实际上就是倡导通过课程的丰富性和可选择性，保障学生的课程权利，满足学生多元发展需要，为学生核心素养和综合素质的提升奠定课程基础。其中尤为重要的是，要合理设计选修课和必修课的比重，建设完善科学的学校课程体系，同时引导学生结合自身实际学会科学选择，要

---

1 严仲连，马云鹏.论课程价值的实现与理性选择[J].教育理论与实践，2010(11)：39－43.

2 刘徐湘，胡弼成.教育学中“具体的人”——现象学的视域[J].高等教育研究，2005(3)：17－22.

3 邱德乐.论学生的课程权利[J].课程·教材·教法，2015(3)：48－52.

让学生通过选择学会选择，通过选择学会对自己负责，通过选择读懂自己，这是“双新”改革通过课程建设撬动人才培养变革的重要逻辑。也正是基于这样的逻辑，学生的自我管理和生涯意识才能够得到有效培养，现代教育的育人目标才能够更好地实现。除此之外，在“双新”改革下，基于人才培养的更高质量要求，“选课走班”成为一种流行的课程教学方式，这一方式增加了课程的丰富性，满足了学生多样化的课程需求，但是如果没有系统的规划和设计，“选课走班”就只能流于“选科走班”，甚至仅提供几种捆绑式的组合，大大降低了课程的选择性，难以实现学生全面而有个性的发展目标。由此，不论是基于“双新”政策自身的理念和要求，还是基于学校落实“双新”的实践需要，都需要通过课程领域的充分变革，建构丰富的、可选择的课程体系，满足学生多元发展需求，通过高质量课程体系支持每一个学生的充分发展。

多年以来，市西中学都坚持“为了每一个学生全面而富有个性的优势学习与发展”的基本价值导向，寻求把每一个学生的成就置于学校教育的中心；遵循教育规律，坚持以个性化的“优势学习”的实践探索，激发学习动机，强调主体责任；定制个性化学习，建构起适应学生需求的、具有充分选择性和个性化的教育模式。学校提出“不上课≠不学习”“无作业≠不学习”的理念，引导学生自主自觉学习；倡导“活动即课程，实践即学习，经历即收获”的教育主张，通过新型学习空间、预约学习、综合评价、学分绩点制、个性化学习实践与指导手册等一系列项目研究，让学习成为市西人的一种生活方式，体现“学习无时不有、学习无处不在”的教育追求。

在“双新”改革的政策体系下，学校以课程的持续丰富为目标，建构了高度选择性的、适合每一位学生发展需要的课程体系。根据国家课程方案，围绕新课标和新教材的实施，学校系统建构课程体系，形成国家课程校本化实施计划，开齐开足上好必修课程，妥善配置各类课程，逐渐建构具有学校特点的四类课程群：以“哲学”为核心的方法思辨课程群、以“工程”为核心的综合理科课程群、以“健康”为核心的身心修炼课程群、以“服务”为核心的卓越公民课程群。同时，学校形成了体育节、艺术节、文史节、科技节和英语戏剧节等系列校园文化节日，在组织开展学军、学农、“扫大街”、南京考察等传统社会实践的基础上，从2012年起陆续推出了寻访校友、文化游学、进楼宇看企业、劳模进校园等社会实践活动。学生自发筹划组织了上海市高中生微电影大赛和校园慈善音乐会等。2021学年，围绕学术性高中的创建，学校以每周“学术探究日”集中实施和自主预约时间分散实施相结合的方式，优化统整创新实验室课程、微型讲座、学生社团等课程，学生根据自己的兴趣、优势和发展需求，开展深度研究性学习，实现时间与空间的重新组合，体现课程的目标整体性、课程结构的多元性、课程教学的差异性，凸显学术性高中的课程特色。

（三）以教学变革为基提升学科教学育人效能

“教学是学校的中心工作”“课堂是学生成长的主阵地”是植根于人们内心深处的公理。课堂教学的探索、实验、改革，从来都是教育改革的重要内容，也是教育改革的最终落脚点。新中国成立以来，我国各级各类教育体系中的学科教学改革、课堂教学改革经过了漫长的探索，在问题的不断化解中积淀和凝练着中国学科教学改革、课堂教学改革的经验。整体上看，课堂教学改革的立场从“大面积提高教学质量”发展为“为了每一个学生的发展”，指导思想从“调动学生的积极性”向“落实学生的主体地位”转变，推进方式由“自上而下的推动”向“上下结合的多样化自主探索”拓展，[1]形成了从“关注知识”到“关注能力素质”再到关注“核心素养”的转变。

当下的课堂教学和学科教学对于“素养”的关注，实际上是倡导学科教学育人价值的回归。从教育教学和课程改革的历史逻辑看，课堂教学、学科教学为什么而教的问题始终是困扰教学改革发展的关键性问题。在旧有的课程教学目标体系中，学生学科知识的习得是教学的核心目标，这一目标的工具性追求忽视了对学生“人性”的关照，难以真正关照立德树人的教育根本任务。由此，变革学科教学的立场和目标，倡导教学的育人价值，这是当下课程教学改革的一个重要价值指向。学科育人是落实立德树人根本任务的学科切入口和实现方式，是教学改革的指南针和准绳。学科育人与课程育人、教学育人、教书育人紧密相连，又有不同的视角与方式。学科育人更注重学科特质、独当之任和独特功能，将育人落实在学科学习中。学科育人是个完整的体系，要系统思考、整体开发。将学科育人扎根在立德树人上，从“学科之魂”“学科之眼”“学科之法”去探寻学科育人的独特理念与方法，并从综合性上去考量，让学科核心素养生发出跨学科的综合素养。[2]

从学科育人效能的发挥出发，“双新”推进的重点是教学变革，其中的一个重要前提性条件，就是要把知识变成能力，变成品格，变成核心素养，而这必须通过自主

---

1 郭华.70 年：课堂教学改革之立场、思想与方法[J].中小学管理，2019(09)：20 - 24.

2 成尚荣.学科育人：教学改革的指南针和准绳[J].课程・教材・教法，2019(10)：82 - 89.

的学习和自主的活动才能够达到，也就是要通过高阶思维才能够上升到素养的层次。在“双新”的背景下，如果一节课没有冲突，没有争论，没有辨析，没有感悟，那就不是一个好课堂，不能完成从知识到素养的飞跃。要增加学生自主实践的平台，在实践中产生的体验、感悟才能够上升为素养。由此，综合而言，“双新”改革就是倡导通过多样化的教学方式的综合运用，引导学生学习方式的变革，让学生充分体验合作学习、探究学习、自主学习，让课程教学真正发挥育人价值，从而超越对单纯的“知识和技能”的传统偏好。

在市西中学，课堂教学与学科教学的变革是最显著、最靓丽的风景，学校通过空间变革，建构新型教学范式，迫使教师的“教”与学生的“学”的方式变革。结合“双新”改革的校本化尝试，努力将信息技术融入教学之中，全面探索新型教学范式的建构。近年来，在形成并凝练的优势学习理念的指导下，先后展开了聚焦高阶思维培育的课堂教学改革项目，主要包括：基于思维广场的语文、英语、政治、历史、地理等学科的课堂教学变革；在获得全国基础教育教学成果一等奖之后，开展了跨学科融合式教学的深化研究与实践；基于 TeachAI 网学平台研发和“漫思”实验室应用的课堂教学方式变革的深度研究。全面研究课堂教学中知行、师生、情意之间的关系，探索落实不同目标与内容的有效教学方法和途径，突出学生在课堂学习中的自主性和合作性，促进学生开展基于标准的有选择的个性化学习，有效实现学生整体和个体都得到尽可能的发展。

## 第二节　聚焦“双新”落实的关键性领域

“双新”改革是一个系统性工程，涉及学校课程教学、管理制度、文化体系、人才培养等的整体性变革。但是对于学校整体改革发展而言，落实“双新”，并非要对学校原有的课程教学和人才培养体系进行彻底的否定和重构，而是要以“双新”的理念赋予学校课程教学和人才培养新的价值、思路和方法。在这一过程中，如何寻找到政策落实的关键领域，通过关键领域的变革来撬动学校整体性的“双新”落实，这是学校面临的又一个现实问题。

中国现代高中教育的萌芽大致起始于20世纪二三十年代，自产生之日起，我国的高中教育就被赋予了鲜明的精英教育特征，其基本的价值和功能在于为高等教育培养和输送专门人才。1932年国民政府颁布的《中学法》中明确规定，高中教育的核心价值在于“培育健全国民，为研究高深学术及从事各种职业之预备”[1]，这种高中教育的价值定位对我国整个高中教育的改革发展影响深远。根据对相关政策的分析，自新中国成立以来，我国普通高中建设与发展的阶段大致可以划分为四个阶段：点状尝试阶段，综合探索阶段，全面发展阶段，战略创新阶段。自2017年党的十九大召开至今的这段时间，是高中教育改革发展的战略创新阶段，其核心任务是围绕立德树人的教育根本任务，全面推进高中课程教学改革，多维度推进高中教育特色化、多样化发展，打造契合人民群众需要的公平而有质量的高中教育。从政策分析的角度看，这一时期的高中教育改革发展，特别是高中现代化、特色化、多样化建设更多地出现在了党和国家及各级政府的教育政策之中，高中教育同其他各级各类教育一样，其改革发展被上升为国家战略高度。在这样的整体背景下，高中教育的多样化发展形成了上下联动的格局，在国家层面的政策支持下，各地各校因地制宜的探索不断出现，不同主题的特色化、现代化高中开始不断出现。

“双新”改革与高中特色化、现代化建设有内在价值上的一致性，通过“双新”改革，锚定制约高中改革发展的关键领域进行创新设计和实践，是有效落实“双新”的题中之义，也是新时代建设优质高中教育的内在要求。“双新”政策下的高中教育改革发展，有其内在的逻辑，也有其需要关注和解决的普遍性问题，比如，重建高中教育的基础教育性质，变革大学招生制度和高考模式，彰显高中办学的特色化和多样化，突出课程设计和管理上的“选择性”原则等。

教育研究与教育实践有着密切的内在联系，对教育研究的梳理有助于把握教育实践的热点问题。国内高中教育改革研究近年来主要聚焦在高中教育定位与方向、课程改革研究以及高考制度改革研究三个方面，[2]而梳理现有的成果体系可以

---

1 杨建超，孙玉丽.高中教育的历史演进及启示[J].河北师范大学学报(教育科学版)，2014(05)：46-51.

2 李云星.高中教育改革研究的进展与展望[J].浙江师范大学学报(社会科学版)，2014(06)：116-120.

发现，几乎所有的研究都将课程教学方式的变革和打造匹配高中特色发展与品质提升的优质教师队伍作为核心领域。从这个角度出发，如何推动课程教学改革以及如何打造适应“双新”需要的教师队伍，这是学校层面在推动“双新”落实过程中首先需要解决的问题。

校本性的教育研究是推动学校课程教学变革的重要思路。改革开放以来，伴随着教育事业从教育大国向教育强国的迈进，我国教育科研事业取得了长足的进步和显著的成就：机构逐步健全，队伍不断壮大，投入逐年增加，成果日渐丰硕。[1]在这样一种态势下，科研强校成为越来越多的学校在改革发展中的共性选择。学校的教育科研，本质上是一种实践性的行为，教育的生活世界是教育研究的家，是教育研究的生命所在。[2] 基于此，市西中学希望通过扎实的校本研究，聚焦合理的视角，围绕“双新”落实的课程教学改革和教师队伍建设两个关键领域，生成推动“双新”落实的学校经验，营造良好的改革发展氛围，同时为“双新”落实找到载体和突破口。

## 一、 以整体因材施教的行动研究推动课程教学改革

在市西中学看来，“双新”改革的核心是课程教育领域的改革，而不论是从这种改革的人才培养需要看，还是从其本身的价值导向看，强调对学生个体成长需要的关照都是首要的因素。这实际上与教育领域中一贯坚持的因材施教理念有高度的契合。只不过，作为学校而言，要在“双新”的政策背景下，重新梳理因材施教的应有价值和实施方式。由此，市西中学提出以学校整体因材施教的行动研究推动课程教学改革的设想，构成了“双新”背景下学校改革发展的第一个关键领域和命题。

### (一) 对学校整体因材施教的理解

学校整体因材施教主要是指针对更广泛的学生群体，通过课程教学重构、现代技术应用、环境资源拓展、组织管理转型等多元化途径，为全体学生提供适应个体学习需要的多层次的个性化教育，帮助每位学生发现自己的学习优势，实现优势发

---

1 曾天山，杨颖东.新时代科研强校的使命、基本特征与推进策略[J].教育理论与实践，2018(22)：16－20.

2 王兆璟.论有意义的教育研究[J].教育研究，2008(07)：39－43.

展的丰富性、深刻性和全面性。一般表现为：

（1）基于学生发展状况，以学生学习为中心，突破以教师预设和讲授为主的传统教学方式。通过重构教学流程，探索跨学科融合式教学，建构整体因材施教的个性化教学流程，引导学生多维度思考、分析、解决真实问题，助力学生学习需求、学习过程、知识结构、思维发展和情理多元的全面融合。

（2）依托信息技术融入，进一步突破时空限制，探索“线上学习与线下学习”“接受性学习与探究性学习”“独立学习与合作学习”“自主学习与教师导学”“书中学与做中学”等多种学习方式相结合的教学，为学生提供更丰富、更充分的选择，激发学习兴趣和探究意识，实现更有效、更有价值的个性化学习。

（3）聚焦个性化学习要素，围绕元认知技能习得，建构支持整体因材施教、学生因需而学的管理评价范式，使学生在学习过程中，获得差异性个别指导，引导和帮助学生逐渐改善学习行为，提升学习品质，从而促进思维发展和思想升华，实现更充分、更自主的选择与发展。

（二）建构整体因材施教的教学策略

基于思维广场的实践成果，进一步凝练和践行“优势学习”理念，探索通过技术与教育的深度融合形成整体因材施教的行动策略。

1. 建构整体因材施教的教学策略

在数字化背景下，探索突破以年龄为主要依据安排学习内容进程、以教师预设和讲授为主的教学方式等的局限，建构具有自主性、选择性和个性化等适应整体因材施教的教学策略，促进学生优势学习。

2. 建构整体因材施教的环境资源与管理模式

应用信息技术，探索建构突破传统教室的新型学习环境，研发基于知识结构与能力要素、具有诊断评价与匹配推送等功能的学习资源和平台，建构支持整体因材施教的环境资源与管理模式，保障学生个性化优势学习。

（三）阶段性成效

学校通过融入信息技术的环境资源的建构和课程教学的重构，从编制校本实施指南、科学配置时间、变革教学空间、研发网学平台、设计分层作业、引导学生评价反思等方面探索学校整体因材施教的推进与落实，以更好地支持和保障学生个性化的因需而学，促进学生全面而富有个性的优势发展。

1. 紧扣课标,编制支持选择的校本教学实施指南

在“双新”背景下,根据国家课程标准和学生培养目标,结合学科特色,各教研组编制《学科校本教学实施指南》(以下简称《指南》),为学校整体因材施教提供行动指南,为教师尊重学生差异、开展差别性教学提供方向,切实把学生从统一的超高标准学习中解放出来,保障学生因人而异学习的选择权。

(1)《指南》编制的基本原则

《指南》需兼顾国家统一要求与学校发展现实,兼顾全体学生与不同类型学生的发展要求,兼顾高中三年的整体性与每个年级的阶段性,兼顾年级之间衔接与学科各模块之间联系,兼顾跨学科学习与学科内在逻辑,兼顾思维品质提升与学术素养培育,保证学生因需而学。

(2)《指南》编制的主要内容

《指南》内容主要包括:相关课程的结构与目标,年级具体目标和分层目标,每门课程的教学实施要求、作业系统设计、反馈与辅导,学科活动与竞赛,命题评价及基于诊断的教学改进,组织管理与保障等。分层目标和检测指标既落实必修课程的基础性目标,又体现学校培养目标和不同学生的发展要求,为学校整体因材施教提供了差异性的可检测指标,具有可操作性。

(3)《指南》的应用要求

学校建立机制,保证《指南》贯穿于教学过程中,通过集体研修、教学研讨、作业反馈、命题研究、质量分析等措施,引导教师基于标准实施教学,立足对学生整体性和差异性的分析,探索既重视全体学生又关注个体差异的教学方法与策略。

《指南》的编制和应用体现学校特点及学生特质,保障学校的课程开发、建设与实施,更好地满足每一位学生的需要,为学生提供了更加广泛选择的可能,为学校整体因材施教提供了根本性的保障。

2. 配置时间,严控教学分类分层要求

学生具有学习关键期,人的生命周期对学习也存在影响。学校对学生学习时间的科学配置和安排,可帮助学生发现自己的优势学习时间,提高学习效率,这对整体因材施教具有重大意义。

(1) 探索规律,建立“大、中、小课制度”

学校整体配置学生高中三年的学习时间,科学配置每个学年和每天的学习时

间，有计划、有重点地指导学生每一阶段的学习与发展。例如：根据学生的身心和认知规律，严格执行每周 38 节课，精心设计每天的作息时间，安排“大、中、小课”，每节课分别为 50 分钟、40 分钟和 35 分钟。

这一作息时间，具有如下特点：每天第一、二节课基本是大课，一般安排思维要求相对高、学习难度相对大的学科；下午四点之前，以统一性学习活动为主；此后，除了分层辅导、个别辅导、早晚锻炼等，学生有更多时间自主选择和安排各类活动。每天的时间配置精确到分钟，将学生的自主安排时间尽可能连成整体，使个性化学习时间更为充裕。

(2) 控制难度，提升课堂教学效能

学校针对学生高中三年身心和认知发展特点，既重视个体差异，又不超前学习，不随意增加难度，特别是高三的教学要求和难度不允许简单下放到高一、高二年级，确保每位学生都有更多选择个性化学习的可能。

教师在配置课堂教学时间时，从学习的目标一致性、内容协调性、方式匹配度三方面入手：在较难达成的目标上，对于相对重要的内容，安排较多的时间，指导学生通过不同方式，实现学习与突破；而对于学生自己可能学会的内容，则安排较少时间。其中，信息技术融入教学极大地支持了教师适时调整教学，更好地满足了学生因需而学。

(3) 指导学生，科学安排时间

学校积极指导学生对学习时间进行科学合理的计划与安排，主要包括：通过作业的技术性设计，指导学生对学习时间的安排；通过培养学习兴趣，引导学生合理安排学科学习时间；通过个性化分析诊断，提出针对性指导建议。

例如：学校提倡“无作业≠不学习，不上课≠不学习”，引导学生做时间的主人。在高三第二学期设置“自主作业日”，所有任课教师每周三不布置任何作业，由学生自主安排学习时间和任务。高三的蒋同学对此深有感触：“自主作业日让我们学会制订计划，使学习有条不紊、循序渐进，制订具体的复习计划；学会合理安排各科的学习时间，而且在特定考试前可以自主做出相应安排，有时将更多的时间留给薄弱学科。”

学校通过整体性科学配置，为学生提供充分自主安排的学习时间，给学生提供更多选择的可能，通过个性化因需而学，提高学习效能，减轻学业负担，这是实施整体因材施教的重要表现。

3. 变革空间，支持学科整体因材施教

2012年，学校首创思维广场——空间大小自如、整合教室和图书馆功能、融入信息技术、融合丰富课程资源、保障多样性学习方式、半封闭半开放的学习环境。2020年在“双新”课改背景下，学校进一步探索语文、英语、政治、历史等学科的跨学科融合式教学，以超越知识点的讨论主题，引导学生多维度思考、分析、解决问题，助力学生学习需求、学习过程、知识结构、思维发展和情理多元的全面融合，实现能力培养、素养提升和思维培育。

学校运用思维广场的实践成果，创设漫思(MINDS)实验室——一个开放多元、丰富多层、自由多选的学习空间，以满足“双新”改革对高中理科教学的新要求。在漫思实验室中，4个班级，理化生地4门学科，2—3节课连排，学生在教师的指导下，针对自己的学习兴趣、需求、能力等，自主安排学习目标与内容、时间与进程、方式与伙伴等，从而真正体现整体因材施教和学生因需而学。

(1) 空间重构，多种学习方式融合

学校打破传统的教室布局，将约1 000平方米的整个楼层，分成共享学习空间、学科学习空间、休闲学习空间和综合实验室，并将原有的理、化、生6个实验室统整在一起，学习空间有分有合，学生可以根据自己的学习偏好，或选择安静私密的空间独立学习，或选择半开放的空间展开讨论，还可以去实验室动手操作。漫思实验室空间环境及资源设备支持着学生随时随地选择适切的学习方式，线上或线下、独立或合作、“书中学”或“做中学”等，使学习更具个性化的特征。

(2) 优势选择，支持学生因需而学

不同学生对于不同学科在不同年级的学习各有侧重，在思维广场“跨学科教学”中根据学科的不同特点与视角剖析相应问题，为学生从不同维度提供思考问题的角度及分析、解决的方式，让学生在提出、分析和解决问题的过程中体验多门学科思维方式的碰撞和交融，从而使学生达到对复杂问题的全局性思考。在漫思实验室教学中，每门学科的目标与任务对于不同学生都具有广泛的选择性。例如：高一，考虑理化双选的学生，重在必修课程的拓展提高、思维发展与实验探究，而生物、地理，则侧重于让学生体验必修课程的部分内容，形成对两门学科的高中学习内容的一定认知，为后续学习和选择做好准备。高二，理化生地四门学科提供分层学习内容，可以是必修课程的拓展提高与实验探究，也可以是必修课程的巩固落实，学生在教师的指导下，各取所需，个性化学习。

(3) 因需安排，学习时间弹性自主

思维广场跨学科融合式教学为广大学生提供了开放自由的学习空间，弹性灵活的学习时间，无论是学习内容还是主题，学习地点还是时间，学习方式还是学习伙伴等，学生都可以自主选择，为学生的深度学习和思维培育提供了更多可能。在漫思实验室教学中，每门学科都编制了学习任务单，明确不同的学习内容和水平要求，学生自主选择，并展开学习。例如：在4个班级连排的3节课中，共安排20余场主题讨论（每场15—20分钟），学生根据需要，可以参加主题讨论，或到实验室自主探究，可以参加多场讨论，或安排更多时间自主学习，每位学生弹性自主地安排自己的学习，真正实现个性化学习。

同时，依托学习平台，学生通过自主学习、申请、考试，达到一定标准就可以获得理化生地等学科必修课程的免修资格，通过鼓励学生自主学习，实现因人而异的学习时间合理配置。

4. 研发平台，基于个别诊断实施教学

针对传统课堂中教师主导，学生一致性同步学习，难以满足个性化学习需要的情况，学校主导研发学习平台，以数学学科率先实验，引领其他学科，通过建设结构化资源库、再造教学流程、建构螺旋式学习改进系统，破解学习需求差异性、学习过程即时性、诊断评价精准性等方面的问题，使基于个别诊断的整体因材施教成为可能。

(1) 建构结构化资源库，破解诊断评价精准性问题

根据数理化生等课程标准，将知识点尽可能细化，并系统性结构化，组织优秀教师围绕基础知识与方法，破解重点与难点，录制微视频，并编制具有若干标签的基础性习题，然后，将微视频和习题与若干个末端知识点建立关联，形成结构化资源库。学习平台对学生的网络学习过程，进行记录并诊断，可以为学生推送匹配的学习资源，帮助学生针对性地开展学习。

(2) 建构新型教学流程，破解学习需求差异性问题

基于学习平台，逐渐建构目标引领下的“反馈评价——释疑深化——合作探究”的教学流程。学生依托平台进行课前预学，学生可以停顿思考或反复回看，也

可以选择不同教师的微视频学习，达成部分教学目标，形成更高的认知起点。而在课堂教学中，教师针对学生的预学情况，通过反馈评价落实基础知识，从而有更多时间破解学生的疑难问题和进行拓展深化，也为合作探究等深度学习提供了更多可能。基于学习平台的教学流程，学生不统一、不同步地自主完成“课前预学”，解决了学生学习起点和接受新知“快”“慢”不一的问题，使课堂起点更高、更趋一致，个性化学习发展得更加充分。

(3) 建构学习改进系统，破解学习过程即时性问题

经过课前预学、课中导学，学生可以按需进行课后巩固学习。例如：学习平台基于诊断分析，可以自动组成不同的反馈检测卷，更精准地支持每一位学生的补偿学习，通过针对性练习的精准推送，落实学生的薄弱知识点内容。这样的“课前预学——课中导学——课后巩固”螺旋式学习改进系统既是一种学习过程，也是一种思维模式，可以促进学生对自己的学习负责，寻找适应自身的学习方式，学习反思自己的学习，并加以改进。

5. 设计个性化作业，倡导教师分层个别辅导

学校主张“因班级授课制造成的学生分化，很难再以班级授课来弥补和解决”，坚决反对整班集体补课，强调提高课堂教学质效的同时，加强个性化作业设计，落实及时反馈与个别辅导，指导学生因人而异地因需学习。

(1) 针对学生差异，建构作业系统

学校引导教师研究学科学习特点，针对不同层次的学生群体，开展作业有效性研究，进行作业的分类设计和布置，满足学生的个性化学习与发展需要，提高作业的规范性和针对性。

教师通过作业布置的技术性设计，例如：将作业分为基础性作业、一般性作业和提高性作业，安排长作业、短作业和周期性作业等，通过系统完整的分层分类设计，指导学生根据自身情况针对性选择、安排学习时间，满足不同学生的学习与发展需要。

短时与长期、书面与实践、巩固型与研究型相结合的作业系统，为学生在学习兴趣、学习能力、学习进度等方面的差异性发展提供更多的自主选择，更大地激发学生的学习内驱力和学习热情，提高了教学的有效性和个性化，满足每位学生的学习基础和发展需求，真正体现整体因材施教的落实。

(2) 基于学习状况,落实分层辅导

针对因班级授课制而造成的学生分化,建立分层辅导的实施与管理机制,既保证学有余力学生充分发展,又保障学有困难学生及时跟上。

分层辅导要求是:语、数、外提优与补缺相结合,提优以单科年级前20%的学生为主,由年级组统筹;补缺坚持教师"自己的学生自己抱",每班不超过25%的学生,名单由任课教师决定;其他学生,由教师根据需要开展个别辅导。

教师针对学生学习水平和个性发展需求等状况,实施分层教学:对基础较差的学生,通过及时补缺夯实基础,增强学习信心;对学科学习优势的学生,则给予符合学生发展需要的学习指导。

(3) 满足学生需要,预约个别辅导

为满足不同学生的个性化学习与发展需要,学校建立师生通过相互预约开展个性化咨询与辅导制度。教师和学生就具体问题或需求相互预约,确定时间和地点,开展一对一的个性化辅导,这样既可以为学有余力学生提供方向引导和路径指导,也可以指导相对困难学生的知识补遗、方法优化和能力培养。

同时,每次考试后,教师将质量分析落实到每位学生,从学习态度、学习习惯、学习方法、学习能力、心理状态等方面,"总结经验,发现问题,寻找差距,制定策略",通过个性化谈心和辅导,指导每位学生的学习策略和改进措施,使教学真正关注每位学生的学习与改进。

6. 自我认知,指导学生自主反思改进

根据"优势学习"理念,学校研发了学生自评与改进工具《个性化学习与实践指导手册》(以下简称《手册》),帮助学生通过自我评价、反思、调整,不断提升元认知能力,更好地实现个性化学习与发展。

(1) 精心设计,助力元认知技能习得

根据学生在学习内容、方式、时间和环境的偏好与运用方面存在差异性,学校从这四个要素着手进行设计,《手册》包含认识自己、规划与计划、学习内容、方法、空间、时间等11项内容。

《手册》借鉴"手账"的形式,以勾选与填写结合、图文结合、预设与留白结合、活页设置等方式呈现,满足学生随时填写、前后对照、自由组合、彰显个性的需求,以便捷性促进学生使用,指导学生对学习行为与过程进行自我评价和反思,逐渐掌握元认知技能，提高自我认知和调整能力。

（2）定期推进，促进反思习惯养成

每个年级制订推进时间表，建立《手册》填写提醒、集体指导和个性化约谈等工作机制。同时，开展多种形式的分享交流，包括：小组、班级、年级交流，口头与书面交流，线下与线上交流等，促进学生通过自评、互评、反思、调整，相互学习，理解《手册》的作用和价值，更加自主地使用《手册》。例如：年级大会上马同学分享了如何将"规划与计划"和"学习时间表"组合使用，提高自己学习效率；梁同学分享了如何根据自己的实际，创造性改造表格，诊断自己不同学科的学习问题，从而制定相应的对策等。

通过学校整体因材施教的实践研究，学校课程教学改革持续深化，教师团队在学校文化和教育理念的熏陶下，对于整体因材施教可以使学生终身受益具有很强的认同感，广大教师通过智慧投入，努力将整体因材施教贯穿于教学实践，保障和支持了学生个性化因需而学，教学效能得到了充分提升。

每位学生都有不同的学习需要，实践使学生能自主选择适合自己的学习内容、适合自己的学习时间，以适合自己的学习节奏或自己偏好的方式自行安排学习进程进行适切学习。学生普遍具有学习主体责任与内驱动力，学生对学习的兴趣更浓，自觉性更强，学习效率更高，真正体现了基于个体现实和发展需要的、自主选择的个性化因需而学。

7. 实施免修制度，激发学生的学习动机和热情

为了让学有余力的学生有更多的时间发展个性特长，学校推出了免修制度，并制定了一系列管理办法。获得免修资格的学生，具有自主选择不进入免修学科课堂听课和不做该学科日常作业的权利，可以根据自身需要，选择一位导师，在导师的指导下，开展符合自身学习实际情况的超前学习或拓展学习。免修制度让学有余力的同学获得了更多的自主掌握的学习时间，可以根据自己的兴趣特长参加各类竞赛活动，开展课题研究，而这些活动与研究反过来促进了学生对课内知识的掌握，因而达到学习上的良性循环。

（1）自主选择，充分释放时空

免修制度旨在通过提供更多的自主选择，释放更多的时间和空间，以满足学生在学习兴趣、学习能力、学习进度等方面的差异性发展；通过系统完整的过程性设

计，引导学生更加自主地安排自己的学习内容、学习进度和学习时空等；学科学习成绩达标，且在学习能力、学习态度、学科素养等方面得到相关教师认可的学生，在按时申请、自主学习、统一考核等一系列程序（物理、化学、生物、地理等四门学科，学生可以通过 TeachAI 学习平台完成必修课程的自主学习、自我检测等一系列学习活动）上达标后即可获取该学科一学期的免修资格。

（2）导师助力，促进个性化学习

根据免修学生的需要，组建校内导师团和校外导师团。校内导师团主要由本校学科教师组成，在高中基础学习领域提供学科上必要的辅导与帮助；校外导师团主要由大学教师和科研机构的研究人员组成，为学生的研究型学习和小课题研究提供专业指导与支持，帮助学生更好地完成高中学习与大学学习的衔接。免修的学生在导师团的指导下，制订符合自身学习实际情况的超前学习或拓展学习的计划，明确学科学习任务和要求。

（3）荣誉激励，激发学习内驱力

免修制度同时作为一种荣誉制度，学校建立了相应的激励机制，充分调动学生主动学习的积极性，更大地激发学生的学习内驱力和学习热情。学校建立荣誉毕业生制度，获取免修资格之后的学习将被认定为荣誉课程。在今后的大学自主招生推荐中，获取免修资格并顺利完成荣誉课程将作为一项重要指标。获得过免修资格并顺利完成荣誉课程，参加过学生导师团，且高中三年学习综合表现优秀的学生将被授予荣誉毕业生称号，获得荣誉毕业生证书。

自实行免修制度以来，学校每学期有 150 人次的学生申请并获得了免修资格，不少同学获得 2 门以上学科的免修资格。

8. 完善育人管理机制，变革育人方式

基于不同学业发展水平学生的背景，创新学生教育与管理模式，以加强学生个性化的教育与指导。优化绩点制的落实与管理，更好地引导教师与学生对学习过程的关注，进一步建立多类型导师制，挖掘不同类型导师在学生学习与发展过程中的作用和价值。加强学长制建设力度，切实发挥学生间的自我教育和同伴作用，增强学生责任感，提升自我教育水平，促进学生的共同成长与发展。

（1）优化绩点制，关注学习过程

学分绩点制是根据上海市教育综合改革方向、市西中学办学理念和师生特点制定的综合评价政策。其设计充分考虑学生的持续发展，根据不同学习难度、学习类型、学习性质统一赋予学分，并根据具体的评定办法计算各学科绩点和平均绩点，把每位学生的学习过程性表现（出勤、作业、课堂参与度、平时测验等）、期中和期末测试成绩，按比例纳入学业综合评价，以此来考量学生在校期间三年的学习生活发展情况。以过程性和结果性的综合评价，全覆盖学生的学习、研究、实践活动以及学习全过程，支持教师对学生学习的诊断和指导；以全过程发展性综合评价，指导学生改善学习行为和习惯，营造良好的学习规范氛围，全面促进学生学习素养和能力的提升。实现学生学习的“个性定制”，落实学生个性化优势学习与发展。

（2）建立多类型导师制，彰显引领力

市西中学根据学生发展的不同阶段与不同需求，将高中导师分为生涯导师、拓展性论文导师、免修生导师等三类。每位在校学生都拥有一位生涯导师，生涯导师通过与学生、家长的个性化交流，深入了解学生各方面情况，对学生进行思想、行为、习惯、学业、生活、职业、人际交往等各方面的综合指导。拓展性论文导师会根据学生的研究需求，整合、提供学生进行拓展性论文研究所需资源，并进行论文选题、开题、研究过程、论文撰写、结题、答辩的全程指导。免修生导师依据学生学科发展情况，为学生提供更具针对性的学科学习指导，关心、指导学生通过免修申请后的自主学习与个性化学习。通过不同类型导师的设置，从学业到学术、从心理到思想、从职业到生涯等各方面给予学生综合且契合的指导，以促进学生全面而富有个性的学习与发展。

（3）挖掘学长引领，实现团队互助

学长制与个性化导师制相伴生，旨在通过“以大带小”的方式，让高年级同学担负起帮助和指导低年级学生的责任，实现学生间在学习上的自助、生活上的自理、成长中的互助，形成高低年级学生间在多方位交流交往中的良性互动。根据不同阶段与不同需求，学校会从市西校友或高年级的优秀学生中精选负责任的学长，相对稳定、长期地承担对学弟学妹的指导，内容涵盖入学教育开始的各项新生指导、学习成长历程中的同伴指导、关键时期的生涯指导、各类实践活动与竞赛的专项指导、研究性学习的协助指导等。学长制的试行，既锻炼了学生的领导能力、增进了团队互助精神，也加强了纵向管理与横向交流的教育管理。

市西中学的管理制度不仅有助于学生更好地规划和安排自己的学习，也有助于学生获得更具体、更有针对性的指导，从而提高时间利用的效能，帮助学生有更好的发展。安排适切的学习进程，开展或深入或拓宽或提高的自主学习。

## 二、以教研工作创新研究推动高素质教师队伍建设

"双新"作为一种富有新理念、新要求的教育改革政策，最终需要通过教师创造性的劳动来进行落实。古德森(Goodson)指出，在分析和促成教育教学变革的过程中，应该把教师个人的转变作为首要的因素，只有教师个人真正投入的时候，教育变革才能是有效的。[1] 很多时候，学校教育改革中的教师并不是一个同质性的群体，在改革过程中少数教师出现对改革的拒斥态度是一种正常的，甚至不可避免的现象，[2] 如何化解和消除教师对教育教学改革的消极抵触情绪，关系到改革的成败。

在市西中学看来，如果没有认同"双新"理念并能落实符合"双新"政策在课程教学和育人实践中要求的高素质教师，"双新"改革将无法落到实处。很多时候，教师对课程教学改革的抵触情绪，一方面是源于对未知的恐惧，另一方面也是源于对自身专业素养能否匹配改革需要的自我质疑。从这个角度出发，市西中学希望通过校本教研工作创新的研究来推动高素质教师队伍建设，一方面提升教师对"双新"政策的理解力和认同感；另一方面，也培养更多适宜于"双新"改革的高素质、专业化教师。

### (一) 项目背景

校本教研，也称为校本研修，是一种立足于校本培训概念之上而又有所超越的新型教师专业发展模式。校本培训和校本教研都强调以校为本，但校本培训较突出培训者的主体地位，培训者决定培训的内容、形式，教师处于被动接受、"被发展"的境地。而校本教研则强调教师是研修的主体，教师可以依据自己的工作实际选择研修内容与方法，提倡教师将教育教学问题的解决过程与研修过程结合起来，在实践——反思——改进的过程中实现自我更新。[3] 正是因为校本教研的独特价值，

---

1 Goodson, I. Social Histories Of Educational Change[J]. Journal of Educational Change, 2001(01): 45-63.

2 牛利华，邹萌.教育改革中的教师阻力：成因及教育应答——以中外已有研究为基点[J].外国教育研究，2010(10): 18-21.

3 胡惠闵.从区域推进到以校为本：校本研修实践范式研究[J].教育发展研究，2010(24): 61-65.

现代学校在建设和改革发展的过程中，普遍将校本教研的改革创新作为加强教师队伍建设的重要抓手，也正因为如此，市西中学才选择了校本教研的优化创新研究作为推动“双新”落实的又一个关键领域。

校本教研工作，是由学校发起和规划、以本校教师为研修主体、促进教师专业化发展，全面推进新教材、新课标实施，落实立德树人的教育目标，提升学校内涵发展的重要举措。校本教研，是从学校的实际出发，依托学校自身的资源优势和特色，围绕学校发展中的主要问题，开展的基于校级教研活动进行的教育教学研究。

市西中学多年来一直对校本教研工作予以高度重视，学校成立了以校长为组长，教育管理处、学生管理处、资源保障处共同参与的校本教研、师资培养领导小组。在学校的发展规划中明确提出了教研组和相关部门的研修培训要求，并制定了校本教研的每学年和每学期的部门及教研组研修培训计划和内容，明确每学期校本教研工作的重点和主要任务。学校还开展了校本教研工作的展示活动，每学年结束，各教研组都要进行校本教研工作的汇报并开展校本教研工作的校内评选。

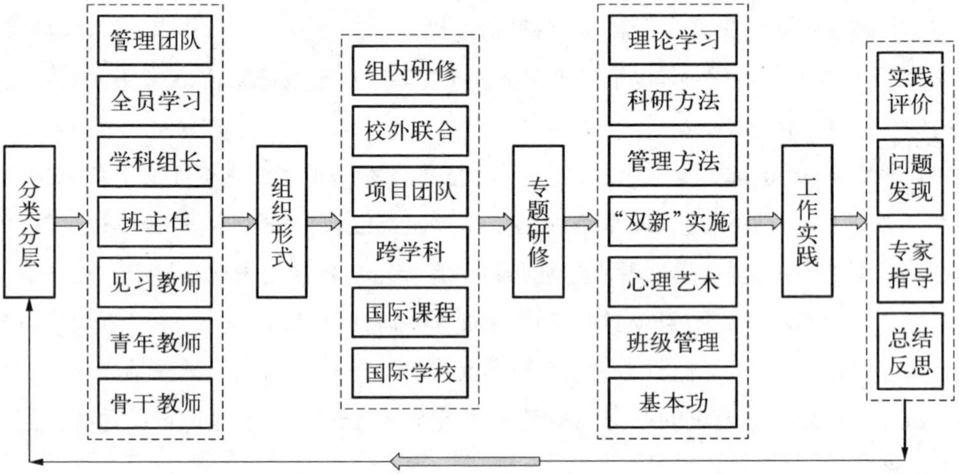


图1　校本教研工作图

（二）项目研究的策略

本项目要解决的问题包括：“双新”背景下，创新学校教研的组织、方法、内容、途径等要素；提升学校教研的效果，促进教师的专业化发展，全面提高学校的教育教学质量;以学校教研,探索“学术性高中”的建设。

项目遵循“组建团队→现状调研→问题梳理→确立目标→设计方案→实践探索→总结反思→实践修正→效果分析→形成机制→经验提炼→辐射分享”的实践路径,以调查研究法、案例研究法、行动研究法等研究方法,建立了系统的教研结构和路径,凝聚全体教师,共同探索“双新”背景下,提高校本研修实效的有效方法,实践促进校长、教师专业发展的有效途径。

(三)阶段性成效

经过一年的实践探索,我们从学校整体、教研组、年级组以及教师个体等不同层面开展了不同机制和举措的实践,初步形成了以下阶段性成果。

1. 顶层设计,整体推动

学校充分认识到教研对于教师专业发展和素养提升的重要性,教研是学校教育教学质量的保障,必须进行顶层设计,分层分类地进行有计划、有步骤的推进,必须依托项目推进,搭建展示辐射平台,内外共同驱动,全面落实校本教研的组织与实施。

(1)目标确立,顶层设计推进计划

学校充分研究“双新”改革和中招新政的背景,结合学术性高中建设工作,围绕“狠抓教学质量,全面落实立德树人”的任务,以“完善落实教学常规,教学质量稳中求进,项目驱动效益提升,促进教师专业成长”为目标,制订全校整体推进教研的方案。各教研组、年级组、项目组也分别以学年、学期、月、周为单位制订更为具体的计划和实施步骤,全力推进在“学”字上动脑筋,在“教”字上下功夫,在“研”字上做文章,加强学科特色创建,夯实质量基础,促进教研专业发展。学校设立“市西中学教育评价与咨询委员会”,修订更规范的教研组建设制度和教研活动制度,制定《教学管理规范与要求》,对教研和专业发展进行更为专业的评价与指导。

(2)项目驱动,搭建平台展示研讨

学校依托市“双名工程”的2个高峰计划基地、1个攻关计划基地和1个种子计划基地,由基地主持人带领和指导学员,组织和开展了多次校内外的大中小型不同教育教学主题研讨活动,同时撰写教育教学论文或发表或交流,为市区多名后备管理人员和后备名师人选的成长发挥了积极的作用。学校连续参加市教研室发起的课程领导力项目,依托国家龙头项目、市级课题等,组织全校教师参与研修与实践,并连年筹划大型研讨展示活动，包括2018年“思维广场撬动教学深度变革实践优势学习的研究”，2019年“思辨未来的教与学”，2020年“双新驱动，教育与技术融合中的深度学习”，2021年“数学学术展评活动”项目启动仪式暨上海市第三轮课程领导力学校成果首发式，以及2021年“学术性高中创建发布会”等，促进课堂教学改革与学校教师专业发展，为高端教师的培养和展示提供更大的平台。

（3）高端引领，促进交流辐射推广

学校设立“教师工作室”，由学科带头人及以上高端教师领衔，面向校内外招募学员，搭建共同研修的平台，促进高端教师的专业发展与脱颖而出，调动教师专业发展的积极性、主动性和创造性，同时发挥优秀教师的领衔作用，带领带动更多的教师在团队专业研修中共同提升，形成合理的教师队伍梯队。第一届10个教师工作室圆满完成两年的研修工作，校内外近百名学员因此获益。2022年，又有语文、数学、英语、物理、化学、大思政等学科9个工作室，共13位主持人，100位区内外学员一起，开始了第二届教师工作室的研修工作。

2. 依托教研组，学科研讨专业精进

教研组是课堂教学教研的重要载体。教研组制定行动标准，规范教研常态，推进重点专题，有助于全体教师不断提升认识，持续精进专业，从而不断提升课堂教学品质，保障教育教学质量。

（1）制定指南，探索学科教学标准

在“双新”背景下根据国家课程标准和学校学生培养目标，结合学科特色，各教研组全面修订《学科校本教学实施指南》，兼顾国家的统一要求与学校发展的现实，兼顾全体学生与不同类型学生的发展要求，兼顾高中三年的整体性与每个年级的阶段性，兼顾年级之间的衔接与学科各模块之间的联系，兼顾跨学科学习与学科内在的逻辑，兼顾思维品质提升与学术素养培育。修订《学科校本教学实施指南》的过程就是各教研组深度研修的过程，各组探索建立有效的机制，将校本化的目标和要求贯穿于教师的教学过程中，通过教研组与备课组的研修、教学研讨、作业命题反馈、命题研究、质量分析等措施，落实基于标准的教学，切实把学生从无序的拔高标准的学习中解放出来，保障学生更加自主地选择学习，进一步提升教育教学的效能和价值。

（2）组内建设，学科教研常态化

学校建立规范的教研组、备课组建设制度，进一步规范教研组、备课组活动，增强团队凝聚力，增强教研活动的专业性，提升备课活动的有效性。教研组长制订每学期的教研活动计划，落实方案实施细节，每两周召开一次校内教研活动，每周进行一次集体备课活动。备课组的集体备课落实“四定”（定主题、定主讲、定时间、定地点）、“四研”（研教材、研学生、研教法、研学法）、“四统”（统一进度、统一重难点、统一作业、统一评价），突出对课程标准、学生状况和教学实施的研究，促进教学效能和质量的提升。以常态化的学科教研和集体研讨，促进教师个体备课的专业能力提升，突出对课程标准和学生状况的研究，通过对学生整体性和差异性的分析，落实基于标准的教学，探索既重视全体学生又关注个体差异的教学方法与策略。

（3）专题研修，提升课堂教学品质

学校进一步打造凸显鲜明研究特征的教研组活动，教研组活动以主题式、单元式为设计要素。教研组每学期根据主题引入教学优质资源，邀请相关专家，传递学科发展方向动态；鼓励组内教师交流、展示专业思考与研究成果，活跃思想，开拓视野；设计师生交融的学术活动，搭建平台集中展示市西师生的教研成果。同时，每学期学校组织开展专题课堂教学研讨展示展评活动，从展示前组内集体磨课，到观课评课，再到课后反思研讨，既有教研组内本学科全体教师的集中研修，也有教研组间跨学科教师的联合研修，从教学设计到思维培育，从教学组织到学习评价，通过多次的研讨，不断提升教师课堂教学的意识和品质。结合学术性高中的创建，学校还组织了“拓展性论文的撰写与指导”“学术探究日课程的开发与实施”等专题项目研修，进一步促进教研组教师的学科综合素养和专业能力的提升。

3. 依托年级组，综合育人素养提升

人人都是德育工作者，年级组是综合育人的重要力量和组成，班主任、任课教师是面对学生的直接育人者，全面分析了解学生情况，精细化通力合作，形成以班主任为核心的育人团队，将最直接地促进学生的全面成长与发展。

（1）以质量分析为抓手，开展全年级研讨

在每次阶段检测、期中期末考、模拟考后，年级组都会召开从备课组、各班级任课教师团队，到年级组全体教师的质量分析会，以反思研修的方式，对教育教学情况进行综合分析。各学科备课组基于管理平台学科考试数据开展集体研讨，内容涵盖试卷分析（难度、效度等）、学生考试情况分析（整体情况、各班情况、各板块分析等）、本阶段教学总结与反思、下阶段教学安排与策略等方面。各班班主任召集班级任课老师开展团队研讨，对班级每一位学生的学科水平、学习态度、学习方法、学习习惯等进行综合分析，并结合班级实际制订后续的教育措施与策略。年级组全体教师的质量研讨会结合各学科备课组和各班级的分析，总结本年级的阶段情况和后续工作要点与策略。为更好地促进研修效果，心理、体育、艺术学科教师等也一同参与研讨，增加对年级学生综合情况的了解，从而与班主任和其他学科任课教师形成合力，为学生提供更有针对性的身心指导。通过年级教师集体多角度地深入研修和讨论，把质量分析做实、做全，这对后续教育教学能起到有益的反拨和提升作用。

（2）加强备课组管理，促进精细化合作研讨

年级组坚持对本年级各学科备课组进行精细化、合作化、有序化管理和研讨，保障教育教学质量。精细化是指年级组在学科备课组的管理上，对本年级组的学科教学内容进行条分缕析化的管理。备课组每周要进行一次固定的备课组活动，就本周和下周的教学内容、重难点、学科教学问题的解决等进行组内研讨，达成共识，形成条文，全组贯彻执行。备课组还要就当前学情制订相应的分层教学计划，针对不同学生的学习需求，拟订相应的教学指导方案。合作化是指年级组对各学科备课组之间的协调管理，共同合作，有侧重点地加以推进，如：对每日作业总量的协调控制，让学生有充分的自己学习的时间和空间；不同阶段总体教学方向侧重点的统一管理和学科之间的协调等。有序化是指年级组依据学情和教情，统筹安排各学科组的教学进度，不可追求速度而忽视学习质量，也不可放慢速度而造成教学节奏滞后。年级组在备课组的教学管理上，通过给出清晰的指令，依据每阶段的实际情况，给各备课组以明确的节奏方向，让各备课组能有序推进，既符合学生学习需求，也能体现教学的张弛。

（3）建设班主任团队，提升综合育人素养

年级组根据学校的总体指导安排，定期开展针对本年级实际情况的班主任研修活动，打造互助式班主任工作坊，定期反馈问题、交流经验，内容包括行规教育、文明礼仪教育、班级凝聚力提升、学生榜样群体建设、特色活动策划组织等，落实“抓思想、抓态度、抓习惯、抓方法”。班主任研修重点在于指导各班主任带领任课教师团队，关注学生能力和素养的综合发展，关注学生身心健康和社会责任的意识培养，关注学生个人志趣和优势发展。同时，依托学校心理咨询资源，在心理老师的指导下，班主任通过合作研讨，能够关注存在心理健康问题的同学，建立学生心

理健康档案，加强与家长沟通，加强应对突发事件的处理能力，全面提升班主任综合管理和育人能力。

4. 自主组建研修共同体，教师个性化发展

除了有主题、有组织的教研，教师因个人需要而开展的学习研修更具内驱力和有效性。因此，学校积极建立机制，整合资源，鼓励并支持教师或开展自主研修，或自发组建研修共同体开展实践探索，以提升研修效能，实现更好的研修效果。

(1) 自主组建团队，开展项目实践

为了更好地增加教师自主研修的内驱力，更有效地提升教师研究能力和专业发展水平，学校通过了《教育教学实践推进项目立项与管理办法》，鼓励教师基于教育教学中的现实问题，围绕学校重点实验项目，根据自己的管理研究与实践项目，结合专题研修内容，开展个人或团队的研修与实践。按照"突出重点，重在实践，鼓励创新，关注成效"的原则，通过全体教职员工自主报名、自愿组队、自选项目、申报评选、立项实践的方式，引进稳步发展的竞争、激励机制，推动教师按需自主、积极多元地更好发展。至今，学校共立项 130 多项，内容涉及课程开发、标准研究、教学实践、信息技术应用、学生管理、学生德育、资源整合、机制建设等与学校发展和教师专业发展密切相关的多个方面。在实践推进项目的研修模式下，孵化出各级各类教育教学研究课题 60 多项，培养出多名中青年团队项目领衔人，近年来成功获得高一级职称评定的教职工 20 多人。

(2) 提供充分支持，促进教育科研

学校由科研室团队负责，整合各类各级资源，依托教师工作室、学科带头人机制等，建立了梯次合理的教师科研队伍，进一步丰富中青年教师个人发展的机会与平台。学校还聘请各类相关专家，以为教师作理论报告，对学员的科研方案作指导，对学员的实践课题作点评等形式，对学员的教育教学专业发展进行专家引领，帮助一批中青年教师崭露头角，成为学校课程教学改革和教科研的生力军。同时，学校还建立科研工作和论文撰写跟踪指导与管理机制，做好过程记录、阶段介入和档案整理，跟踪了解教师个人课题或项目的进展情况和需要，了解和关心教师个人开展论文撰写的情况和发表的需要，积极提供资源和渠道，大力提升对教师个人课题、项目的指导和支持力度，以促进教师个人研修、科研的质量，提升教师对科研成果的提炼。组织和支持研究人员与相关教师外出参加如"中国教育大会""长三角

区域教育研讨”等学术会议或活动，拓展教科研交流合作平台，促进教师教科研的主动性和积极性，营造浓厚的学术科研氛围。

## 三、推动“双新”课程的整体性规划

“双新”作为一种新的课程教学和人才培养的政策导向与价值理念，最终需要落实到学校管理的方方面面，而这种落实，必然需要相应的载体和抓手。除了上述两个维度的项目化研究引领，市西中学认为，课程是学校的核心要素，课程变革是学校变革的关键领域，而且课程领域的建构和发展能够与学校其他领域的诸多因素有效关联，形成一种整体性的联动效能。基于这样的认识，市西中学注重在“双新”的背景下进行学校课程建设的整体规划，通过课程的科学规划撬动“双新”改革，推动“双新”改革的整体性实施。

### （一）课程规划的依据

学校课程规划是在学校课程领导力整体提升背景下学校在课程建设领域的必然选择。学校课程领导力指的是学校利益相关人员在课程领域，包括课程愿景、课程目标、课程内容、课程组织、课程评价等载体上相互作用，从而实现目标的能力。[1] 2010年，上海市教委颁布了《上海市提升中小学（幼儿园）课程领导力三年行动计划（2010—2012年）》，并正式启动了第一轮“课程领导力行动研究项目”，至今该项目已经进行到了第三轮。时至今日，建立共同愿景、彰显个人魅力、激励教师成长、启发集体才智已经成为学校课程领导力建设中的共性价值认知，[2] 推动学校课程领导力提升已经成为学校管理者的重要专业素养，[3] 同时也是教师应该主动参与的重要领域。在课程领导力整体提升的过程中，如何合理规划课程是一个重要的维度。

学校课程规划首先是基于国家课程政策的执行性行为，然后才是基于学校的课程建设领导行为。[4] 这意味着课程规划，不仅仅要立足于学校的实际，更要凸显

1 金京泽.简论学校课程领导力之上海模型[J].上海课程教学研究，2019(12)：6-12.
2 张治平.论学校课程领导的原则与任务[J].课程教学研究，2012(11)：19-23.
3 邹尚智.论中小学校长校本课程领导的功能和策略[J].课程·教材·教法，2007(01)：19-22.
4 吴晓玲.论学校课程规划的过程性——基于江苏省义务教育学校课程规划状况的调查[J].教育科学研究，2017(07)：65-70.

党和国家在教育改革发展中的整体政策引领和顶层设计。从这个角度出发，在普通高中新课程、新教材实施的背景下，学校应秉持课程为学生终身发展奠基的课程观，以必修、选择性必修、选修作为学校课程的主要分类维度，依据普通高中课程方案，规范设置各学科必修课程学时，以课程模块作为选择性必修课程的基本单位，结合国家发展需要和国家战略，建立学校选修课程的动态管理机制，使选修课程布局从零散走向课程集群。在编制学校课程规划时，应合理把握学分之于课程实施方式的内涵差异，对综合实践活动课程，建立兼顾政策要求与课程实施操作的"学分—学时"对应关系，从课程建设、学分管理、生涯指导、教学资源建设、教学设施配备、教师专业发展等方面构建选课走班的保障与支持系统。[1] 以高质量的学校课程规划推动"双新"政策的有效落实，引领"双新"改革的整体性推进。

我国将"深化育人方式改革"作为"十四五"普通高中改革与发展的重要目标与任务，强调"高质量推进普通高中新课程新教材实施"，体现了国家对普通高中培养目标不同层次的要求：既要关注全体学生普遍接受高质量教育，又要重视优秀学生特殊的培养路径和发展通道，为国家高、精、尖科技领域的领军人才培养奠定基础。

围绕上海作为国际化大都市建设全球卓越城市、建成世界顶尖人才集聚地的需要，以及更大力度地推进高中多样化、特色化建设的时代使命，学校将全面落实党的教育方针，根据"双新"改革的要求和学术性高中创建的需要，秉承"政策规范化与学校特色化相结合""育人规范化与教学多样化相结合""标准统一化与学习个性化相结合""管理严格化与发展差异化相结合"的原则，在已有课程建设基础上，进一步深化国家课程的校本化实施，优化学校课程结构，促进德育、智育、体育、美育和劳动教育的有机融合，充分满足学生差异发展的需求，促进学生全面而富有个性的优势发展。

学校在组织实施课程教学过程中，通过教师个别访谈和学生问卷调查，充分调研分析本校及学生实际，着眼于不同学生兴趣的培养、特长的发展需求，全面优化课程结构，拓展国家课程校本化实施的路径，完善课程管理和运行机制，开展优势学习，为学生学习目标、内容、方式的充分自主选择提供环境、资源和时间等可能与

---

1 季金杰.基于"双新"的学校课程规划：整体架构与编制策略[J].教育参考，2021(05)：28-32.

保障，进而实现学生全面而富有个性的发展。学校开展特色项目实验，为每位学生提供适合自己的课程与教学，引导学生发现自我、超越自我，促进学生富有个性的优势发展；强调学生社会化的需要，注重学生德智体美劳全面发展，为学生的幸福美好人生奠基。

（二）课程教学计划及说明

近几年，学校坚持遵循教育规律，根据上海市教育委员会的相关规定，严控38节周课时，开齐开足上好所有课程，并持续优化配置课程。

根据上海市教育委员会印发的《上海市中小学2021学年度课程计划及其说明的通知》，学校进行了科学的课程设置及课时安排，并形成相应的列表式安排。

必修课程：根据生物学、地理学科部分内容需要高一数理化知识基础的实际，故将其安排在高二年级，每周2课时。

选择性必修课程：语文、英语，高一、高二年级每周1.5课时，用于思维广场跨学科融合式教学；数学，高一年级每周2课时，高二年级每周1课时，开展基于TeachAI网学平台的教学变革实践研究；思政、历史，高一、高二年级每周1课时，用于思维广场跨学科融合式教学。

选修课程：高一年级每周5课时，高二年级每周10课时，高三年级两个学期每周分别为20课时和27课时。其中，高一年级每周3课时用于物理、化学、生物学、地理等学科的漫思实验室教学探索，高一、高二年级每周2课时用于学术探究日的选修课程。

（三）课程实施与评价

1. 必修课程的实施

（1）标准与创新并重，全学科融入学术元素

学校围绕国家各类课程的高质量实施，研制国家课程校本化教学指南，明确每门学科的校本化阶段性目标和要求以及教学实施方法、策略与途径，拓展思政课程实施路径，促进德育常态化、长效化，专项推进体育艺术课程，优化劳动、实践课程设计，落实“五育”并举，促进学生全面发展。

学校根据国家课程标准和学校发展目标、学生培养目标，结合学科特色，修订《学科校本教学实施指南》，进一步科学配置时间，引导教师积极实施基于标准的教学。

学校融入学术诚信教育和学术规范指导，关注问题导向、真实场景，关注深度学习，设计合作研讨、思辨探究的教与学，加强学生能力和思维的培养，促进学生学术素养的提升，提高课堂教学的效能，增加课堂教学的价值，全面保障教学质量。

每位学生在国家课程学习过程中，将选择一个学科问题或跨学科主题，在教师的指导下完成学科拓展论文的撰写，以全过程的学术通识学习和真实任务体验，进一步促进知识应用、问题提出、学术规范、文献能力、方法选择、写作表达、思辨能力等学术素养的培育与提升。

（2）探索作业协调机制，提高作业的针对性和有效性

学校鼓励并要求各教研组、备课组针对学生实际编制校本化作业，逐渐建构校本化作业与练习系统。《学科校本教学实施指南》中教学实施目标和分年级要求，对学生作业设计提出了明确要求，既要有统一性作业，也要有差异性分层作业，采用书面与操作、短时与长期、巩固型与研究型等多种形式相结合的方式，提高作业的针对性。年级组和班主任要加强对平时作业量的即时反馈监控，及时协调作业总量，对于寒暑假和国庆长假等节假日，统一编制学生假期学习的指导手册，加强对各学科作业总量的协调与监控。每位教师布置作业必须做到“五必”，即有发必收、有收必批、有批必评、有评必纠、有纠必会，以此有效控制作业量，提升作业品质。

（3）落实综合实践与劳动课程，实现学生个性发展

学校秉承“活动即课程，实践即学习，经历即收获”的教育理念，重视直接经验习得，致力于实践课程的顶层设计，用丰富的活动建构完善学校课程体系，用独特的实践引领学生开展深度学习与思考，用难忘的经历镌刻人生永恒的回忆，为学生的优势发展提供充分的选择。学校通过寻访校友活动、文化游学、南京考察等社会实践拓展课程，让学生在行走中历练人生，修炼品行，在体验中学会感悟，从而培养和锻炼学生的自我管理和自主发展能力，增强学生的历史使命感和社会责任感。

学校关注劳动在学生成长中的价值，坚持以细致管理为保障，开发系列劳动课程，扎实推进劳动教育，教育学生尊重劳动、热爱劳动，培养学生劳动的观念、习惯和品质。为此，学校开发了融观念与技能于一体的劳动实践课程，鼓励学生自主创意，全面培育学生手脑并用、体力与脑力协调发展的劳动素养，激发学生劳动的自

主性、诚实性和创造性。

(4) 践行“健康第一”理念，浸润审美鉴赏熏陶

学校一贯坚持并践行“健康第一”的教育理念。根据《上海市高中2021学年度课程计划及其说明》作出的“学校体育保健活动、部分体锻活动等不计入周课时总量”的要求，为保证学生每天锻炼1小时，学校在每周38课时的基础上，平均每周至少安排1课时体育活动，故每周课时为“38+1”。高中三年统筹安排，2021学年具体安排为：高一年级“必修2课时+体育活动1课时”；高二年级“必修2课时+体育活动2课时”；高三年级“必修2课时+体育活动2—3课时”。此外，每个年级平均每周还保证心理健康教育课程1课时，安排在选择性必修课程中。2021年9月学校召开了“健康教育与体测工作”推进会，推出了“早晚锻炼”，要求男生每天跑步1 000米，女生每天跑步800米，这必将成为市西中学的又一张体育名片。

在学生心田里播撒“真善美”的种子，是市西中学美育的价值追求与行为准则。学校不仅在艺术教育中落实美育目标，开足开齐上好艺术课，更是在学科教学、学校文化等方面贯穿美育，丰富艺术实践活动。

2. 选择性必修课程的实施

学校在选择性必修课程中进一步落实优化教学五环节，探索课堂教学方式转变，关注深度学习，设计思辨探究、合作研讨的教与学，加强学生能力和思维的培养，从而提高课堂教学的效能。学校结合“双新”改革，努力将信息技术融入教学，全面探索新型教学范式的建构。

(1) 聚焦思辨与表达，深化思维广场跨学科融合式教学实践

学校在思维广场“目标引领—自主研习—合作研讨—思辨提升”教学流程的基础上，探索语文、政治、历史、地理学科的跨学科融合式教学，以超越知识点的讨论主题，引导学生多维度思考、分析、解决问题，通过设计具有思维挑战、对话辨析、交流分享等挑战性因素的“智者对话、思维激荡”的讨论学习，激发学生思考，促进学生主动进行知识建构，掌握学习主动权，认识自己的学习优势，感受深度学习的愉悦体验，助力学生学习需求、学习过程、知识结构、思维发展和情理多元的全面融合；同时进一步侧重对学生开展文献检索、综述运用、表达与写作等方面的指导、训练与评价，使学生在真实问题的引领下，通过在真实情境中完成真实任务，了解并遵守学术规范，提升思维和学术素养，更好地实现学习与发展。

(2) 聚焦实验与实践,开展漫思实验室"学思做"结合教学探索

学校依托漫思实验室和信息技术融入,在物理、化学、生物学、信息技术等实验性知识学科中侧重提出问题、分析问题、论证问题、设计实验、动手实践等方面的学习设计、指导和训练,进一步突破时空限制,探索线上学习与线下学习、接受性学习与探究性学习、独立学习与合作学习、自主学习与师生互动、书中学与做中学等多种学习方式相结合的教学组织与实践,为学生提供更丰富、更充分的选择,充分激发学生的学习兴趣和探究意识,提升学生的实验素养和实践素养,助力学生实现更有效、更有价值的学习。

(3) 技术融入教育,探索 TeachAI 智能化学习平台的研发应用

在数学学科先行探索的基础上,学校进一步依托信息技术融入教育的智能化应用,持续研发 TeachAI 学习平台,建构数学、英语、物理、化学、生物学、地理等结构化的学习资源库,深化"目标引领—自主预学—反馈评价—拓展深化—思辨提升"教学流程的探索,建构以及时反馈、即时诊断、精准推送、补偿学习为特征的学生学习闭环与改进策略,引领学生在坚持不懈的持续学习中,不断自主安排、质疑探究、自我反思、自我完善,提升学习的主动性和内驱力,促进学生坚毅精神和坚韧意志品质的形成。

3. 校本课程合理开发

整合建构聚焦学术素养培育的课程体系,创设每周"学术探究日"。学校自 2021 学年起,把每周五下午设立为"学术探究日"。在学术探究日,每位学生的学习目标是多元的,学习内容是开放的,学习时间是自主的,学习方式是多样的,学习环境是自由的;学生可以选修课程,可以在导师的指导下开展论文研究,可以参加社团活动,可以选择听各类讲座,也可以自主安排独立学习,甚至可以走出校园开展实践学习。选修课根据课程容量灵活设置大小课,旨在培养学生思维、拓展学生视野,为研究性学习打下基础;社团活动突出教师引领下的学生自主活动,力求营造学术氛围,突出创新意识和专业志趣的培养。

建设具有学术内涵的学科活动,支持师生学术性发展的制度文化。为更好地建设具有学术内涵的学科活动,学校制定了学术规范要求,修订了学术诚信制度,以维护学术道德,规范学术行为,严明学术纪律。一是建立指向学术性发展的学习制度,制定申报、评审、实施、档案管理等制度,建立师生论坛制度,加强和规范

研讨、讲座和论坛的管理，确保学术性学习活动方向正确，活动质量有保证。二是建立班级学术性特色评估机制，创建特色班级集体，引导学术氛围的创建。三是优化教师评价制度，建立学术性高中教师奖励制度，激励教师专业发展，鼓励教师积极指导学生参与学术性研究，培养具有研究和创新思维、素养和能力的优秀学生。

学校每年举行校园"学术节"，设计师生交融的学术活动，搭建平台集中展示师生学术性学习与发展成果，展示师生应对学术挑战的智慧与气质，浓郁全校师生追求学术多样发展的学习活动氛围。为进一步优化和建设"学术论坛"，学校每月邀请高校专家或行业翘楚传递发展前沿信息、最新研究成果和国际发展形势，鼓励全校师生经常性交流分享，开阔学术视野，活跃学术思想，进一步形成全校师生关注学术发展、追求学术精进的文化氛围。此外，学校还鼓励不同种类的学术性社群活动，丰富师生学术发表途径，促进学术多样发展，激励学术专业追求。

4. 课程评价

(1) 健全课程规划评价制度，规范课程与教学日常管理

学校建立了规范的教研组建设制度，以新老教研组长更替为契机，进一步规范教研组、备课组活动，增强团队凝聚力，增强教研活动的专业性，提升备课活动的有效性。教研组每两周开展一次校内教研活动，每周进行一次集体备课活动，落实集体备课的"三定（时间、地点、主题），三研（学生、学法、教法），六统一（常规、进度、重难点、作业、评价、资料）"，突出对课程标准和学生的研究，坚持基于标准实施教学，通过对学生整体和学生差异的分析，探索既体现全体学生又重视学生个体的教与学的方法、策略。

学校进一步研究选修课程的结构和体系，重点建设若干具有特色的校本课程，设计开发了学时长短不同的"套餐式"课程，探索课内教学与课余自主研究相结合的学习模式，并进一步规范选修课程的全过程评价，逐渐建立制度，引导学生根据兴趣和爱好自主选择项目，开展研究性学习与实践。

学校明确了选修课程的实施流程，根据教师的课程申请，进行综合评估、审定，决定立项，通过管理提高课程质量。在实施的过程中，进行考勤检查、培训、反馈，对教学情况进行评价，将选修课程的开设与质量作为教师专业化发展考核的重要内容之一。

(2) 优化考试管理

学校加强对教学质量的管理与监控，如高一、高二年级不允许安排月考，要注重命题研究，期中和期末考试的命题期望均分设定为 80 分（语文 75 分），偏离期望均分不超过 1 分，可入选为优秀试卷，偏离期望均分超过 3 分，为不合格试卷，要求教研组或备课组对试卷进行专题研讨。学校对每次考试之后的质量分析坚持“总结经验、寻找差距、聚焦问题、制定对策”，除了每位任课教师分析到每个学生和每道题，每个备课组、每个班级的教师以及每个年级的教师团队都要集中研讨。

同时，运用数字化背景下基于网络的大数据分析技术，对学生的学习过程和结果进行汇总分析；在平台数据的支撑下，教师在每一个学习节点或知识节点下，配备了相关的优质学习视频，学生可以根据需要多次反复学习；在每个知识点下，还配备了精准指向知识点掌握的诊断练习。根据对学生学习过程的全记录和跟踪分析，判断和诊断练习完成的情况——准确率和用时。教师基于数据跟踪和分析学生的学习情况。对班级数据与平台大数据的对比，以及基于班级分析的教学改进，使考试与质量分析着重研究基于学生个性化诊断的每个阶段学习改进的指导策略，从而实现教学质量分析向更多关注学生的学习改进转型。

(3) 教师诊断评价量表的开发和使用

教师们将开发出的形式多样、有针对性的诊断评价量表投入日常教学中，并坚持使用。这些诊断评价量表作为数据采集、跟踪、分析的参考依据，有助于教师发现学生的优势学习内容、学习方式、学习时间、学习环境，有助于教师指导学生更有效地学习。

个性化学习诊断表会对每位学生的学习状况进行全面诊断和评价，包括该阶段的学科知识掌握情况、学习方法、学习能力、学习态度、学习习惯、心理状态、整体的发展趋势等；同时提出在下一阶段学习中需要改进的重点、改进策略和相关指导意见。每一份诊断表都会反馈到学生手中，学生可以根据诊断表的意见和建议进行调整与改进。除了个性化学习诊断表，教师们还根据学科特点、教学体系，开发了结合学科单元学习内容、学科作业、学科学习活动等的诊断评价量表，以期更好地帮助和指导学生发现自己的优势学习路径和发展方向。

(4) 学生自评工具的开发和使用

《个性化学习实践与指导手册》作为学生自评工具，能让学生记录下极具个性化的高中三年学习生活。学生通过对该手册的使用，学会自我反思和自我调整，能够合理配置自己的学习时间，有效利用学习空间，正确了解自己学习上的优势和弱势，明智地选择适合自己的学习方式和学习内容。教师通过指导学生使用《个性化学习实践与指导手册》，可以帮助学生形成一个"计划、行动、总结、反思、改进"不断循环闭合的自我调整、自我发展过程，帮助学生学会自我调控，从而认识自我，找到最适合自己的优势学习路径和发展方向，学会把握自己的未来人生，为终身学习打下良好的基础。

(5) 优化绩点制的落实与管理

学校以过程性和结果性相结合的综合评价支持教师对学生学习的诊断与指导，以全过程发展性综合评价指导学生改善学习行为和习惯。学生的作业质量是衡量学生平时学习掌握情况和学习态度的重要指标，对其进行精确评分能进一步引导学生重视作业的意义，提高作业对学生学习的促进程度。学分绩点制作为一项新的学习评价机制，它的积极作用体现在：为学生营造良好学习行为常规的氛围；让学生感受评价的全面性；帮助学生及时了解自身学习状态；帮助教师及时掌握学生的学习状况；有助于学生对国内大学成绩评定方式的衔接适应。

(四) 保障措施

1. 组织保障

学校建立咨询与评价委员会，进一步完善学术价值取向的发展性教师考核评价机制，鼓励教师积极参与课程建设，努力提升学术素养，自觉探索学术研究指导；满足教师个体需求差异，用专业培训、岗位发展、学术支持、荣誉导师、导师工作室等不同的激励机制，鼓励教师积极寻求发展的空间和路径；进一步完善教师的民主参与机制，重视文化激励机制，充分体现对教师成果和价值的肯定，同时激励教师自觉朝着提升学术素养、增强学术培育能力的方向不断发展。

2. 制度保障

为充分保证课程实施的顺利推进，学校建立了有效的课程管理机制，形成了"教育管理处—年级组—备课组"与"教育管理处—教研组—备课组"两个各司其职的管理系统，明确分配有关人员的责任、权限和运行规则，确保课程实施有序推行。同时，完善各类课程管理制度，明确相应的检查评比制度、作业布置批改制度、教案上传检查制度、评价反馈制度等一整套有效的教学管理制度，从而形成有利于课程实施的机制保障。

学校对原有导师制、学长制进行内涵和机制上的创新与突破，探索建立了包括教师、专家、学长、家长等在内的多类型导师制，分别从兴趣跟踪、特长发展、学习指导、学术研究、志趣引领等方面，全方位助力学生稳定发展。加大学长制建设力度，挖掘学长引领价值，切实发挥学生间的自我教育和同伴作用。学校还建立了学生社群制，加强了学生自主组织、自主管理的制度设计与建设，提升了学生的综合素质，促进了学生自我教育、自主管理的水平。

3. 资源保障

随着教育的发展，教育资源也需要不断更新与调整，学术性高中的创建更是需要有高端优质资源的引入，才能更好地为学校教育教学工作提供适切的支持和充分的保障。因此，学校在已经建立的校友会、教育发展基金会基础上，进一步探索整合各类教育资源，优化新型学习空间，升级创新实验室，完善网络平台资源，创建“传家”书院等，全方位支持学生的学习和发展。

# 第二章

# 语文学科的“双新”改革构想

语文学科，是高中教育体系乃至整个国民教育体系中的重要学科，也是基础性学科；既是“双新”改革应有的组成部分，也能够在一定程度上影响其他学科落实“双新”理念，提升立德树人价值的实施成效。因此，在“双新”改革的比较下，探讨语文学科的有效改革与应对，既具有学科教学层面的本体性价值，也具有支持其他学科和课程教学改革推进的衍生性价值。

按照《普通高中语文课程标准(2017年版)》的界定，语文课程是一门学习祖国语言文字运用的综合性、实践性课程。工具性与人文性的统一，是语文课程的基本特点。语文课程应引导学生在真实的语言运用情境中，通过自主的语言实践活动，积累言语经验，把握祖国语言文字的特点和运用规律，加深对祖国语言文字的理解与热爱，培养运用祖国语言文字的能力；同时，发展思辨能力，提升思维品质，培育社会主义核心价值观，培养高尚的审美情趣，积累丰厚的文化底蕴，理解文化多样性。按照课程标准的要求，高中时期的语文教学，应该积极落实“坚持立德树人，增强文化自信，充分发挥语文课程的育人功能；以核心素养为本，推进语文课程深层次的改革；加强实践性，促进学生语文学习方式的转变；注重时代性，构建开放、多样、有序的语文课程”[1]等课程理念，在课程内容的重组、教学过程的重塑、教学方法的创新和评价方式的改革等领域协同发力，共同培养学生良好的语文学科素养，实现语文学科的综合育人价值。

## 第一节　语文学科的“双新”改革的研究回溯

一般而言，在进行教育科学研究和探索之前，都需要通过文献查阅和分析

1　中华人民共和国教育部.普通高中语文课程标准(2017年版)[S].北京：人民教育出版社，2018：1－3.

的方法，对现有的研究进行梳理，以提升研究的效率，保证研究的价值。正如国际著名的《教育心理学杂志》的编辑居尔·勒温（Joel Levin）和黑姆·马歇尔（Hermione Marshall）认为的，如果想要使得自己的研究有实际性的贡献，必须把它建立在该领域充分翔实的知识基础之上，这也充分说明了文献研究的价值。

尽管，从对正统的研究方法的分析来看，教育研究界对于文献研究法是不是一种科学的研究方法存在着很大的争论，[1]但是在实践领域，几乎所有的教育科学研究，都需要建立在相应的文献分析基础之上，也都会在实践领域运用文献研究来对已有成果进行梳理。通常而言，通过文献资料研究，可以获得新论据，找到新视角，发现新问题，提出新观点，形成新认识。研究文献，可以从前人的研究中获得某种启示，少走弯路，减少盲目性，也可以利用前人的权威观点为自己佐证，使研究增强说服力。[2] 因而，这一古老的研究方法即便在当下的教育研究体系中，依然具有积极的价值。

教育研究活动，是一种兼具理论理性与实践理性的复杂理性活动。教育研究的理论理性，意味着研究首先要明确"是什么"的问题，即对纷繁复杂的教育现象存在的状况、内在结构、本质和发展规律进行认识，生成关于教育的"真知识""新理论"；[3]教育研究的实践理性，则要求教育研究必须聚焦于实践领域的问题，探索"为什么"和"怎么办"的问题，要合理地建构和改善教育行为，解决教育问题，推动教育改革的发生。要实现教育研究理论价值和实践价值的有机统一，一个重要的前提就是研究的选题要紧跟教育改革发展的现实需要。2017 年高中语文新课程方案、新课程标准制定颁布后，因为其所倡导的一系列育人新理念、教学新要求，所以如何落实语文新课程标准，推动语文"双新"改革，就成为研究的热点问题。通过对这些研究的梳理，能够总结凝练语文学科推进"双新"的普遍性经验，为学校层面推动语文学科的"双新"改革提供支持。

---

1 肖军.教育研究中的文献法：争论、属性及价值[J].当代教育理论与实践，2018(04)：152-156.

2 杜晓利.富有生命力的文献研究法[J].上海教育科研，2013(10)：1.

3 李太平，刘燕楠.教育研究的转向：从理论理性到实践理性——兼谈教育理论与教育实践的关系[J].教育研究，2014(03)：4-10+74.

## 一、关于语文“双新”改革的理论阐释

教育研究一般而言有两个向度：一是针对教育学科本身，对教育、教育学的一般概念、原理的认识及超越，这是教育研究的理论向度；二是面向教育实践，对教育现象、教育问题的解释和决断，这是教育研究的实践向度。[1] 对于“双新”改革而言，科学把握其内在的价值、逻辑和要求，是推进“双新”改革的基础。因此，在新课标制定出台的短时间内，研究者们，特别是教育理论工作者们，对语文“双新”改革的相关理论进行了研究，试图从认知层面厘清对“双新”改革的认知。

杨九俊从语文新教材的解读入手，认为“双新”改革下的语文教学，要以人文主题为灵魂，弘扬中华优秀传统文化，全面落实语文学习任务群，创新教材课程的呈现方法，其基本的理念和价值在于坚持立德树人方向，扎根中华民族优秀文化土壤，贴近高中生认知特点和身心发展需要。[2] 王本华和朱于国的研究，与杨九俊的研究有异曲同工之处，他们同样通过对语文新教材的研究，认为“双新”下的语文教学要以立德树人为根本，以核心素养为依归。[3]

关于“双新”传递的学科教学理念和价值，很多研究者都注意到了“双新”对于语文学科立德树人价值的要求。董玉德认为，立德树人是教育的根本任务，在语文教学中立德树人，既是顺应教育发展规律的做法，也可满足培养新时代所需人才的现实需要。[4] 黄军瑞认为，在“双新”下的语文教学中，教师应该通过课堂教学渗透立德树人理念，对学生进行德育教育。在这一过程中，教师应改变传统的教学模式，注重培养学生的核心素养，让学生在提升学习能力的同时加强道德品质修养。[5]

杨伟认为，“双新”下的语文教学改革，最重要的价值和理念是提出了语文学科

---

1 刘燕楠.对教育研究的再认识——教育理论研究与教育实践研究之辨[J].教育理论与实践，2014(10)：11－15.

2 杨九俊.立德树人　合时而著——统编高中语文教材特点解读[J].人民教育，2019(20)：58－59.

3 王本华，朱于国.以立德树人为根本，以核心素养为依归，建设符合新时代需要的高中语文教材[J].课程・教材・教法，2019(10)：10－18.

4 董玉德.在高中语文教学中立德树人的路径探索[J].语文教学通讯，2021(05)：50－51.

5 黄军瑞.基于核心素养的高中语文立德树人理念渗透[J].河南教育，2022(12)：52－53.

核心素养的概念，这一概念具有重要的理论价值，并且与当下课程教学改革的其他相关理念、导向等具有内在的逻辑关联。在该研究者看来，“立德树人”的方略和“学生发展核心素养体系”的“顶层设计”，直接引导和催生了语文学科核心素养的概念。语文学科核心素养的提出为语文学科找到了清晰的定位，减少了长期以来关于语文是什么、语文要教什么与学什么等问题的纷争，使新课标呈现许多理论生长点。[1]

陈晴认为，高中语文“双新”改革蕴含了丰富的伦理和价值要求，内蕴了丰富的伦理教育思想，它强调在引导和训练学生在进一步提高对祖国语言与文字的理解、运用和探究能力的基础上，应加强其“情感”“态度”“价值观”的陶冶和培养。陶冶和培养学生的情感、态度、价值观，其实质就是塑造学生的伦理精神、训练学生养成自觉的伦理行为能力。因而，通过陶冶和培养学生的情感、态度、价值观来塑造学生的当代伦理精神，训练学生养成自觉的伦理行为能力，最为现实地构成了高中语文教育的内在目标和根本的教学任务。[2]

贡如云认为，强调语言文字的运用，注重在言语实践中培养学生的语文学科核心素养，这是语文“双新”改革最显著的价值。在这一价值观的引领下，“围绕学习任务群”“开展任务、活动”“情境化学习”等关键词成为课标中的高频词，[3]也应该是学校在教学中落实“双新”的关键点所在。

## 二、关于语文“学科素养”的有效培育

在核心素养的体系下，凝练和提出语文学科核心素养的概念体系，并且倡导基于语文学科核心素养的教学改革，这是语文新课标的一个重要价值导向。如何理解语文学科核心素养，如何在实践中有效培育语文学科核心素养，也构成了“双新”背景下语文教育教学研究的重要问题域。

尹后庆指出，语文学科要落实学科核心素养的要求，主要有三个维度的要求，

---

1 杨伟.语文核心素养概念的背景、意义与理论资源——论《普通高中语文课程标准》的创新[J].课程·教材·教法，2019(07)：99－105.

2 陈晴.高中语文新课标伦理内涵研究[D].成都：四川师范大学，2014：1－2.

3 贡如云.高中语文统编教材选文的语篇特征考察[J].课程·教材·教法，2021(12)：69－74.

即：以学科核心素养为指引和依据来选择与重组学习内容，解决“双新”背景下语文学科“学什么”的问题；设计并实施保证核心素养目标得以落实的教学过程和教学方法，也就是解决“怎么学”的问题；设计并实施与核心素养培育的教学目标和方式相适应的评价标准与评价方法，解决“学得怎样”的问题。[1]

王本华和朱于国认为，在语文学科教学中落实学生语文学科核心素养，要坚持“以一带三”的原则；“语言建构与运用”是语文课程的本质规定性，在语文学科核心素养的培育中具有基础性作用；在语文教学中，要注重通过引导学生进行积极的语言文字运用实践，让学生在学习和运用语言的过程中自然融入与提升其他三方面的素养。[2]

除了对学科核心素养培育的整体性探索，很多研究者，特别是一线语文教师，都在努力探索指向学生语文学科核心素养培养的具体教学方法。何小元认为，在核心素养下开展高中语文课堂教学需要合理利用教材，转换教学关系以学生为教学主体，营造轻松活跃的课堂氛围，注重培养学生的情感素养，全面促进学生核心素养的形成。[3] 郑新丽和靳彤认为，基于大概念的语文教学设计能够为学生语文学科核心素养的培育提供有效的教学支撑，从学科核心素养的培育看，大概念视角下的高中语文单元设计，需要经历提炼大概念、确定单元主题、分析教学要素、编制单元目标、设计单元流程和开展评价反馈等六个步骤，这些步骤并非线性流程，而是一个需要回溯修改的迭代循环过程。[4] 龚青铧认为，培养学生语文学科核心素养需要拓展语文学科教学的内容体系，其中把传统文化纳入语文学科教学的资源范畴，对于培养学生语文学科核心素养具有积极意义。该研究者还指出，高中语文教材中包含多种多样的传统文化素材，语文教师应当将该课程的优势充分体现出来，全身心投入到中华优秀传统文化的传承工作中去，将其发扬光大，并以此培育学生的语文学科核心素养。[5] 薛

---

1 尹后庆.深入推进普通高中新课程体系建设[J].中国教育学刊，2020(08)：1.

2 王本华，朱于国.以立德树人为根本，以核心素养为依归，建设符合新时代需要的高中语文教材[J].课程・教材・教法，2019(10)：10－18.

3 何小元.核心素养下的高中语文课堂教学策略研究[J].中学教学，2022(01)：77－79.

4 郑新丽，靳彤.基于大概念的单元设计：核心素养培育的有效突围——兼论统编高中语文教材的使用[J].内蒙古师范大学学报(教育科学版)，2021(01)：120－127.

5 龚青铧.高中语文教学融入传统文化培育学生核心素养的探究[J].中国教育学刊，2022(S1)：169－171.

文坤认为，高中语文教学要落实学科核心素养，主要可以从以下几个维度入手：积极运用高中语文教材，设计丰富的语文教学活动，培养学生的语言建构和运用能力。在高中语文教学中，注重学生的思维方式、思维方法和思维品质的培养，提升和发展学生的思维能力。注重对教材选文的学习和理解，在选文学习的过程中培养学生欣赏美、创造美的能力。充分发挥语文教育的人文性功能，加强学生对自身文化的传承与理解。[1] 孙爽红认为，培养学生的语文核心素养是一个系统性工程，教师要做到教学和研究的结合，学生要实现全面发展和个性成长的结合，课程要做到动态和静态的结合，评价要实现过程性和结果性的结合。具体到学科教学的方法上，则要通过开展综合性学习以提高学生的思维能力、实践能力、审美能力，也要通过有效的写作指导提高学生的创造能力。[2] 成晴晴和张春霞认为，语文学科教学培养学生核心素养，要转变传统语文课堂的呈现方式，树立多元教学目标；要通过多种形式的展现，活跃高中语文课堂的氛围；要建设实践性课堂，促进课堂知识的有效转化。[3]

## 三、关于“双新”政策下的语文教学策略

“双新”改革，本质上呼唤的是语文教学、评价的实践性变革，如果缺少实践领域具体教育教学策略的设计，“双新”改革的理念就不可能落到实处。由此，对于一线语文教师而言，如何设计契合“双新”改革理念的教育教学策略，成为最受关注的问题。在“双新”改革的语文教育研究体系中，语文教学策略的设计和创新是一个重要领域，同时也是一个极具实践价值的领域。

众多语文教育者立足课堂，依循理论，深入分析，教学实践，又在实践中积极探索，积累了以下经验。

（一）课程体系的重构化

尹后庆认为，要通过课程体系的重构来推动学科教学适应“双新”改革，理解语

---

1 薛文坤.基于高中语文“核心素养”下的语文教学改革初探[J].教育现代化，2017(45)：117－119.

2 孙爽红，顾玉军.学生发展视角下的高中语文核心素养生成路径探析[J].西北成人教育学院学报，2020(06)：97－101.

3 成晴晴，张春霞.高中语文核心素养的内涵及培育路径[J].华夏教师，2020(05)：45－46.

文新课程、新课标发布带来的新阶段与新使命，以学科素养为指引，来重组语文学科教学的内容。要回归学习的本质，更好地理解新课程的要求，要学好用好新教材，特别是要将学习的过程真正转化为“教师和学生合作展开的有意义的探究过程，在探究中表达并实现自己的思想和意义，让学生表现出有兴趣，表现出能持久，表现出与众不同”。[1]

与尹后庆的研究类似，胡勤[2]也提出了高中语文教学中的课程内容结构性重组问题，认为落实“双新”就要把握住语文课程和教材改革的基本趋势，理解以核心素养为支持的课程结构，在实践中以学习任务群构建语文课程内容，要注重在言语活动中展开语文教学，这是高中语文教学适应“双新”的内在要求。

由此可知，语文课程结构整体性重新架构正体现课程的差异性和层次性——既体现高中课程满足学生的多层次综合性目标和发展需求，又通过整合学习情境、学习内容、学习资源和学习方法，引导学生在语言运用的过程中提升语文素养。

（二）教学设计的有效性

有研究者指出，在“双新”背景下，要探索有效改进和实施课堂教学的策略。在这一过程中，一线语文教师的自主思考和探索非常重要。切实提高课前准备、教学结构、教学方法和教学反思等环节的有效性，科学创设和谐情境，优化教学节奏，以生为本，激活思维，回归理性和语文教学之本，是语文教师的当务之急。[3]

有研究者认为，“双新”下的语文教学，要以语文核心素养为本，突出学生学习的主体性；要以任务为核心，突出真实情境下的语文自主实践活动；要统筹规划必修和选择性必修两类课程，体现贯通性和差异性。[4] 只有通过整体性的教学设计和创新的教学实施方法，“双新”理念才能在语文教学中得到落实。杨桦认为，高中语文“双新”后的课堂教学，整体上要把握好三个方面的关系：重视语文工具性与人文性统一在实施中的准确把握，语言建构与运用是语文课程与其他学科区别开来的

---

1 尹后庆.深入推进普通高中新课程体系建设[J].中国教育学刊，2020(08)：1.

2 胡勤.高中语文课程内容结构性重组——我读《普通高中语文课程标准(2017年版)》[J].语文建设，2018(02)：13－17.

3 魏明芳.以有效的教带动高效的学——新课标高中语文实施有效课堂教学策略[J].教育学术月刊，2010(12)：97－98.

4 王本华，朱于国.以立德树人为根本，以核心素养为依归，建设符合新时代需要的高中语文教材[J].课程·教材·教法，2019(10)：10－18.

标志;整合学习任务群资源既要研究单元的整体特点,又要把握选文的内涵;大单元教学应重视对归纳推理方式的研究和探索。[1]

朱香平系统研究了"双新"背景下的高中语文教学问题,提出了教学中应该贯彻落实的三个维度的基本价值和要求,即教学方法应该在传统中实现创新;要注重学生审美和情感教育;不能将高考应试与学生核心素养的培育对立起来,要在教学过程中寻求二者的有机统一。[2] 为了实现这样的价值和要求,教师一方面要注重语文课堂的包容多元和丰富灵动,以激发每个学生的积极性和学习潜力;另一方面要注重课堂教学的知识广度、思想深度和文化厚度,从而真正提升学生的语文能力和素养。[3]

马钰斐分析了当下语文教学中单元教学在设计和实施中存在的问题,提出要通过单元教学的改革创新来打造适宜于"双新"改革的语文课堂教学范式。该研究者认为,在"双新"背景下的语文教学过程中,教师要注重理论知识与政策解读两手抓、积极组建教学团队、加强对单元教学的认识与认可、完善单元教学设计、优化单元教学评价、建立课后监督体系、合理使用多媒体教学资源;学生要注重培养课外拓展意识与自学能力。要通过真实的教学场景的设计,实现在现实的情境中学习语言文字并运用的目的,唤醒语文学科的活力。[4]

何斯琪研究了"双新"背景下语文教学中整本书阅读教学的相关策略,比如教师要提升整本书阅读的教学素养,丰富整本书阅读的教学课型,开展多种整本书阅读活动;在学生层面,要注重激发学生整本书阅读的兴趣,培养学生整本书阅读的习惯,让学生掌握整本书阅读的方法。此外,从外部保障的角度看,在"双新"背景下推动语文整本书阅读的教学,要创设学校整本书阅读环境,培养班级整本书阅读氛围,也要注重通过家校联合促进整本书阅读。对于阅读教学中的任务设计,有研究者指出,可通过重视学习任务设计的情境性、联系性、实践性来解决传统阅读教学中存在的问题,[5] 打造适合"双新"理念的阅读教学体系。

---

1 杨桦.高中语文新课程实施应处理好几种关系[J].中学语文教学,2021(06):28-31.

2 朱香平.高中语文教学思考与实践[M].福州:福建教育出版社,2020.

3 马德传.新时代高中语文教学方法探索——评《高中语文教学思考与实践》[J].语文建设,2022(19):15.

4 马钰斐.新课标背景下高中语文单元教学研究[D].天水:天水师范学院,2020:44-51.

5 顾咏梅.高中语文阅读教学中学习任务设计的实践反思[J].中学语文教学,2020(12):26-28.

李伟提出，读写结合的教学方法是“双新”政策下语文教学改革的有效路径。该研究者还指出，推广高中语文读写结合教学模式，前提是教师在语文教学观念方面的更新，即抛掉功利心后主动接受新课标、新课程和新高考的变化与要求。要注重通过“以读带写”“以写促读”“读写共生”等方法，实现阅读和写作的有机结合。该研究者同时认为，规范操作流程，是保障读写结合有效实现的基础，在具体执行过程中主要包括浏览全文，整体把握；细读文段，纵深探究；读写练习，综合提升。[1] 耿红卫和吴曼也对“双新”理念下的语文写作教学进行了研究，认为教师在教学过程中要主动将写作融入课堂的各个环节，鼓励学生自由表达与写作，实行多元评价方式，鼓励学生的自评和互评，同时不断提高高中语文教师自身专业素质。唯有此，才能更好地提高学生的写作水平和写作素养，[2] 才能够建构起符合“双新”理念的语文写作教学体系。郝玲君认为，“双新”改革背景下要想提升高中语文阅读教学质量，教师就必须另辟蹊径，采用创新的阅读教学模式，这样才能为学生高效学习打下坚实基础。首先，要充分按照“新课标”的要求执行，从建构主义理论的角度出发，发挥教师在群文阅读教学中的积极作用。其次，要激发学生，调动他们参与群文阅读的动力。再次，以点带面，提高学生的学习能力。最后，要科学计划，灵活调整群文阅读。[3]

（三）教学的多元评价

有研究者对“双新”政策下的语文教学评价问题进行了系统研究，认为“双新”下的语文教学评价要以促进国语教育事业的规范性回归，促进教师教学能力的持续提升，促进学生综合能力特别是核心素养的发展为基本目标，要综合运用多种评价方式来保障评价目标的实现。余昆仑通过高中语文阶段性测评的改革研究，提倡通过评价改革来培养学生的学科核心素养，实现基于“双新”的教学。该研究者认为，高中语文阶段性测评的试题命制，要注意平衡高考的影响与日常教学的需求，把握好测评导向、测评结构和内容，以及制定科学的评价标准。具体做好以下

---

1 李伟.新课标背景下高中语文读写结合教学研究[D].锦州：渤海大学，2021：14－18.

2 耿红卫，吴曼.高中语文写作教学的发展研究[J].河北师范大学学报（教育科学版），2022(02)：127－134.

3 郝玲君.“新课标”背景下高中语文群文阅读的实践探讨[J].中国教育学刊，2020(S1)：46－47.

四个方面：以文化人，精心选择命题语料；教考衔接，发挥导向教学作用；素养立意，重视关键能力考查；创新形式，注重情境任务设计。[1]

作业的有效设计和实施，也是“双新”改革下语文教学和评价研究的重要领域，特别是随着基础教育领域“双减”政策的制定出台，对于语文作业设计和实施的改革研究逐渐呈现出递增的趋势。有研究者指出，语文作业的设计，要基于对语文诸多因素的精准分析，聚焦“阅读与表达”两大基本素养的真正落实。作业设计应以课程的深度“理解”为追求，以学生及其学习为中心，以学生全方位理解所学课程为目标。作业设计是个动态的过程，在多方式的过程性评价、诊断性评价作用后，学情、教情必将变化，作业设计也应随之变化，以便及时助力学生学习。[2]

## 第二节　语文学科的“双新”改革的重心分析

对于市西中学而言，推进“双新”改革，应该是一个学校层面和学科教学层面的整体联动。

学校的核心任务包括：其一，学校课程体系的整体架构，也就是在国家课程的基础上，结合学校实际，建构符合“双新”理念，彰显学校特色的独特课程体系。这一课程体系的建设，整体上可以遵循三个层面的逻辑关系：课程计划→学科课程体系＋综合课程体系→综合实践课程体系＋德育课程体系＋劳动教育课程体系＋艺术教育课程体系＋兴趣化多样化体育课程体系。其二，学校课程制度或机制的建设，也就是要从制度和机制层面为学校课程的实施提供支撑与保障，这些制度和机

---

1　余昆仑.学科核心素养视域下的高中语文阶段性测评命题初探[J].语文建设，2022(06)：50－53.

2　管然荣，陈金华.语文作业科学设计刍议——以统编高中语文部分教材为例[J].语文建设，2022(01)：14－19＋28.

制包含课程建设、课程实施、课程评价、课程与教学管理、教师发展等领域。其三，学校课程教学新形态的探索，也就是要基于“双新”理念，探索能够培养学生综合素养，实现课程育人价值的多样化的课程实施方式，实现教学、评价在实践领域的变革创新，特别是在教学形态的探索上，要注重基于理解的启发式教学、基于问题解决的探究式教学、基于表达表现的体验式教学和基于诊断分析的个性化教学的有机统一。其四，要注重课程与教学资源的开发，也就是要用现代教育治理思维来改善传统的课程教学理念，将课外、校外资源有效引入学校课程教学体系，拓宽课程的实施空间，提升课程和教学的育人效能。

对于学科教学而言，“双新”改革，同样意味着新的行动思路和变革要求，建设学科教研团队；学习课程标准，提炼各层次教学目标，建立各层次目标关联，把握课程结构和基本教学形态；开展学科教学计划研究；开展单元教学设计研究；探索生成契合“双新”理念的学科教学方法；拓展学科教学资源；规划专题研究项目和研修课程，落实中考、高考改革方案等，这些都是“双新”政策出台后学科教学必须面临的现实问题。

本书关注的是“双新”背景下的语文学科教学问题，对于这一问题的关注，虽然本质上是一种实践性的变革行为，但是这种变革的前提应该是理性的思考。在很长时间的社会科学研究传统中，“研究”与“实践”被分别定位为是理论工作者和实践工作者的职责。作为实践者的教师是别人研究成果的简单照搬者，也是外在规范的被动执行者。关于研究的这种观点，不仅造成了理论和实践的脱离，而且也将“理论者”与“实践者”区分开来。[1] 基于这样的现实窘境，以斯腾豪斯(Stenhouse)为代表的西方学者倡导“教师成为研究者”的理念，[2] 并由此引发了教育科学研究领域的重要范式转型——一线教师开始以一种研究者与实践者并重的角色和身份介入教育活动之中，也能够基于这种教育活动产生具有“实践性、微观性、行动性、草根性”[3] 的研究成果。由于这些研究更多的是基于实践并在实践之中产生，因而从普遍意义上看它们对于达成教育研究的实践理性更具直接的意义。笔者是一名长期从事高中语文教学的一线教师，也是学校“双新”改革后语文学科教学

---

1 胡惠闵，王建军.教师专业发展[M].上海：华东师范大学出版社，2021：256.

2 范敏，刘义兵.斯腾豪斯的“教师成为研究者”思想[J].全球教育展望，2017(08)：83－94.

3 刘涛.教师成为研究者：急需澄清的三个问题[J].教育发展研究，2012(12)：58－63.

变革的重要设计者和参与者，本书着重呈现的也是笔者及笔者所在的市西中学其他语文教师在“双新”政策下的语文教学改革实践问题。但是，作为一项系统的思考和探索，笔者在正式设计和实施实践领域的改革策略之前，在大量文献研究的基础上，对“双新”政策下的高中语文学科教学改革的核心理论问题也进行了思考，形成了一线教师对于“双新”政策和理论的个性化理解，用自己的话语方式形成实践变革的指导。这些思考聚焦到一起，明晰了语文学科的“双新”改革的四个重心。

## 一、凸显分层分类的目标导向

任何层面的教育教学活动，都需要经受目的和目标的考量。在很长一段时间的学科教学中，我们习惯于用学生获取知识的程度来作为评判学科教学价值是否实现以及实现程度的最重要标准，这尽管在一定程度上有助于学生对学科本体性知识的掌握，但是也在很大程度上缩小了学科教学应有的价值。课程目标的层次性可以更好地保证学生对学习所期待达到的发展水平的选择。

首先，教育者要考虑语文课程中的基础性目标，学生应基于基础性目标，结合自身实际选择适切的目标开展学习。其次，要考虑不同学生的目标，包括学习内容范围的差异性以及同一学习内容要求的差异性，更好地满足学生不同的需要。最后，还要考虑同一课程在学生不同阶段的学习目标，学生发展是一个渐进发展的过程，不同学习阶段的目标存在一定的差异性。以学校《语文校本教学指南》分层目标与检测指标为例（见案例1）。

**【案例1】**

### 语文学科校本教学实施目标

**校本教学实施目标**

1. 总目标

通过本课程的学习，努力把学生培养成具有扎实的语文必备知识，丰富的语言积累，流畅得体的语言表达能力，优良的思维品质，高雅的审美情趣和鉴赏品位，开阔的文化视野和文化自觉性的学术人。

2. 学生个体阶段目标与检测指标

| | 第一梯队 | | 第二梯队 | | 第三梯队 | |
|---|---|---|---|---|---|---|
| | 阶段目标 | 检测指标 | 阶段目标 | 检测指标 | 阶段目标 | 检测指标 |
| 高一 | 1. 喜欢欣赏文学作品。<br>2. 主动积累文学文化知识。<br>3. 能经常借助多种媒介了解社会新闻。有独立思考的能力。<br>4. 语言表达和书面表达流畅。<br>5. 有自主学习能力。 | 1. 阅读八本书。<br>2. 古诗文背诵达到150篇(含初中);参加区级及以上古诗文大赛获奖。<br>3. 随笔剪报评优。<br>4. 参加演讲比赛、作文比赛,荣获区级及以上奖项。<br>5. 开设微型讲座。<br>6. 获得免修资格。 | 1. 有一定量的文学文化类书籍阅读。<br>2. 有积累文学文化知识的意识。<br>3. 能经常借助多种媒介了解社会新闻。<br>4. 语言表达和书面表达较流畅。<br>5. 有自主学习意识。 | 1. 阅读五到六本书。<br>2. 古诗文背诵达到140篇(含初中)。<br>3. 随笔剪报评良。<br>4. 作文活动参与率100%。<br>5. 开设微型讲座。 | 1. 能按要求阅读文学文化类书籍。<br>2. 能按要求积累文学文化知识。<br>3. 有借助多种媒介了解社会新闻的意识。<br>4. 语言表达和书面表达较通畅。<br>5. 有自主活动意识。 | 1. 阅读四到五本书。<br>2. 古诗文背诵达到135篇(含初中)。<br>3. 随笔剪报评合格及以上。<br>4. 作文活动参与率100%。<br>5. 能够积累文言常见实词200个以上。 |
| 高二 | 1. 喜欢欣赏文学作品。<br>2. 主动积累文学文化知识。<br>3. 关心语言文化现象,有探究文化问题的意识。<br>4. 能经常借助多种媒介了解社会新闻。有独立思考的能力。能对文 | 1. 阅读五到六本书。<br>2. 古诗文背诵达到170篇(含初中);参加区级及以上古诗文大赛获奖。<br>3. 课前演讲或随笔剪报评优。<br>4. 参加演讲比赛、作文比赛,荣获区级及以上奖项。 | 1. 能主动阅读文学文化类书籍。<br>2. 有一定量的文学文化知识积累。<br>3. 能经常借助多种媒介了解社会新闻。有独立思考的能力。<br>4. 语言表达和书面表达流畅。<br>5. 有自主学习能力。 | 1. 阅读四到五本书。<br>2. 古诗文背诵达到160篇(含初中)。<br>3. 随笔剪报评良。<br>4. 作文活动参与率100%。<br>5. 参与拓展性学术论文撰写。<br>6. 开设微型讲座。 | 1. 有阅读文学文化类书籍的意识。<br>2. 能按要求积累文学文化知识。<br>3. 关心社会热点问题。能经常借助多种媒介了解社会新闻。<br>4. 语言表达和书面表达较流畅。<br>5. 语言积 | 1. 阅读三到四本书。<br>2. 古诗文背诵达到150篇(含初中)。<br>3. 随笔剪报评合格及以上。<br>4. 作文活动参与率100%。<br>5. 能够积累文言常见实词300个。 |

**续 表**

| | 第一梯队 | | 第二梯队 | | 第三梯队 | |
|---|---|---|---|---|---|---|
| | 阶段目标 | 检测指标 | 阶段目标 | 检测指标 | 阶段目标 | 检测指标 |
| 高二 | 学作品的内容和形式给出自己的评价。<br>5. 语言表达和书面表达流畅，有自己的语言风格。<br>6. 有自主学习的意识和能力。 | 5. 开设微型讲座。<br>6. 拓展性学术论文校内答辩评优。<br>7. 论文在区级及以上比赛中获奖。<br>8. 获得免修资格。 | | | 累、梳理与探究能力较强。<br>6. 有自主学习的意识。 | |
| 高三 | 1. 有一定量的文学文化类书籍阅读（三年总数达到17本以上）。<br>2. 文学文化知识积累量大。<br>3. 能经常借助多种媒介了解社会新闻。有独立思考的能力。对文学作品的评价有批判意识和思辨意识。<br>4. 语言表达和书面表达流畅且有自己的语言风格，表达 | 1. 阅读四到五本书。<br>2. 古诗文背诵达到200篇（含初中）；参加区级及以上古诗文大赛获奖。<br>3. 课前演讲或随笔剪报评优。<br>4. 参加作文比赛，荣获区级及以上奖项。<br>5. 开设微型讲座。<br>6. 拓展性学术论文校内答辩评优。<br>7. 论文在区级及以上 | 1. 有一定量的文学文化类书籍阅读（三年总数达到12本以上）。<br>2. 基本具备文学文化知识积累的意识和能力。<br>3. 能经常借助多种媒介了解社会新闻。有独立思考的能力。能对文学作品的内容和形式给出自己的评价。<br>4. 语言表达和书面表达流畅，有 | 1. 阅读三到四本书。<br>2. 古诗文背诵达到188篇（含初中）。<br>3. 课前演讲或随笔剪报评良。<br>4. 作文活动参与率100%。 | 1. 有一定量的文学文化类书籍阅读（三年总数达到9本以上）。<br>2. 基本具备文学文化知识积累的能力。<br>3. 能经常借助多种媒介了解社会新闻。有独立思考的能力。<br>4. 语言表达和书面表达流畅。<br>5. 有自主学习的能力。 | 1. 阅读二到三本书。<br>2. 古诗文背诵达到188篇（含初中）。<br>3. 随笔剪报评合格及以上。<br>4. 作文活动参与率100%。<br>5. 能够积累文言常见实词300个以上。 |

续 表

| | 第一梯队 | | 第二梯队 | | 第三梯队 | |
|---|---|---|---|---|---|---|
| | 阶段目标 | 检测指标 | 阶段目标 | 检测指标 | 阶段目标 | 检测指标 |
| 高三 | 中充分体现思维能力。<br>5. 有自主学习的意识和能力。 | 比赛中获奖。<br>8. 荣获校优秀社团社长。<br>9. 获得优秀毕业生荣誉称号。 | 自己的语言风格。<br>5. 有自主学习的意识和能力。 | | | |

本案例中学校在架构具体课程体系的过程中,重视目标分层的问题。在制订国家课程校本化实施要求时,我们充分考虑到学生的实际状况,对学生学习的语文课程进行目标分层。课程目标的分层包括以下几个方面的内容:针对不同学生应该具有差异性,为学生的选择提供可能;不同年级的阶段性目标应该具有渐进性,体现学生认知发展规律的客观要求;针对不同学生在教学过程中的目标具有层次性,以分层适应不同学生学习状况及其发展可能。

总之,分层目标和检测指标既落实语文课程的基础性目标,又体现学校培养目标和不同学生的发展要求,为学校提供了差异性的可检测指标,具有可操作性。

## 二、凸显多元协同的课程思维

按照语文新课标的要求,高中语文教学要发挥语文课程的独特功能,促进学生语文学科核心素养全面发展,而核心素养的培养,显然需要更充分、更多样化的课程资源作为保障。学生核心素养、学科核心素养与课程治理、教学治理有着内在的联系。基于学生发展核心素养的教育目标在提出的主体、依据与方式等方面有很大的不同,体现了国家或地区治理教育这种公共事业的新特征。[1] 也就是说,优化课程和教学治理,实际上就是以学生核心素养的培养为目标,倡导通过各类资源的

1 胡定荣.论学校课程治理变革的意义、性质与任务[J].教育学报,2019(02):32-40.

综合运用来为学生核心素养的培育提供支持。

【案例2】

## 语文课程体系架构

### 一、阅读与表达

1. 文学阅读与写作

(1) 精读古今中外优秀的文学作品，感受作品中的艺术形象，理解欣赏作品的语言表达，把握作品的内涵，理解作者的创作意图。

(2) 根据诗歌、散文、小说、剧本等不同的艺术表现方式，发现作者独到的艺术创作，从语言、构思、形象、意蕴、情感等多个角度欣赏作品。

(3) 结合所阅读的作品，了解诗歌、散文、小说、剧本写作的一般规律。捕捉创作灵感，用自己喜欢的文体样式和表达方式写作，与同学交流写作体会。

(4) 养成写读书提要和笔记的习惯，根据需要，可选用杂感、随笔、评论、研究论文等方式，写出自己的阅读感受和见解。

2. 实用性阅读与交流

(1) 学习多角度观察社会生活，掌握当代社会常用的实用文本，善于学习并运用新的表达方式。

(2) 学习运用简明生动的语言，介绍比较复杂的事物，说明比较复杂的事理。

3. 思辨性阅读与表达

(1) 阅读古今中外论说名篇，把握论者的观点、态度和语言特点，理解作者阐述观点的方法和逻辑。阅读近期重要的时事评论，学习作者评说国内外大事或社会热点问题时的立场、观点、方法。在阅读各类文本时，分析质疑，多元解读，培养思辨能力。

(2) 学习表达和阐发自己的观点，力求立论正确，语言准确，论据恰当，讲究逻辑。学习多角度思考问题。学习反驳，能够做到有理有据，以理服人。

(3) 围绕感兴趣的话题开展讨论和辩论，能理性、有条理地表达自己的观点，平等商讨，有针对性、有风度、有礼貌地进行辩驳。

4. 中国现当代作家作品研习

(1) 精读代表性作家作品，把握其精神内涵与艺术价值，至少选读10位现当代代表性作家在诗歌、散文、小说、戏剧方面的作品，了解当代文学的发展概貌。

(2) 关注当代文学创作动态，选读新近发表的有影响的作品及相关评论。

(3) 养成撰写读书笔记的习惯，阅读作品应写出内容提要和阅读感受，选择喜欢的作品，从不同角度撰写作品评论，发表自己的见解。

(4) 根据自己的兴趣选择喜欢的文学题材，练习创作短篇作品。

5. 中国传统文化经典研习

(1) 选择中国文化史上不同时期、不同类型的一些代表性作品进行精读，体会其精神追求和文化价值。

(2) 在特定的社会文化场景中考察传统文化经典作品，以客观、科学、礼敬的态度，认识作品对中国文化发展的贡献。

(3) 梳理所学作品中常见的文言实词、虚词、特殊句式和文化常识，注意古今语言的异同。

(4) 阅读作品应写出内容提要和阅读感受。选择一部(篇)作品，从一个或多个角度讨论分析，写评论。

(5) 学习传统文化经典作品的表达艺术，提高自己的写作水平。

6. 外国作家作品研习

(1) 深入阅读外国文学经典作品，整体把握作品的情感基调与思想内涵，认识所读作品的地位和价值。调动关于世界历史、地理以及不同民族文化的知识，促进对外国文学作品中的社会生活及心灵世界的理解。

(2) 选择自己感兴趣的作家作品或专题，充分利用各种学习资源，拓展阅读，研讨交流。

(3) 撰写读书笔记，阅读作品应写出内容提要和阅读感受。选择感兴趣的作家、作品或话题，撰写评论。

(4) 尝试探讨不同民族文学之间的共同话题和文化差异，尊重文化多样性，提升文化鉴别力。

7. 科学与文化论著研习

(1) 研读选文，抓住关键概念梳理论述思路，把握文章讨论的基本问题和围绕问题提出的主要观点，了解论著的学术价值和现实意义，掌握阅读自然科学论著的一般方法。

(2) 把握自然科学论著论述问题的特点。结合具体文本，体会科学论著富于实证精神、有较强的体系性和理论性、逻辑严密、论证严谨等基本特点，熟悉自然科学论著的内在逻辑和表述方式。

(3) 学习自然科学论著的研究和思维方法。学习科学研究以观察、实验所得的客观事实为基础，通过大胆假设、严密推理、事实验证的理性分析过程解决实际问题的研究方法；了解科学研究中对比较、概括、归纳、演绎、分析、综合等逻辑思维方法的综合运用；体会逻辑思维与形象思维、直觉思维的区别，感受不同科学领域研究方法的同与异。

(4) 撰写著作内容摘要、读书报告，随时积累相应的文献资料，及时记录心得，深化理解和认识；学会用恰当的方式呈现自己的学习成果。

## 二、 思维广场跨学科融合式教学实践

1. 任务驱动制订学习任务——选定学习任务——自主、协作学习——交流讨论——反馈评价。

2. 议题专题化。每一阶段的思维广场议题，以专题性来设计。专题包括语文学科和跨学科。

3. 跨学科融合式教学主要聚焦以下五个方面：关注学习需求的融合；关注学习过程的融合；关注知识结构的融合；关注思维发展的融合；关注情理多元的融合。

## 三、 实践活动

在学术探究日活动期间，充分利用教师、学生、家长和社会等资源开设微型讲座。每位教师至少开设一个系列微型讲座和一个针对赛前辅导的微型讲座。

1. 通过开设系列微型讲座，为语文学科拓展性论文的撰写提供方向性指导。

(1) 诗歌与散文系列；(2) 小说与戏剧系列；(3) 新闻与传记系列；(4) 语言文字应用系列；(5) 文化论著系列。

2. 通过开设微型讲座、学科活动，对学生进行针对性的赛前辅导。

整理年度含金量高的比赛清单，将市级比赛与校级活动整合，以校级活动为平台筛选优秀同学参与市级比赛，并基于校级比赛提供教师的一对一指导。以市级诗词竞赛为例，利用文史节平台，开展诗词竞赛。学生通过竞赛筛选后进入假期诗词竞赛夏令营，在教师的指导下参与市级竞赛。

在本案例中，课程体系的建构正是考虑了课程内容的全面性。只有足够丰富的课程，涵盖学生可能学习和发展的方方面面，学生才可能根据自己的需要选择到适切的课程，离开了课程内容的全面、丰富，学生的课程选择一定是有局限的。课程内容的全面性至少考虑两个方面：一方面，人的智能是多元的，根据不同个体对不同的智能的发展要求，应该提供足够丰富的课程，保证学生选择任一方面的学习与发展都成为可能；另一方面，从知识传递的途径看，学校不仅要开发建设以通过语言传递的知识构成的课程，还应该开发以通过实践体验才可能获得知识为内容的课程。在调整、完善原有校本课程群及研拓课程群的基础上，语文教研组发挥全体教师的集体智慧，尤其是发掘青年教师的优质潜能，努力开发新课程，并加强课程群开设的交流研讨。逐渐形成语文教研组序列、长效的校本课程群，充实并繁荣市西中学的校本课程。

“双新”政策要有效落实，语文教师就要有一种多元化、开放式的治理思维，在做好自身教学的同时，充分整合利用校外资源，包括家长资源、社会资源等。通过家长课堂、研学旅行、与高校合作等方式，拓展高中语文教学的时空环境和实践载体，以协同治理的新思维去重构语文课堂，打破传统的静态课堂、封闭课堂，只有如此才能更好地落实“双新”要求，培养学生的核心素养。不仅如此，课程和教学治理现代化既是教学现代化的内容，也是教学现代化的重要推动力量。[1] 这种多元协同的语文课程与教学治理改革，也能够推动语文课程教学本身的改革发展，打造适宜于新时代教育教学整体理念的语文教学新范式，这是语文教学必须要做出的积极变革和尝试。

## 三、凸显教学评价的标准意识

“双新”改革，首先需要改变的是教师的意识问题，其中，最为核心的是关于课堂评价的意识改变。从哲学的角度看，意识是客观事物在人脑中的反映，意识具有能动性，能够对人类认识世界和改造世界的行为产生积极或消极的影响。从这个角度出发，要设计和运用适合于“双新”理念的语文评价路径体系，首先要改变的是

1　周彬.教学治理现代化：时代挑战与实践转向[J].教育科学，2019(04)：17－22.

教师的意识问题，要通过意识的改变，让教师形成对“双新”改革的理性认知和价值认同。

长期以来，在评价的过程中，很多教师过于依赖教科书（教参）和自己的实践经验，导致教学和评价缺少统一的标准和规范，评价过程中的盲目性、零散性等现象比较普遍。基于这样的问题，“双新”改革后的高中语文教学，要凸显和强化基于标准的意识。基于标准的评价，是课程实施的一种新的取向和思路。树立评价的标准意识，不仅仅是要求教师在头脑中形成一种新的观念，更为重要的是落实到教学的实践之中。

【案例3】

## 学生语文学习评价标准

### 一、小组合作探究过程性评价

教师在对学生们的学习成果作出评价时，除了肯定学科方面的内容，更要重视对学生们的合作作出评价，指出在合作学习的过程中，谁遵守了讨论的顺序，谁更多地汲取了他人的信息，哪一组的学习成果是综合了全组的能力等，以此引导激励，培养学生互相合作的综合素养。对学生的学习兴趣、学习态度、自学能力、参与程度、合作精神、口头表达能力等形成量化评价表，可以把学生课堂纪律、学生参与课堂活动等用等级形式表达出来。

### 二、课后作业表现和考试进步过程性评价

学生的作业分两类，一类是基础作业，另一类是能力提升作业，学生通过除应试以外的作业来表现自己的语文素养。

### 三、选修课评价

| 评价项目 | 比重 |
| --- | --- |
| 在课堂环境中参与讨论的积极性 | 20% |
| 对所学知识的联系和迁移能力 | 20% |
| 主观思考和阐释文本的能力 | 20% |
| 小论文 | 40% |

从本案例可见，落实基于标准的评价意识，首要的是落实新课标强调的学科核心素养意识。语文教研组关注学生整个学习过程的评价，把学生学习习惯、学习态度、作业完成、平时检测等作为平时成绩重要的评定标准，做好记录；切实用好绩点制 App，随时记录、随时上传，形成过程性督促，切实提高学生的学习效果、学业成绩。

根据对语文课程标准的解读，语文学科核心素养是学生在积极的语言实践活动中积累与构建起来，并在真实的语言运用情境中表现出来的语言能力及其品质；是学生在语文学习中获得的语言知识与语言能力，思维方法与思维品质，情感、态度与价值观的综合体现。语文学科核心素养主要包括“语言建构与运用”“思维发展与提升”“审美鉴赏与创造”“文化传承与理解”四个方面。[1] 教师要对四个方面的学科核心素养及其具体要求和表现有全面的理解，并将之贯穿到教学和评价的全过程。在教学设计之初，就要有鲜明的核心素养意识，如分析单元教学、课时教学及具体的教学内容中与学生学科核心素养的可能性关联，通过矩阵、列表、思维导图等对学科素养的培养落脚点进行可视化分析，在教学中才能做到心中有数。在教学实施的过程中，要注重拓展和创造教学方法，结合“大单元”“学习任务群”等理念，充分利用探究式学习、小组合作学习、体验学习、发现学习、项目化学习等方式，在培养学生语文本体素养的同时，锻炼学生的其他方面能力，特别是注重培养学生的高阶思维能力。也要注重在作业布置等领域进行探索创新，形成匹配“双新”改革的作业设计和运作之道。在教学评价的过程中，要注重贯彻新时代教育评价的基本理念，围绕核心素养，设计科学的评价指标体系，彰显过程性、发展性和增值性评价理念，让语文学科教学评价真正成为促进教学改进、学生个性化指导和教师专业发展的有效方式，从而破除其传统意义上的单纯的甄别和选拔功能。

## 四、 凸显团队效能的教师发展

“双新”改革是一种系统性的改革，不仅提出了很多新的课程和教学理念，也设

1 中华人民共和国教育部.普通高中语文课程标准（2017 年版）[S].北京：人民教育出版社，2018：4.

计生成了很多新颖的教学手段，如何在这样的一种整体设计下寻求合适的教学方法，化解“双新”改革带来的教学新挑战，是语文教师共同面对的新问题。这些问题的解决，一方面不是朝夕之功，另一方面显然也不是哪一个教师依靠“单打独斗”就能够实现的。在这样一种情况下，不论是学校，还是任何一个语文教师，都应该认识到破除教师专业发展“个人主义文化”的现实紧迫性，要通过教师团队发展的理念改造教师队伍建设的传统，倡导教师基于“双新”落实共同目标的抱团式发展和合作学习。以教师团队为主体的合作学习是一种“群体思考”的过程，它可展现并升华个体的思想，在团队内实现智慧的对话与共享，[1]有助于凝聚集体智慧解决共同面临的教育问题，推动教育教学改革理念的快速落实。从这个角度出发，“双新”改革首先要改变教师，而改变教师的最好方式就是通过团队建设，促进教师的集体成长。这种团队建设和集体成长，很多时候是要依托学校高质量的校本研训、学科研训体系的。因此，对于学校而言，要把校本研修体系的打造升级作为重点；而对于语文学科教师而言，要带着思考、带着问题、带着创新性的探索和设计参与学科研修，以集体智慧化解共同问题，借助集体力量，迅速成长为适宜于“双新”改革理念的高水平专业化语文教师。

市西中学语文学科目前在编教师共有23位，其中正高级教师2人，高级教师8人，中学一级教师9人，中学二级教师4人；区学科带头人5位，校学科带头人4位。就师资情况而言，这是一支年富力强、有生气、有希望的队伍，尤其是40岁左右的中青年教师在近年来的教学实践中已经取得长足的进步，他们成为市西中学语文教研组的中坚力量。“80后”“90后”的青年教师，他们是年轻的新生力量，有热情有追求，为教研组增添了新鲜血液。市西中学语文学科教师稳步前行，建设了一个开拓进取、具有合作精神的团队。

在教研组建设上，语文教研组以教研组长为核心，以4位备课组长（高中本部3位，国际部1位）为骨干，组织学校日常语文教育教学工作。教研组老教师经验丰富，在组内建言献策，并积极带教青年教师；中年教师发挥中坚力量，积极承担教育教学任务，在教学改革方面起到引领作用；青年教师积极参加各类教学比赛、展示

---

1 陈雅玲.教师团队合作学习：生态取向的教师发展机制[J].当代教育科学，2011(15)：26－29.

课等活动，磨砺业务能力。三个年龄段教师各自在组内发挥作用，形成合力，共同建设教研组队伍。

（一）以学促研，以纲带目

教研组、备课组活动规范有序。以学促研，以纲带目。在暑期高一、高二新教材培训学习的基础上，组织全体教师以个人学习、集体交流、专题讲座、课堂实践等形式，积极学习、研讨新课标，转变教学理念，真正理解培养学生语文核心素养的价值意义；探讨新课标任务群教学、整本书教学等全新的教学范式，并在学习新课标的基础上，撰写《学科校本教学实施指南》，以规范语文教学活动。教研活动每学期不少于8次，"研"字当先；备课组每周一次活动，有研讨计划，"实"字为重。

（二）承前启后，合力断金

语文教研组保持资源共享的优良传统。每个备课组都有全局观和团队意识，每一学年的备课组资料都会传给下一届备课组使用。2021届高二是"双新实验"的第一届，高二备课组做好资料收集整理和经验的分享，将新教材、新课标、教学经验等在组内传帮。高三在高考新动向分析、高考复习经验分享、高考复习资料整理等方面承担任务。有三年以内教学经历的青年教师，有师傅带教；学科带头人在带教、示范课、青年教师教案指导等方面起作用。

（三）和而不同，美美与共

建设一个开拓进取、具有合作精神的团队，是贯彻落实新课标精神、顺利实施新教材课堂教学、全方位推行新一轮教育教学改革的根本保障。语文教研组中每一位教师都有自己独立的个性、独特的教学风格以及各自的长处，而团队建设靠的是每一位成员认知上的齐心和行动上的协力。这种齐心协力来自教研组通过不断学习、不断研修、不断磨合达成的教育教学理念的趋同和价值观的趋同，来自组里每一位骨干教师的主动引领，来自一代代教师的言传身教。当然在各备课组及全组教师携手努力的同时，更要提供使每一位教师展现特长、发挥光彩的平台，使人尽其才，使团队更具凝聚力。

# 第三章

# 传统语文课堂的教学整体改造

课堂教学是课程实施的关键环节，也是“双新”政策落实的最核心、最基础领域。由此，语文学科落实“双新”，理所当然地应该从语文课堂教学的改造升级入手。

纵观课程教学改革的发展历史，可以明显地感受到课堂教学的改革创新始终是课程教学研究和实践的重要领域，既浓缩着课程教学改革的精髓所在，也引领着课程教学改革的理论和实践方向。改革开放以来，我国的课堂教学研究经过初兴、发展与深化三个发展时期，形成了稳定独立的研究领域，总结了丰富多样的课堂教学模式，构建了相对完整的课堂教学评价系统，有效促进了教育教学改革的发展。[1]梳理课堂教学改革的本土经验，结合“双新”的政策导向和改革需要，“双新”背景下的高中语文课堂教学，要注重从三个维度对传统课堂进行整体改造：其一，要突出教学的育人价值。长期以来，学科的育人价值被局限在掌握知识上。在实践中，因“应试教育”强大的压力造成的价值导向，学科教学更趋于死记硬背或强化练习可能要考到的内容，以达到牢固记忆、熟练应答、考试成功的直接目标，[2]人为地割裂了书本知识与人的现实生活的内在联系，不利于培养学生的综合能力和素养，不利于全面发展的人才培养目标实现。针对这一问题，“双新”背景下的高中语文教学，要有清晰的“育人”意识，把培养人与促进人的生命成长和全面发展作为核心价值指向。其二，要倡导教学的变革创新。创新是时代的命题，也是教育变革的内在动力。“双新”之“新”，表面上是新的理念、新的方法、新的模式，但更深层次的要求是需要教师通过“新的思考”生成应对“双新”政策的“新的实践范式”，这实际上就要求教师打破传统的教学习惯，不断围绕新课标提出的新理念探索新的教学方法。在传统的课堂教学中，教师的职责主要定位在知识的讲授和传递上，他们的职业活动更多地体现为一种单调乏味、简单重复的机械“操作”，在这种单调乏味的传统课堂教学中，教师体验不到自己职业生活的快乐、幸福，更感受不到自己的生命价值和生命意义。[3] 因而，“双新”背景下倡导教学的创新，不仅对于学科教学自身的发

1 王婷，徐继存，王爱菊. 改革开放四十年我国课堂教学研究的回顾与反思[J]. 教育学报，2018(01)：27 - 34.

2 叶澜. 重建课堂教学价值观[J]. 教育研究，2002(05)：3 - 7＋16.

3 张天宝. 鼓励创新：新课程课堂教学改革的核心[J]. 课程·教材·教法，2004(02)：24 - 30.

展具有积极价值，也有助于改善教师的教学状态和生命情态，唤醒教师成长的专业自觉。其三，要坚守教学的本质意蕴。“双新”提供了新的教学理念和教学要求，不言而喻，确实需要教学方式的创新来进行匹配。但是，任何的教学改革，都不能脱离教学的本质问题。也就是说，不论我们采用怎样的教学手段来匹配“双新”，都要坚守语文学科教学的本质。课堂教学的本质在理论层面上是以促进学生发展为目的的教师指导学生有效学习的活动。在实践层面上，它是以促进学生发展为目的的教学活动，以学生的学习为核心的教学活动，在教师指导下进行的学生学习活动，以提高学生学习有效性为标准而合理利用教学手段和策略的教学活动。[1] 要坚守语文学科的教学本质，就要回归目标明确、方法高效、过程简洁、感觉自然的课堂教学本真状态。也就是说，不能满足于表面上的轰轰烈烈、热热闹闹，导致课堂教学本质问题的游离，让语文课不像语文课，没法承担起语文教学应有的基础性学科价值，这是“双新”改革中特别需要注意的问题。

上述三个维度的设计，提供了“双新”背景下语文课堂教学整体改造的宏观设计。应该指出的是，教学是丰富多样的，教有规律，但教无定法。面对“双新”的诸多新的理念，语文教师要善于从具体问题、实践问题、细节问题入手，结合学校在学科教学中的优势和问题，在综合判断的基础上选择改革的切入点，形成推动“双新”政策变革导向的语文学科教学改革校本经验。在本章中，笔者将从亲身参与的语文单元教学活动、语文整本书阅读和语文作业设计三个领域，呈现市西中学在“双新”政策背景下推动语文学科课堂教学整体改造的行动策略。

## 第一节　语文单元活动的创新设计

高中语文课程标准在整体设计上突出了“任务群”的概念和学科核心素养的导

---

1　孙宽宁，徐继存，焦炜．课堂教学改革的本质游离与回归[J]．中国教育学刊，2014(10)：54－58.

向，这种新的任务设计和教学导向，需要更为合适的教学载体来进行实现。相比传统的以课文、课时等为主要标志的零散的教学，单元整体教学的理念，更适宜于整合课程的整体语文资源，发挥协同育人和整体育人价值。因而，在“双新”改革背景下，探索语文单元整体教学具有重要的意义。华东师范大学崔允漷教授认为“大单元教学”是一种学习单位，一个完整的学习事件、微课程。没有“大任务”驱动，没能围绕目标、内容、情境与评价组成一个“完整”学习事件的几篇课文，就只是“内容单位”，而不是学习单位。[1] 由此，在进行单元整体教学的设计和思考过程中，市西中学非常注重聚焦新课标设计的教学“任务群”和学生学科核心素养的培养要求，通过单元主题的凝练，以单元重组拓展大单元教学的实施范畴，以集体教研推动单元学习活动的动态优化，让大单元教学真正在语文教学中落到实处。

## 一、以单元重组拓展大单元教学的实施范畴

在市西中学看来，单元整体教学的理念，不仅仅是拘泥于教材原有的单元设计和任务呈现，它所传递的更多的是一种主题导向的、整合资源的、协同育人的价值。因而，在探索“双新”背景下的语文大单元教学的过程中，学校创造性地提出了单元重组的概念，要求教师在深刻理解新课标要求的基础上，围绕学习任务群的有效落实和学生学科核心素养的有效培养，跳出教材原有的单元主题设计，结合自身对于语文课程、语文学科育人的理解，自设主题。然后，基于这一主题进行课程重组，明确重组后的单元主题及其教育价值，厘清教学的要求，并据此在教学中进行大胆尝试，突破教材的单元设计局限，更好地发挥“双新”改革中的教师积极性与主动性。更为重要的是，单元重组的核心价值并不在于教学本身，而是要让学生更好地把握知识之间的内在逻辑关系，要让学生明确不同课文之间在内容、要求、价值等维度上的一致性。如果能够让学生跳出课文，自行组织单元主题，开展单元教与学活动的整体设计，那将进一步拓展单元教学的育人价值。基于这样的思考，在教师们的支持下，我们组织学生开展了单元教学设计的评比活动，该活动既检验和促进了学

1 崔允漷.如何开展指向学科核心素养的大单元设计[J].北京教育(普教版)，2019(02)：11－12.

生的思维培养，也让“双新”下的单元整体教学有了新的承载。

（一）单元重组的整体要求

为了帮助学生更好地理解和把握“双新”背景下的语文单元重组，学校层面通过集体教研，明确了单元重组在整体设计上的共性要求。通过明确的要求，让学生了解我们要做什么，要做到什么程度。学校层面对于语文单元重组的整体要求如下：

1. 单元主题自设，不能与教材中已有的重复；

2. 重新组合的单元包括4—5篇文章（至少4篇，不超过5篇）；

3. 这4篇（或5篇）文章，其中任意两篇都不在原教材的同一单元中。在原教材中，一课由多篇组成，每篇被看成是不同的课文。学生在重组时，只能选择其中一篇，否则视为违规；

4. 原教材考虑充分，分别设置了讲读课文和自读课文。学生在重组单元时，无须考虑这个问题，不必有讲读和自读课文的区别；

5. 命名单元主题，10字以内；

6. 模仿教材中的单元导语，阐释主题内涵，150字以内；

7. 重组理由需略作展开，阐明单元中每一篇文章与主题之间的联系，即如此组织安排的理由、用意和特色，字数300字左右。

（二）单元重组的实践样例

上述要求，既体现了教师层面对于单元整体教学的理解，也便于学生更好地把握单元学习活动设计的要点和规范。在这样的整体设计引领下，学生结合自身对于语文学科的理解，充分发散思维，形成了主题鲜明的单元活动设计方案。

**【案例4】**

## 设计方案样例一[1]

★ **单元主题：** 苦难群像

★ **课文选择：**《我与地坛》（节选）/《祝福》/《哈姆雷特》（节选）/《阿房宫赋》

★ **主题内涵：** 苦难是人生永恒的主题，本单元聚焦于古今中外的苦难群像。置身于苦难中人的脚不离痛楚、荆棘，有时甚至跌入污泥中，头却挣扎着伸向光明。在

---

1 此案例由许楠老师提供。

阅读完本单元的文章后，有关苦难的反思是必要的。是哪些人创造了这样的苦难，又将哪些人置于苦难中？苦难中的人是如何抗争的？请观察并对比创造苦难的人和被苦难洗礼的人。现实生活中是否有处于压迫和苦难中而不自知的人？踩在泥潭里不可悲，向泥潭低头才可悲。

★ **文章安排的理由、用意和特色：**《我与地坛》描述的是个人的苦难——病痛。史铁生最初被苦难完全击垮，在逃避中生活。所幸他最终从逃避者变成思想者。本文是整个单元的第一篇文章，目的是告诉读者要勇于面对苦难，要在苦难中抗争而不是在逃避中麻木。《祝福》用祥林嫂的悲惨遭遇反映出封建社会带给女性的苦难。希望读者在阅读时能着重关注祥林嫂的抗争。无数个一样受压迫的妇女也在抗争，却最终被封建社会吞噬。本文目的是告诉读者，不要做受苦人的加害者，人人都应有同理心，万万不能做麻木的看客。《哈姆雷特》一文是英国上层社会纵欲造成的悲剧。个体由于这样的悲剧陷入精神的苦难。文章传递出对理性的向往和呼吁，读者在阅读这类苦难的同时，也要细品其中的缘由和作者传达出的思想，同时感受莎士比亚的大师手笔。《阿房宫赋》详细描述了造就苦难的阶层。统治阶级的荒淫骄奢生活侧写出百姓的苦难，有重大的历史意义。着眼于文章中侧写苦难的同时，也要欣赏作者的文学手法。

## 设计方案样例二[1]

★ **单元主题：** 觉醒之路

★ **课文选择：**《与妻书》/《祝福》/《红烛》/《雷雨》

★ **主题内涵：** 近代时期，灾难深重的中国人民深受压迫，中国向何处去？中国人民怎样才能摆脱苦难？一大批爱国的志士同胞叩响了时代之门。本单元所选的四部作品，或反映出献身革命的正气；或揭露了旧礼教思想的罪恶；或展现出自我奉献的精神；或是对不可避免的社会变革的预言……让我们顺应年代远近，体味这些作品反映出的时代风貌。

★ **文章安排的理由、用意和特色：** 首先，这四篇文章的文体各异以及作者身份的差异都体现了在近代时期，中国人民抗争压迫，觉醒的人唤醒未醒之人的方法多样性。其次，《红烛》展现了闻一多甘愿自我牺牲来“唤醒世人的梦”的精神，《与妻

---

1 此案例由许楠老师提供。

书》是林觉民表现民主革命战士舍家为国的绝笔信。这两篇课文都是从明面上反映“抗争”“复兴”主题的，表现革命家为国家牺牲自我的品质。而《祝福》以小说揭露封建思想对民众的毒害，表现对封建礼教“吃人”的抨击，《雷雨》则展现半殖民半封建社会的沉闷气氛，社会变革将至。这两篇作品从更文学的角度展现对时局的分析和对现状的不满，以文字唤醒群众的反抗精神。而课文前后的顺序安排，则是依照写作年代远近来安排的，这对于学生在历史学科中学习近代中国历程也有所帮助。通过本单元的学习，可以培养青年人的爱国主义精神和为国奉献精神。

## 设计方案样例三[1]

★ **单元主题**：温暖与希望

★ **课文选择**：《哦，香雪》/《“探界者”钟扬》/《我与地坛》/《与妻书》

★ **主题内涵**：温暖仿佛一束光，照进了人们内心的世界。因为它的存在，生活不再黑暗；因为它的存在，前途充满希望。通过本单元的学习，我们可以感悟到世间百态中不同的温暖带给人以不同的希望，却是同样美好。青春少女的天真淳朴，科研工作者的无私奉献，亲子间以及夫妻间深沉的爱……都让我们为之动容，同时满怀对未来的希望。

★ **文章安排的理由、用意和特色**：《哦，香雪》，台儿沟里香雪等几位姑娘青春的纯真，带给我们无尽的温暖。也正是这种温暖，让我们感到生命的美好，看到改革开放之初山村生活越变越好，一步步走向现代化的希望。《“探界者”钟扬》，种子达人钟扬援藏16年，足迹遍布最偏远最艰苦的地区。他的不懈探索，无私奉献，带给我们无尽的温暖。正是这种温暖，让我们看到了祖国科学研究的希望，生态文明与绿色发展的希望，以及西部少数民族地区未来的希望。《我与地坛》，母亲对史铁生深深的母爱，带给我们无尽的温暖。虽然作者有痛彻心扉的悔恨和深深的歉意，但我们依然看到了执着而坦诚的希望，看到了未来人们珍惜亲情、亲子和谐相处的希望。《与妻书》，林觉民对妻子的深情和对祖国深沉的爱，带给我们无尽的温暖，也让我们看到祖国必胜的希望。我们可以自豪地对林先生说：“如今这繁华盛世，如您所愿。”

---

1 此案例由许楠老师提供。

## 设计方案样例四[1]

★ **单元主题：** 女性反映的社会变化

★ **课文选择：**《静女》/《窦娥冤》/《祝福》/《青蒿素：人类征服疾病的一小步》

★ **主题内涵：** 中华上下五千年历史，每个时期都有其独特的社会环境，我们可以从一篇篇文章中，感悟出它们背后所反映的社会。本单元所选的四篇文章，便是从女性的经历来反映社会环境，无论是黑暗的吏治社会还是开放创新的社会，都值得我们探究，以及品味文字背后的思想。

★ **文章安排的理由、用意和特色：** 重组的单元课文顺序为《静女》《窦娥冤》《祝福》《青蒿素：人类征服疾病的一小步》。它们是按照时间顺序排列的。《静女》通过描绘女主人公机灵可爱的性格和真挚美好的爱情，反映了先秦淳朴的民风。《窦娥冤》塑造了中国古代善良孝顺而又刚烈不屈、敢于反抗的窦娥形象，反映了元朝社会吏治的黑暗与昏庸。《祝福》描绘的祥林嫂是一位被封建礼教和封建迷信重重束缚，精神上惨遭摧残以致麻木的封建社会妇女形象，反映了旧中国以封建礼教的愚昧、冷酷、自私为核心的社会环境。《青蒿素：人类征服疾病的一小步》通过表现屠呦呦及其团队勇于探索、坚持目标、不畏艰难的科研精神，反映了传统中医精华在现代技术条件下，必将得到有效利用，造福全人类的社会环境。从一位位女性背后，看出从淳朴到黑暗封建再到开放创新的社会变化。

## 设计方案样例五[2]

★ **单元主题：** 与选择同行

★ **课文选择：**《哈姆雷特》/《林教头风雪山神庙》/《哦，香雪》/《与妻书》

★ **主题内涵：** 选择是一种智慧。在面对理想与现实的矛盾时，是随波逐流还是遵从本心，是默默忍受还是奋起反抗……这是即将面对社会的我们，必须要考虑的问题。本单元所选作品中的人物，都也遇到了类似的抉择。阅读这些文章，感受不同人在做选择时展现出的理念与抱负，激发我们对道义与良知的坚守，从而在人生的岔路口，做出不悔的选择。

★ **文章安排的理由、用意和特色：** 哈姆雷特怀有高尚理想，但饱受黑暗现实的煎

1 此案例由许楠老师提供。
2 此案例由许楠老师提供。

熬。在奋起反抗与默然忍受命运的抉择中，他选择与命运殊死抗争。林冲面对被陷害一忍再忍，他在被逼无路后，对官场仅存的美好理想化为泡影，选择不再逆来顺受，而是怒杀仇敌。林觉民在家庭幸福与国家前途相矛盾时，选择牺牲个人幸福来拯救国家民族。香雪在物质需求与精神需求的纠结中，选择坚定了自己对大学理想的追求：她要用知识改变贫困，要获得与别人同样的尊严，为此她不惜选择用鸡蛋换回一个小小的铅笔盒以获得自身平等的权利。这四篇文章都围绕主角的选择展开：与惨痛命运斗争的哈姆雷特，勇于反抗封建统治者的林冲，冲破儿女情长、舍生取义的林觉民，追求梦想、改变命运的香雪。他们无不展现出积极向上、深明大义、不屈不挠的精神，激励我们在遇到人生的岔路口时，也能像他们一样，不畏风雨，做出正确选择。

（三）单元重组的变革成效

应该指出的是，“双新”改革之后，从新课程标准倡导的学习理念和学习方式出发，通过单元教学的方式落实“双新”理念，推动教学变革，已经成为一种共识，也是各校普遍采用的教学方式创新。但是这种创新一般还是基于教师层面的，缺少学生的深度参与。而市西中学通过让学生参与单元主题教学的设计，不仅能够帮助教师进一步拓展单元整体教学的思路，而且有助于加深学生对于语文课程内容的整体性把握。融入学生独特思考后的主题设计，体现了学生对于课程的独特理解和思考，这是学生语文核心素养的具体体现。透过学生撰写的心得体会，能够感受到这种教学变革对于学生培养的丰富实践效能：

> 高一下学期末，同学们由于疫情无法相聚线下进行期末检测。幸而有老师精心设计的“自设单元主题，重组课文”语文期末任务，在检测同学们学习成果的同时，也鼓励大家积极地打开课本，深入阅读课文内容。这个学习任务无疑是别开生面、极具创新的，它为同学们打开了另一扇语文学习的窗户。在完成任务的过程中，同学们不能只依靠老师的敲黑板、划重点，而是要去回顾一年来我们在语文课本中走过的路，从过往的一节节语文课中提炼出自己对于课文进一步的浓缩性理解：关于人物形象的，关于叙述内容的，关于中心主旨的，等等。另外，还要有能力找到课文与课文间的巧妙关联，运用简练有力的文字和仿写功底确定下单元主题、主题内涵和安排理由。由此看出，这是一次

独立自主的语文学习理解之旅，也是一个让我们浮于所有课文内容之上，俯瞰我们一年的语文学习成果的珍贵机会。语文期末任务帮助我们总结了一年以来看过的山河湖海，听过的箴言争辩，品过的婉约豪迈，亦让我们完成了一次自我的修炼和提升。

——高一(6)班虞佳怡

完成本任务，需熟悉掌握所学课文的主旨、写作背景、写作手法等基本知识，并需自主对内容进行整理归类和挑选，这不仅检测了同学们一年来对于语文课程内容的学习与记忆程度，而且督促了同学们进行查漏补缺等相关工作。自主构思单元框架，要求同学们从教育工作者的角度看待语文学习的目的，如何学，怎样学，学什么，都简洁凝练地涵盖在了单元导语中；不仅让同学们体会到编写者的用心良苦，还能让我们了解应以怎样的视角、态度、方式对待语文课程。毋庸置疑，重组课文任务的形式是新颖的，它能够启发我们的思考，灵活运用所学知识，甚至从中悟出不同的外延。本任务的局限性低，思想性高，将这一任务融入于考试中，让我意识到在平日中积累与思考的重要性，更让我明白了，任何所得知识都需沉淀于心，这样在面对任何形式的挑战时才能够触类旁通，得心应手。

——高一(2)班李璐祺

## 二、以集体教研推动单元学习活动的动态优化

“双新”背景下的语文课堂教学整体优化，应该是教师和学生共同努力的过程。对于教师而言，市西中学主要依靠的是常态化的集体教研，让教师在充分的讨论和分享过程中，建构指向于“双新”落实的专业成长共同体，以集体智慧来解决“双新”政策背景下的学科教学改革创新问题。以单元学习活动的优化为例，以下呈现的是学校某次集体教研的过程(节选)：

**【案例 5】**[1]

许楠：首先欢迎各位领导。在深入教改的第三年，我们市西中学积累了一些经

1 此案例由市西中学语文教研组提供。

验，有成功，有失败，有困惑。暑假的时候，我们收集了老师们在课改教学实践中遇到的一些问题、困惑，并对其进行归类整理，整理出了最集中的一个问题——如何落实单元学习任务。单元学习活动是落实单元学习任务的一条途径，但在教学实践中，活动设计存在一定的难度。如何设计好以问题形成与解决为主的单元学习活动，这是一个值得探讨的问题。我们今天的主题就是如何通过单元学习任务设计单元学习活动。

张屹：我们是第一轮接触新教材的。回顾高三，我们重新梳理思路，回顾一下既有经验，给大家一些参考。单元学习活动的设计以《百合花》《哦，香雪》为例。

思考1：小说学习活动的研习、任务单的问题设计要有延续性和学术性，同时给学生充分研习思考的空间。（选择性必修上册第三单元《大卫》《复活》比较阅读的研习问题，比如圆形人物和扁平人物，比如延续《哦，香雪》的叙述视角和人称这些文学概念。）

思考2：小说的阅读研习要给学生一定的铺垫与实践。

1. 寒假整本书阅读，阅读易卜生的《玩偶之家》

具体要求：自选一个角度（如人物形象、戏剧冲突、批判现实主义）赏析易卜生的戏剧作品《玩偶之家》，写一篇不少于800字的文学短评。

2. 两次思维广场从人物、冲突、主题等方面的讨论

对《玩偶之家》读书报告进行修改，以电子稿的形式提交并完成演讲。展示学生写的《玩偶之家》短评的标题。展示学生的感悟。

许楠：张老师从学生的疑问出发，也关注了学习目标和学习任务。我们发现，张老师在整个的活动培养过程中，激发了学生的探究兴趣和学术潜能。我想，这才是真正的在学习活动中内化知识。以高一第一单元的小说视角、细节学习活动探究为起点和基础，发展到高二的研习阶段，体现了能力的阶梯性发展，这非常好。

张屹：在高一阶段，对学生文学基础的培养还是很重要的。从高一到高三，是阶梯式的培养。

周家宏：我接着张老师的话。文学短评的写作，我们是整个年级的写作。我们在高一暑假布置了《复活》和《大卫》的阅读要求，要求学生围绕结尾或整本书，写文学短评。高一的时候我们也做了《乡土中国》和《红楼梦》的短评写作。

回过头反思呢，首先第一个，是我们缺乏对大单元整体意识的梳理。第一单

元，我们设计了单元梳理的学习活动。或许我们应该对“梳理”这一问题的认识更加明确，甚至上一节单元梳理的课。有没有一根红线贯穿了整个单元？这就需要我们去梳理。现在想来，我们都讲设计依据，那么我们还是要依据单元主题来进行问题设计。比如青春激昂的主题。

第二个是我们要基于目标任务，即所属的学习任务群来教学。

第三个是作为教师，我们在认识上要符合教者的身份。过去我们一篇一篇精细地阅读，如今我们必须要有整合意识。我们要有贯通整体单元的认知。

第四个是单元学习任务必须依托学生的深入阅读，要求学生必须要自主阅读，并且读完。

徐梦婷：我来谈谈体会。教材必修上册第一单元里有四个学习任务，当时我们根据第四个任务，设计了几个活动，比如寻找意象，识别意象；反复诵读，思考意象的个性特点。

第一单元的主题是青春激昂，围绕青春的价值。如果要深入青春的价值，仅围绕意象是不够的。我们还要多关注创作背景。比如第二课的几首诗歌，《放号》的时代语境其实是五四的时代精神。如果能从创作背景来考虑进取精神，或许会更好。这是我的第一个思考，我们在教学的时候，要结合创作背景。然后呢，我们做了青春诗歌的作品推荐会，让学生分享交流能够表现青春情怀的诗。但是学生可能因为对有些作品不太感兴趣，活动时不活跃。

许楠：有时候真的要好好研究下学情，看看我们设计的问题是否考虑到了学生的困难点、争议点和兴趣点。

邱俊铭：第一，我们可以做很多活动，但有些活动是必修，有些活动则应该是选修。我们的活动要符合学生学情，要有趣味性，如果每个单元都是个表格，就有点无趣。比如第一单元，如果要梳理的话，我们就是按照时代来梳理。不同时代的青年，他们的青春既有个性，又有共性。个性在哪里？共性在哪里？这就可以围绕单元主题来梳理。

第二，我们新高一把活动都放入思维广场，进行了一些拓展性活动。思维广场的好处在于，它适应于学生的自选，一次有六七个活动，学生根据兴趣自主地选择活动参加。比如《星星变奏曲》的意象赏析、朗读等。因为思维广场的选择性，所有同学的参与面更广了。

第三，有些活动，我们看起来热热闹闹的，学生都在参与。但实际上会有问题。比如学术性。我们从实际来看，上一篇新课文，如果没有任何资料，学生能掌握多少东西？如果没有任何的助手，学生到底能读懂多少？你会发现他一下子就不行了。但高考考的就是速读。这是真功夫，是我们要培养的。但这个靠活动是不行的。

第四，有些活动还要再细化，如朗诵。每个人都读得不错，但怎样才算好呢？在哪些方面可以进一步提高？有些诗明显是不适合朗诵的。我们对于朗诵，要有真正的深层认识。所以我们对活动的过程、评价、指向，都要兼顾和考虑。不然我们天天做活动，但真正有效的活动似乎不知道能有多少，即真正有效的活动有哪些。

许楠：邱老师所说的活动设计，是要加入教师的指导性。我们还是要在内容上下功夫。

陈学政：我很赞同邱老师的看法。邱老师提到了真功夫，我想我们能做的，还是课堂。我们的课堂站位有多高，我们的课堂是否能真正提高学生的体能、素养。关于这些，我们都在摸索中。关于第一单元的活动，我在想的是，我们究竟应该如何做，才能让学生真正动起来。我的尝试是：探寻诗歌意象是如何选择的，背后有什么奥秘呢，意象不光是一个简单的名词，它背后有情感、有思维。所以我们从意象入手，探寻教材的这些诗为什么要选这些意象；这些背后所呈现出的是一种怎样的情感；等等。

还有写诗歌。写诗歌难在诗歌对意象的选择。有些同学在意象的选择和组合上做得不太好。所以诗歌中关于选择和组合的经验，我们要让学生在课堂里感受到。

还有我们老师也要有真功夫，有空闲时间做准备。所以要让学生动起来，首先是要让老师静下来。

许楠：我们做活动设计之前，首先要给学生做铺垫，比如推荐读什么。其次，问题设计必须是探究式的，而不是应试的那种。还有就是要多反思，现在看是合理的，但经过一段时间的实践，又需要不断调整和完善。我想说，老师们在设计单元活动时要紧扣单元学习目标、任务，知道我们要到哪里，然后怎样设计活动帮我们往那里走，以及最后我们有没有到那里。其实评价是我们欠缺的，当然评价也是比较难的。有时我们可以通过学生在活动现场的表现来评价，这是显性的，但有时学生的能力提升不是通过一次活动就能获得的，或者说有时能力有没有提升是看不出来的，是隐性的。所以我们关注了活动设计，评价我们也要跟着研究。还有我们的设计还要借助教学实践反复验证、调整、完善，随着我们经验的积累，要不断深入研究。最后，学生学情变化了，我们的设计也要变化。

今天研修还停留在分享、借鉴、反思层面，还需要上升到理论层面。比如摸索出一些如设计单元学习活动需要思考的角度、路径和方法等，我们请专家给予指导。

上述集体教研的过程，主要围绕"双新"背景下的语文单元教学活动设计开展，尽管研讨的过程是开放、发散的，但是这一过程却能体现出我们在单元活动设计中的思考和行动选择：其一，注重活动的前期准备。要通过单元活动设计，帮助学生构建完整的知识结构，提升教学工作质量，需要做好课前准备工作，结合教材内容，整合教学资源，充分了解学生需求，明确大单元的分类和教学要求，以此推动单元教学活动的设计。其二，注重加强对文本内容的分析。老师们纷纷指出，在大单元教学活动中，为提升文本分析效果，需要做好阅读工作，把握单篇与群文的内在联系，通过以点带面的方式完成大单元知识学习活动，这就能够触及单元整体教学的价值和内涵，提升单元活动设计的质量。其三，注重内容的延伸以更好地培养学生核心素养。在很多老师看来，大单元教学活动开展的目的，不仅是整合教学资源，实现系统教学目标，更重要的是落实素质教育要求，提升学生的综合品质。[1] 因此，在单元教学活动的设计过程中，要注重资源的整合和拓展，为学生的培养提供更多的现实依据。其四，注重基于学生立场，提升单元整体活动的针对性。单元整体教学尽管是一种教学方式的创新，但是其关注学生、以学生为本的基本立场没有发生变化。因此，市西中学在进行单元教学过程设计的过程中，非常注重对学情的分析，让单元教学活动的设计符合学生学习规律和身心成长特点。只有如此，单元学习活动的内容和实施方式才能真正获得学生的认同。

更为重要的是，从更高的层面看，这种基于集体教研的教师专业成长方式，对教师更好地融入"双新"改革，消除教师对于改革的恐惧甚至抵触情绪有显著的作用。正是缘于这种有效的教师专业发展方式，我们的语文教师才能够从整体上养成适宜于"双新"的教学素养，从而为语文课堂教学的整体转型重塑提供根本支撑。

---

1 张宁建.高中语文大单元教学实践研究[J].开封文化艺术职业学院学报，2022(06)：75-77.

# 第二节　整本书阅读的创造性实践

在高中语文新课标标准中，整本书阅读与研讨是一个非常重要的任务群，这一任务群的学习贯穿必修、选择性必修和选修三个阶段，足见新课标对这一任务的重视。按照对课程标准的解读，整本书阅读和研讨旨在引导学生通过阅读整本书，拓展阅读视野，建构阅读整本书的经验，形成适合自己的读书方法，提升阅读鉴赏能力，养成良好的阅读习惯，从而促进学生对中华优秀传统文化、革命文化、社会主义先进文化的深入学习和思考，形成正确的世界观、人生观和价值观。对于如此重要的学习任务，必然需要学校和学科教学层面进行针对性的设计和探索，形成整本书阅读教学的创造性实践。

在“双新”落实的整体背景下，整本书阅读具有重要的意义，因为整本书阅读具有单篇课文阅读所不具备的价值，有助于学生更全面地认识世界，[1]能够提供相对完整的文化场域、推动认识过程的逐渐完善、促进阅读策略的综合运用、承载综合能力的进阶发展。[2] 对于教师而言，整本书阅读既是一门课程的开发、一种阅读方式的示范，也是一种适合“双新”的教学形式，值得教师仔细探索和研究。在整本书阅读的实践创新中，市西中学的做法主要有两种。

## 一、整本书阅读教学策略

### （一）阅读、讨论、交流、分享的教学策略

我校借鉴 IB 中文的教学理念，关注整本书的教学，关注综合评价，注重语言的

---

1 周益民.整本书阅读：基本问题与实践探索[J].语文建设，2021(04)：4 - 7.

2 吴歆欣.阅读整本书，整体提升语文学科核心素养[J].中学语文教学，2017(01)：11 - 14.

建构与运用，体现思维发展与提升，激发审美与创造，体现文化传承与理解。教与学的策略都指向语文的核心素养培养(见表 3.1)。

表 3.1　中文整本书阅读教学理念

| 素　　养 | 内　　涵 | | |
|---|---|---|---|
| 语言建构与运用 | 积累与语感 | 整合与语理 | 交流与语境 |
| 思维发展与提升 | 直觉与灵感 | 联想与想象<br>实证与推理 | 批判与发现 |
| 审美鉴赏与创造 | 体验与感悟 | 欣赏与评价 | 表现与创新 |
| 文化传承与理解 | 意识与态度 | 选择与继承<br>包容与借鉴 | 关注与参与 |

从 IB 的教学理念中，我们可以清楚地发现，教师的身份发生了变化，从课程的执行者到课程的设计者，从知识的传授者到思维支架的搭建者，从教学的组织者到教学的研究者，从教学资源的搜索者到整合优化者。

借鉴国际部 IB 中文教学整本书的教学理念，延续先前在思维广场进行的整本书《围城》的教学，本学期高一备课组进一步研修优化整本书的教学过程；确定了以“阅读、讨论、交流、分享”作为整本书阅读的基本教学策略；在学生假期泛读的基础上，教师分工设计教学任务单，提出有价值的讨论问题；学生自主阅读，完成教学任务单所列的讨论问题并预约讨论内容及讨论场次；学生进入不同的思维广场讨论空间进行讨论、交流、分享；课后学生继续整理完成拓展问题并上交思维广场任务单，教师与学生共同进行多元有效的评价；在教师的指导下完成学术小论文。

引导学生在语文学习的过程中，依据自己的体验、感受与发现，主动地与作者对话，与同学、老师交流，并在对问题的思考、认识、解决的过程中，培养合作精神、探究意识和研究性学习能力。

(二) 单篇文章与整本书的知识体系建构策略

单篇教学肯定不符合新教材强调整本书阅读整体性的理念，但笼而统之就一本书来讨论，师生肯定也都驾驭不了；学习任务中的“分析整体框架，把握知识体系”，就是引导学生在了解作者观点的基础上，分析全书的框架和作者的逻辑思路，从而把握这部学术著作所建构的知识体系。如果没有了文本的细读，也就不可能有整部书的全面系统的把握和理解；既要关注整体，不能蜻蜓点水，又要关注对作者学术思想的细致理解。

我们把《乡土中国》分成了四个单元：

以《乡土本色》为总论，《文字下乡》《再论文字下乡》主要论述乡土社会中文字的使用，为一单元；

以《差序格局》为纲，《维系着私人的道德》《家族》《男女有别》论述乡土社会的社会结构以及中国传统感情，为一单元；

以《礼治秩序》为纲，《无讼》《无为政治》《长老统治》主要论述宗法制度，为一单元；

以《血缘与地缘》为纲，《名实的分离》《从欲望到需要》论述社会变迁如何产生，为一单元。

当然，这样的划分不一定合理，只是为了教与学的方便。我们本学期教学任务单的设计，从单元到整体，研修的结果就是按照这样的逻辑来划分和设计《乡土中国》整本书的教与学。

（三）泛读、精读与批判性阅读的阅读策略

整本书的教与学，在有限的教学时段里，要达到较高的教学效果，难度可想而知。为此，高一语文备课组从暑假开始，就对高一新生提出了《乡土中国》的阅读要求，要求学生对《乡土中国》进行三读：

一是泛读，就是我们平时所说的茶余饭后的休闲式的阅读，不带有任何目的，纯粹就是为了读书而读。在设计新高一暑期阅读作业的时候，我们在推荐30种阅读篇目的时候，就费孝通的《乡土中国》作为必读书目做了推荐；要求做读书笔记，包括摘录名言，感受细节，评价整体；在阅读后和朋友、亲人交流对作品的看法；写一份不少于1 500字的书评，向即将到来的新班级同学及你的老师，隆重推荐你假期阅读过的一本书籍。也算是带有目标的“泛读”或是“闲读”环节。

二是精读，在读一遍的粗略感知的基础上，对学生提出了较为明确的阅读要求。比如，要求学生对每一章的基本概念、基本内容进行梳理、总结和归纳，为每一章简单地勾画一个写作结构框架，借此把握作者的写作思路和写作意图。

三是批判性阅读（思辨性阅读），《乡土中国》作为学术专著，其内容与题旨的丰富与复杂、隐晦与多元，其结构的维度与层次的繁复，阅读理解难度本就可想而知。

我们在《乡土中国》整本书教学过程中，紧扣该书的文本价值核心，即了解中国乡土社会的特点，增进对农村传统文化和社会结构的理解，思考中国乡土文化的现代意义和历史局限。

精读与批判性阅读围绕教学任务单进行。这里所说的批判性阅读指向培养学生的批判性思维，在阅读训练中的思维价值，其倾向则包括寻找真理、开放思想、分析能力、系统化能力、自信心、探究能力、认知成熟度等。

我们尽可能在教学过程中，避免整本书阅读与教学过程陷入杂乱、细碎与繁琐，尤其是在教学实践中，更不能将《乡土中国》的十四篇文章用原先的教学方式逐一加以分析讲解，这是与整本书教学理念相违背的不当做法。因此，我们充分利用思维广场的学习空间，设计高质量的思维广场任务单。

## 二、 着眼综合素养开展以思维广场为载体的整本书阅读教学

思维广场是市西中学在推进课程教学和人才培养改革过程中的创造性设计。思维广场突破了传统的教学空间——课堂，提供了师生教学实践的各种新的可能，旨在通过建立宽松自由的学习环境，让学生在其中自主化学习，赋予具有不同学习需求、学习风格、学习方式的学生展开适合其自身的学习活动，帮助学生突出其自主的选择、独立的思考、自由的表达、思维的碰撞、智慧的分享等。对于思维广场教学的具体要求和实践样态，本书将在后续章节中进行专门论述。在此部分，主要以《乡土中国》一书为例，通过案例分析的方式呈现基于思维广场的语文整本书阅读教学设计。

### （一）利用学习任务单指引学生有效阅读

整本书阅读相比较于零散的阅读，信息量大，阅读耗费的时间和精力比较多。如何通过有效的设计和引领，帮助学生更高效率地抓住有效信息，这是整本书阅读品质的关键。在近年来的课堂教学改革中，学习任务单的设计和使用是一个普遍的趋势。通过任务单，能够有效引导学生开展自主学习和阅读。因此，在推进整本书阅读的过程中，我们凝聚教师的集体智慧，开发设计详细的任务单并发放给学生，以帮助学生实现有效阅读。以《乡土中国》的整本书阅读为例，我们共计设计和发放了八份学习任务单(参见下文案例)。学习任务单一般由阅读要求、讨论任务、课后拓展等部分组成，这些任务单既有效衔接文本的核心内容，又能够引发学生的

自主思考和探索，对于推进语文整本书阅读的教学和实践具有积极价值。由于本书篇幅的限制，在此仅呈现部分学习任务单供读者参考。

1. 任务单的构成

每一份思维广场学习任务单都严格遵循这样一个统一的文本范例：阅读要求、讨论任务、讨论记录、课后拓展。这几个部分互为支撑，从而完成理解、分析、交流、分享、质疑、批判等教与学的全过程。在讨论任务和讨论记录两个环节后面以“备注”的形式进一步提出要求，四大环节基本涵盖了整个教与学的过程，也体现了新教材的任务驱动的教学理念。

【案例6】

## 《乡土中国》教学任务单(2)[1]

**★ 阅读要求**

精读《差序格局》《维系着私人的道德》《家族》《男女有别》四篇文章。

1. 名词解释

① 差序格局：

② 团体格局：

③ 事业组织：

④ 感情定向：

**★ 讨论任务**

讨论题1：

作为00后的我们，大多是家里的独生子女，家庭内部更多的是单一的直系血亲关系。相较于“大家族”而言，我们似乎更看重我们的“小家庭”，家族的同心圆关系有着简化的趋势。这是否表明我们也在逐步向团体格局靠近？请对此谈谈你的看法。

讨论题2：

中国互联网络信息中心(CNNIC)8月30日发布的第44次《中国互联网络发展状况统计报告》显示，截至2019年上半年，我国互联网普及率已超过六成。很多农村地区的年长者也学会了通过互联网进行社交。那么互联网的进一步普及对我国

1 此案例由周家宏老师提供。

乡土社会格局会造成什么样的影响？请对此谈谈你的看法。

讨论题3：

在《差序格局》一章中，作者认为“在这种富于伸缩性的网络里，随时随地有一个‘己’作中心的。这并不是个人主义，而是自我主义”，而梁漱溟先生认为中国传统社会是“伦理本位”的，即“互相以对方为重，不是西方的个人本位、权利观念”。这两种说法是否存在矛盾？

讨论题4：

在《差序格局》一章中，费孝通先生用《礼记》中“十伦”的概念解释“差序”，其中“君臣”“父子”“长幼”等关系都存在上下的等级差别。那么，差序格局中除了横向的亲疏同心圆关系网络，是否还应包括纵向的以等级秩序为核心的序列？差序格局是否应该是一个立体结构？请对此谈谈你的看法。

备注：认真阅读，查阅资料，独立完成讨论发言前的准备文字。

**★ 讨论记录**

备注：请记录下你觉得有启发意义的其他同学的发言，以便课后反思。

**★ 课后拓展**

1. 课后反思：撰写讨论感受、收获和体会，同时也提供了你对问题再次思考的机会，你可以把自己的新想法、观点在这里作更进一步的补充与完善。

2. “文化自觉”是费孝通先生晚年提出的观点，指生活在一定文化历史圈子的人对其文化有自知之明，并对其发展历程和未来有充分的认识。“文化自觉”包含了对自身文明和他人文明两方面的反思。费孝通先生在晚年对“差序格局”进行了反思，融入了传统的程朱理学，定义了“新差序格局”。同时，对团体格局也由早期支持的态度转为批判的态度。请查阅相关文献著作进一步探究这种转变是怎么发生的。写成一篇300字左右的小论文。

2. 任务单的设计要求

(1) 整体把握学术内涵

对于学术论著这类形而上的内容，中学生对其普遍存在畏难情绪，因此教学任务单的设计需把握论著中的关键术语、重要观点，了解和考察《乡土中国》的学术价值。

高一语文备课组首先基于《乡土中国》的内容设定了六个关键词，[1]并将这六个关键词再次分解为六种具体的阅读方法，来指导学生的阅读和教师的教学（见表3.2）。

表3.2 《乡土中国》阅读方法

| 序号 | 方法 | 目的 |
|---|---|---|
| ① | 浏览、跳读 | 了解论著的主要内容、主要观点 |
| ② | 概括、提要 | 内化论著的主要内容、主要观点 |
| ③ | 分类、归纳 | 把握论著的主要思路、研究方法 |
| ④ | 比较、推理 | 学习学者的主要观点、论证方式 |
| ⑤ | 质疑、批判 | 审视学者的主要内容、主要观点 |
| ⑥ | 创新、创造 | 生成自我的主要内容、主要观点 |

关键词一，概念（如差序格局）；

关键词二，观点（辨析观点的层次性）；

关键词三，发现（善于发现真知灼见）；

关键词四，归纳（将书读薄，收获精神）；

关键词五，批判（学会质疑与批判）；

关键词六，创新（学会对观点的现实意义进行批判和重构）。

这几个系列从易到难，符合学术论著整本书的教学理念，符合学生的认知特点。

(2) 关注现实，学以致用

《乡土中国》是学界公认的研究中国乡土社会传统文化和社会结构理论的重要代表作之一。我们针对的学习主体是高一学生，他们对中国"乡土"的认知水平如何，对阅读学术著作的接受度怎么样，不能不对这些进行认真研讨。高中阶段特别是都市学生能接触到这样的作品和理念，对学生的思想观念的塑造、人格的养成、眼界的开阔，无疑有莫大的好处。在阅读之中可以了解到中国基层社会的结构究

---

1 此案例由周家宏老师提供。

竟是怎样的，不仅如此，我们还可以获得对于时代的超越性的认识。它所揭示出来的中国问题，是直观这个世界的一把钥匙，得以让今天的中学生真正地触碰中国，从而“关注问题，学以致用”。侧重引导学生将对学术著作的学习与现实生活联系起来，进一步理解学术著作可以超越时代的限制，尤其是在当今城市化进程的大背景下，更显得具有学术生命力。

【案例7】

《乡土中国》教学任务单(3)

★ 讨论任务1

中国人传统上安土重迁。但纵观历史，人口一直在流动。现在随着城镇化建设，更是有大量乡村人口流入城市。这是否说明费孝通先生提出的乡土特色有其欠缺之处？

★ 讨论任务3

有学者曾于20世纪90年代在他的论著中说：“差序格局对中国人行为方式、道德观念的影响非常深远。‘公私不分’‘私人道德’盛行，在现代化的今天也不能说是完全消解。而这对于市场经济的发展、现代化的转型，无疑是起着消极的作用。”

你认为，差序格局对于中国的发展，到底是起着消极作用还是积极作用？

这两个讨论题的提出都设置了一个讨论背景，“现在随着城镇化建设，更是有大量乡村人口流入城市”“在现代化的今天”“市场经济的发展、现代化的转型”，意在引导学生将从《乡土中国》里学到的概念、知识、分析方法运用到对社会现实的分析中，并丰富学生关于现阶段中国乡土社会的认识。当代中国正在经受从传统农业社会向现代工业社会、从计划经济向市场经济转化的双重转型，这是中国历史上最深刻、最广泛的巨变；怎样认识乡土社会、怎样改造乡土社会，费孝通在《江村经济》《禄村农田》中提出了策略，给出了办法。所以，《乡土中国》是前现代中国的国情咨询报告，只要中国尚未完全实现现代化，它就具有一定的实践指导意义。关注社会、关注正在发生的社会变革，这样的讨论，也培养了高中生作为有良知的知识分子的民族情怀。

(3) 体现质疑和批判的学术精神

带着问题读书、思考，建构整本书的阅读经验。教学任务单的设计，就应该是由一系列的问题构成的，我们的教学理念也就是要让学生带着问题去读书，在读书的过程中还能够进一步提出问题，然后再带着问题主动阅读、积极思考，从而使我们的阅读走向理性与清明。学会从历史背景、现实背景、文化背景的角度来梳理问题、分析问题，学会从调查方法、创作方法的角度来深入分析理解学术作品，学会从批判质疑的角度指出作品的不足。从同学们的讨论中，我们发现同学们的高阶思维得到了培养，思维的长度、宽度、深度也都有了明显的提升。

【案例8】

## 《乡土中国》教学任务单(6)[1]

**★ 阅读要求**

在阅读完整本书的基础上，请对问题进行梳理：

读完《乡土中国》整本书后你有什么疑问或困惑吗？（可针对书中观点、做过的讨论题以及联系当下的乡村、社会现象等问题提出你自己的困惑）

**★ 讨论任务**

讨论题1：

在《乡土中国》一书中，费孝通先生对于核心概念的确立倾向于先确立不同的、可进行比较的社会模型或功能模型，并设定“乡土中国”与比较对象相对应的较为抽象的概念，然后再寻找材料进行分析，而不是通过大量实证及分析得出概念。概念先行是否会使得后续材料及论说不具备普适性？请结合书中内容谈谈你的看法。

讨论题2：

“田野调查法”指调查者在研究对象所在地生活一段时间，从中观察、了解和认识他们的社会与文化。其奠基者马林诺夫斯基恰好是费孝通先生的老师，受其影响，费孝通先生在《乡土中国》与一些著作中都采用“田野调查法”作为主要研究方法，其深入农村社会研究的精神值得敬佩。然而，有人认为，费孝通先生将自己也作为乡土文化的参与者，其研究视角多为自身生活与观察总结出的理解，而不是以访谈、文献调查等方式的客观研究。“同文化”研究视角使得研究者本身的视野存在一定局限性，会忽略一些东西，并且会存在一定感情色彩上的偏好，从而影响研

---

1 此案例由周家宏老师提供。

究的客观性。你对此如何理解?

讨论题3:

比较研究法也是《乡土中国》一书中常见的研究方法,其重点研究对象为“乡土社会”,而将“城镇社会”作为比较对象。同时,在论述相关核心概念时,费孝通先生常常做出中西对比与古今对比。其中,中国乡村的对比对象往往是西方城市,但没有明确指出所谓“西方”指的是美国还是欧洲的国家;也没有对“西方社会”设置时间跨度;也没有考虑到西方社会变革的不同阶段。这样的对比是否存在过于静态的问题,能否有效进行“中西比较”从而论述概念?请结合书中内容谈谈你的看法。

讨论题4:

《乡土中国》开篇即点明“从基层上看去,中国社会是乡土性的”,有人对此提出质疑:一方面,费先生所在的调查之地是否能代表中国乡村,样本数量不够丰富;另一方面,从城乡二元论来看,《乡土中国》中描述的多是中国乡村,其中没有包括对城市和“城乡接合部”这样的“中间地带”的讨论。那么,整个中国能否用“乡土性”来定义,是否存在研究上的局限性?请结合书中内容谈谈你的看法。

备注:认真阅读,查阅资料,独立完成讨论发言前的准备文字。

★ **讨论记录**

备注:请记录下你觉得有启发意义的其他同学的发言,以便课后反思。

★ **课后拓展**

1. 课后反思:撰写讨论感受、收获和体会,同时也提供了你对问题再次思考的机会,你可以把自己的新想法、观点在这里作更进一步的补充与完善。

2. 你认为为什么要阅读这本书?这本书有什么价值?你读完后有什么收获?写一篇500字左右的小论文。

3. 从费孝通先生的《乡土重建》《江村经济》《禄村农田》三本著作中任选一本进行阅读,看看其中的观点与《乡土中国》是否具有互补性。

四个讨论题从内容到形式对费孝通的《乡土中国》提出了非常尖锐的看法。我们的目的不是要同学们做出学术讨论,肯定和否定都可以,但要有文本依据或是支撑材料。这是批判性思维的培养,高阶思维的培养,当然也是对于读书、对于文化的正确态度。

### （二）利用科学的教学设计推进整本书阅读教学

有效的整本书阅读教学，离不开科学的教学设计。语文教学设计是一种富有时代特色和普遍意义、具有特定内涵和完整构架的语文教育应用技术学。高中语文课堂教学设计，就是语文教师根据先进的教育理念和语文教育原理，按照一定的教学目的和要求，针对具体的教学对象和教材内容，对于课堂教学的整个流程及其具体环节、总体结构及其相关层面所作出的行之有效的预期谋划。[1] 这种谋划既要符合语文"双新"改革的要求，也要遵循教学内容的具体特点和规律。在整本书阅读的教学中，我们的老师非常注重教学设计引领的教学实施和评价创新，在实践中探索出具有创新性和实践性的教学策略。

依然以《乡土中国》的教学为例，市西中学语文组在思维广场进行整本书阅读与研讨的研修时，提出了三种教学策略，即任务驱动策略、议题专题化策略和自主与分享策略。以教学任务单作为任务驱动，以讨论任务专题化作为教与学的支架，强调自主阅读、形成思想、交流分享的策略，从而了解中国的乡土，增强底蕴，拓展视野，促进对中华传统文化的学习和思考，形成正确的世界观、人生观和价值观。

案例 9 集中体现了我们对于整本书阅读教学的思考和呈现。

【案例 9】……………………………………………………………………

## 《乡土中国》"整本书阅读"教学设计[2]

### ★ 教学目标

1. 通过讨论解决学生关于论文选题的困惑。
2. 运用《乡土中国》中的概念、原则等理论依据对文学作品进行解读。
3. 培养学生用辩证、历史唯物主义的眼光分析问题。

### ★ 教学环境

思维广场（两个讨论空间）。

### ★ 设计说明

本堂课是《乡土中国》"整本书阅读"的第 8 次思维广场讨论课，是学生小论文写

---

1 吴伟昌.语文教学的生命支点——新课标高中语文课堂教学设计[J].教育理论与实践，2008(09)：9－10.

2 此案例由顾云波老师提供。

作的改进及小结。

在此之前，学生在暑假期间已经对《乡土中国》进行阅读并撰写了读书笔记。开学后，在思维广场进行了7次讨论课，每次讨论课均配以相应的任务单。前6次讨论课，学生对《乡土中国》进行分章节的精读，并根据任务单的要求完成相关章节的阅读与讨论。第7次讨论课作为“阅读答疑”，解答学生在“整本书阅读”过程中的困惑。在此基础上，布置学生撰写不少于1 800字的《乡土中国》学术小论文。

学生在小论文第一稿的撰写过程中对于论文选题的把控有一定的困惑。基于学情，本堂课的教学目标定位在借助“思维广场”这一新型学习空间，运用《乡土中国》中的概念、原则等理论依据对文学作品进行解读，从而来解决学生在论文选题中的困惑，培养学生以辩证、历史唯物主义的眼光分析问题。

## ★ 教学过程

### 一、导入

1. 用PPT展示学生朋友圈（呈现本学期“整本书阅读”过程中学生对《乡土中国》情感的变化）。

2. 列举学生小论文初稿中已有的选题角度。

3. 开题过程中学生问题与困惑的呈现。

4. 明确本堂课教学任务：通过本堂课的讨论，思考在选题上还有什么更深更新的角度。

### 二、分组讨论

学生自主选择讨论题，分别在两个讨论场同时进行讨论。

1. “讨论场一”的讨论任务

仔细阅读鲁迅的短篇小说《故乡》《孔乙己》和《祝福》，以及铁凝的小说《哦，香雪》、散文《又见香雪》，对讨论题1、2进行深入思考。

讨论题1：

《乡土中国》中所列举的现象以及阐述的思想在许多文学作品中也有所体现。结合自身阅读经验与体会，请用《乡土中国》的相关内容，阐述上述文学作品是如何体现小说人物的典型性、情节的合理性以及主题的深刻性的。

讨论题2：

阅读学术著作，要关注其中“问题的提出”和“问题的解决”。当今中国社会正处于转型的关键时期，传统与现代的交织和转换，乡村与城市的碰撞和融合，使社会发生着巨大变化。在这样的背景下，请结合上述文学作品，谈谈《乡土中国》关于乡土社会的论述能给我们当下中国新农村的建设带来哪些思考？

（学生作为主体，教师作为参与者和学生共同讨论。）

2. “讨论场二”讨论任务

讨论题 3：

有人说：乡土社会中人们更多的是通过口头语言传递信息，由于土地不流动，范围较小，没有“文字”与“网络”传递信息的必要。

又有人说：当前我国面临城乡差距大、发展不平衡的突出问题。为了使乡土社会向现代社会靠拢，“文字”和“网络”的普及是少不了的。

那么，你认为“文字下乡”以及“互联网的普及”对于当下的乡土社会有什么意义和价值？

讨论题 4：

“田野调查法”指调查者在研究对象所在地生活一段时间，从中观察、了解和认识他们的社会与文化。费孝通先生在《乡土中国》与一些其他著作中都采用“田野调查法”作为主要研究方法。其深入农村、扎根现实生活、务实求真的科学精神值得我们学习。

然而，有人认为，费孝通先生将自己也作为乡土文化的参与者，其研究视角是自身的生活与观察，而不是以文化外来观察者的视角，以数据分析、文献调查等方式的客观研究。“同文化”研究视角使得研究者本身的视野存在一定局限性，并且会存在一定感情色彩上的偏好，进而影响研究的客观性。

你认为费孝通先生用“田野调查法”对“乡土中国”进行研究是否具有科学性？

（学生作为主体，以学生自主讨论的形式展开，在课前预习中教师对学生进行一定指导。）

### 三、学生汇报交流

两组同学选派代表对各自的讨论题进行交流汇报，师生互动。

### 四、教师选题指导

在学生交流总结的基础之上，教师提出问题：通过对四个讨论题的讨论交流，你得到关于论文开题的什么启示?

明确:

(1) 选题的角度:联系文学作品;对学者研究方法的批判与质疑。

(2) 写作的原则:实事求是,立足文本;以辩证、历史唯物主义的眼光分析问题;关注当下。

上述教学设计体现了市西中学在整本书阅读教学中的共性思考。要想落实《普通高中语文课程标准(2017年版)》中的学习要求,让学生体会到阅读的乐趣,领会《乡土中国》的文化价值,让《乡土中国》成为让学生终身受益的一本书,恐怕只上几堂课、进行几次讨论、写几份读书报告是远远不够的。事实上,学生花了许多时间去读,教师也花了大代价去备课、上课。如果到学期结束后,学生对《乡上中国》只会剩下几个模糊的概念,那么我们或许是辜负教材编写者的良苦用心,没有完全地开发出《乡土中国》对于提升学生语文核心素养的价值和对学生未来语文学习的价值。

我们在对《乡土中国》的教学实践中发现,学生在联系书本中的内容和现实农村问题时,很容易站在今天的时代语境下,以今天的价值观去评判七十多年前的乡土社会。学生很难以历史的、发展的眼光看到中国农村社会的发展和变迁。这种现象是无可厚非的,今天时代语境下的学生从时间和空间上距离乡土都很远,学生容易对"乡土社会"形成模式化的、定式化的理解,以贴标签式的做法对"乡土社会"进行评判。

从认识的一般规律来说,只有当学生学以致用,将书中所列举的现象、所提出的概念,放到中国社会发展的不同阶段中进行检验、实践,经历"实践—认识—再实践—再认识"的认识过程后,才能最终将《乡土中国》的深刻内涵内化为自己知识体系的一部分。当学生尝到了用所学知识解决问题的乐趣后,会不满足于《乡土中国》一本书中的知识,从而反复阅读,拓展阅读的内在驱动力,将自己的知识体系扩大,尝试去解决新的问题。

那么,如何让学生自觉地、主动地达到这一效果?我们在实际操作中面临两个突出的实际问题:一方面,许多学生面对较为枯燥、晦涩的《乡土中国》,通读尚且觉得痛苦,如何让他们自觉地反复阅读、终身阅读?另一方面,《乡土中国》是社科类著作,课堂讨论也好，论文撰写也罢，政治课和历史课也可以上许多同样的内容，那么语文课所特有的、具有语文味的内容怎么体现？最终如何为学生的语文学习服务？

我们基于已有的整本书阅读《乡土中国》的教学实践，积累了一定的教学经验，掌握了宝贵的第一手资料，并在此基础上形成一定的总结和反思。要了解和验证《乡土中国》中的相关概念、理论，最好的方法自然是像费孝通先生一样，以实证主义研究的方法，亲自到农村和基层走一走、看一看。然而，语文课毕竟不是社会调查课，实际条件也不允许我们大规模地组织学生“下乡考察”。因此，我们可以尝试引导学生在文学作品中验证在《乡土中国》中所学到的内容，用费孝通的眼光看待我们的文学作品。文学作品不受时间、空间的限制，且来源于现实，学生可以在广阔的文学世界中不断地找到“乡土社会”的影子。这一做法同时也契合语文课的特殊性，不妨以《乡土中国》为抓手，为学生打开“乡土文学”世界的大门，学生大量阅读纯文学作品是作为语文老师所乐意见到的。

### 三、 整本书阅读教学取得的效果

这种整本书阅读教学从目前已取得的效果来看，一方面，学生在体验以社会学的眼光解读铁凝和鲁迅的小说后，已经初步具备了一定的文学批评意识，能自觉地运用《乡土中国》中的相关现象和思想去阐释文学作品中人物的典型性、情节的合理性、主题的深刻性。在此基础上，学生已尝试将这一解读策略运用于更多的文学作品之中。例如，学生将《哦，香雪》中的香雪、《人生》中的高加林、《平凡的世界》中的孙少平作为一组典型人物。立足于 20 世纪 80 年代的时代语境，通过分析比较“香雪们通过看火车、换铅笔盒表达对现代文明的渴望”“高加林们在城里完成学业但最终以返乡告终”“孙少平们完成了知识分子进城的理想，但始终对乡土觉得有所亏欠”，思考费孝通在《乡土中国》开篇提出的“从基层上看去，中国社会是乡土性的”这句话的深刻性。另一方面，学生“回顾过去、立足当下、展望未来”的问题思考路径已初步形成。已有学生在阅读费孝通的《生育制度》和《江村经济》等著作，力求扩充自己的知识体系，并尝试用更丰富的知识网络去阅读老舍的《骆驼祥子》、巴金的《家》这样的鸿篇巨制，用文学批评的眼光去解构更为宏大和复杂的小说。在文学作品中寻求对当下农村建设的借鉴，关注对现实问题的反思、质疑和批判。不仅如此，在之后的教材中还会出现沈从文的《边城》、贾平凹的《秦腔》、赵树理的《小二黑结婚》等典型“乡土小说”。无论最终篇目是否发生变化，《乡土中国》都可以说是贯穿学生整个高中语文学习的。学生在以《乡土中国》的眼光，观照不同时代语境下“乡土小说”的过程中，可以构建起一张知识网络。学生在深刻理解“乡土文化”的同时，也丰富了审美鉴赏体验，最终达到“语文学科核心素养”的提升。

从学生参与课程的各种感悟和讨论上，也能够感受到这种独特的教学方式能够带给学生启发和思考：

读《乡土中国》，懂得所谓乡土，是组成中国社会的根；

《乡土中国》，一本全面解析中国社会的百科全书；

从社区研究转入社会结构分析——《乡土中国》开创社科新概念；

作为中国传统乡土社会的“说明书”，只有读懂了它，才能读懂中国；

本书应该成为所有想学习和了解中国文化的人的必读书目；

《乡土中国》用通俗的语言对中国的基层社会的主要特征进行了理论上的概述和分析，较为全面地展现了中国基层社会的面貌……

除了上述感性的认知，针对教学过程中提供的引导和设计的任务，学生的思考显然更具深度和价值：

乡土性社会的基层，就是人——生活在乡村的人。既然这么说了，我的观点也就很明确了：我赞同作者的观点。只有乡土性的社会基层发生变化，文字才能下乡。我认为，文字除作为文化的一个象征外，最大、最主要的作用还是作为交流的工具。文字下乡，就好比将一个工具，推广到一个不用这个工具的地方。若是这个工具是白送的，那么乡下人虽然不用，也会欣然接受：这是人之常情。但是，要拥有文字这个工具，并非不费力气就可以得到的。它是需要付出时间，努力去学习，才能够获得的。而让一个人费如此大的劲去获得一个对目前的他来说并没什么用的东西——必然是不情愿的。因此，要推行文字，让文字下乡，必然要进行改变。准确地说，是构成一个“需求”。让乡村人意识到自己需要文字，需要使用这个工具，他们才会愿意去接受文字。而如何建立这个需求，进行这个改变——实行教育，开拓视野等，都有可行性。总而言之，文字下乡，必然要对乡村人——中国乡土性社会的基层，进行改变。

——高一(1)班郑星移

相对于现代社会而言，乡土社会是一个节奏很缓慢的社会。《从前慢》描述了乡土社会慢节奏、安逸、质朴的生活图景。清晨的火车站，三三两两的旅人进进出出；黑漆漆的天空下，绵延的长街看不见末端，昏暗的村庄寂静无声；一盏暗黄的油灯，乘着袅袅的炊烟，腾着暖洋洋的热气。一切都宁静、自然、美好。车、马、邮件都慢，所有的东西都慢，慢得连日子仿佛都变长了。这是乡土社会生活的真实写照。从前的锁精美、好看，意味着乡土社会的锁不是用来防人，而只是一个不想受打扰的标志。这是从前社会人情味的表现，是乡土社会名实统一的证明。这首诗，无疑表现了作者对慢生活的向往，但是时代发展是不可逆的，乡土社会必会被现代环境取代。这种缓慢的生活不适合人类社会的发展和延续，极富人情味、过度依赖于感性的社会已不能适应时代的挑战，就无法再延续了。另外，我们衍生讨论了现代化改革对乡土社会的意义。我认为将现代社会的产物、思想引入农村，是很正确、很必要的战略。乡土社会的农民安于目前的生活，他们虽然不富裕，但是靠自己的劳动，足以养活自己和家人，整体生活还是比较闲适和稳定的。这样一来，他们不愿意改变，不愿意为现代化拼搏，不愿意追求更美好的世界。但是，中国现代化的健康发展必须要是均衡的、可持续性的。将现代社会优秀的产品带入农村，可以逐步改变农村人口的固化思维，更好地接受新的资源和文化。另外，接触到新的产品后，或多或少会激发农民的物欲，从而刺激乡土社会经济和科技的发展。

——高一(4)班徐思捷

## 第三节　契合“双新”理念的作业变革

“双新”政策背景下，语文学科的作业改革也是一个重要领域。在我们一般的认知中，中小学作业是教学的重要组成部分，而在传统认识论的影响下，作业目标、作业内容、作业方法和作业评价等方面存在突出问题，从而导致学生负担过重，作业改革也因此陷入困境。[1] 重新理解作业改革需要科学的理论基础，而“双新”政策恰恰就是给了变革高中语文作业设计实施的新的理论支撑。在“双新”的整体改革背景中，教师依据一定的课程内容与教学目的给学生布置课内外作业，是教学无可替代的重要环节，是检测、诊断、评价以及改进教学的基本依据，是促进学生学科素养提升的关键途径。[2] 相较于原先的教材，高中语文统编教材不再设课后“思考与练习”，而以“学习提示”和“单元学习任务”取代之，即更加着眼于核心素养的整体发展，倡导创设综合性学习情境，开展自主、合作、探究学习，这实际上为语文学科作业的设计提供了理论性的指引和实践性的方向。基于“双新”理念，我们认为，当下的语文作业设计，一方面要跳出单纯的知识性倾向，避免机械式的重复劳动，不能占用学生过多的课余时间，给学生带来难以承受的负担；另一方面，要围绕学生学科核心素养的培养，强调作业的整体性、拓展性和综合育人性，特别是通过单元整体作业、长作业、探究式作业等的设计，引导学生主动实现静态知识学习与动态素养提升之间的内在关联。在本节之中，笔者将着重结合学校整体设计的单元作业、课时作业样例，来分析我们对于“双新”改革背景下语文作业设计的整体思考和探索。

## 一、“双新”理念下语文作业设计的样例

推动“双新”理念下的作业设计与实施变革，这是整个区域都在关注的重要命题。2021 年，上海市举行了中小学优秀作业案例征集评选活动，市西中学语文教研组结合对“双新”理念的理解，集集体智慧形成了一套作业设计案例。这份案例的呈现，集中体现了我们对于“双新”理念下作业设计的个性化思考和探索。

以高一学年第一学期统编教材必修(上)第一单元“青春的价值”为对象，聚焦单元整体教学目标和八个课时的具体教学任务进行整体性作业设计。作业试图实现的评价目标包括：识别诗歌中的意象；了解新诗常用的表现手法；把握诗歌意象的特征，理解意象的内涵；把握小说人物形象的特征；理解诗歌形式特征与情感内

1 李学书.从认识论到生存论：中小学作业改革的新取向[J].课程·教材·教法，2013(07)：31－36.

2 管然荣，陈金华.语文作业科学设计刍议——以统编高中语文部分教材为例[J].语文建设，2022(01)：14－19＋28.

涵的关联；感受作者在艺术形象中所蕴含的情感，领会其表达的意图；分析意象或意象的组合对诗歌营造意境、抒发情感的作用；分析小说中的细节描写对塑造人物、推动情节、揭示主旨的作用；赏析作者运用特定手法、遣词造句表达情感的效果；对诗歌、小说的写作特色与思想价值作出自己的评价；围绕意象和诗歌语言，梳理并建构诗歌阅读的基本方法，形成欣赏诗歌的经验；依据特定主题，选择适切的意象，运用凝练生动的语言写作现代诗歌。根据这些目标，我们开发设计了类型多样、内容丰富，既具有育人性又具有拓展性、探究性和整合性的作业，见案例10。

【案例10】

**第一课时填空题：**

《沁园春·长沙》中，诗人面对一派生机的浮华大地，心中涌出了万般豪情。词中可表现其雄心壮志的诗句是________。

《沁园春·长沙》中表现作者故地重游、追忆往昔生活的诗句是____________。

青年党校即将召开“青春秉烛无限好·勇立潮头写壮志”主题日活动，如果从《沁园春·长沙》中挑选诗句作为海报内容，你会挑选哪几句？

该题主要考查学生理解记忆层面的学习情况，难度较低，主要引导学生扎实掌握诗歌的基本知识和表达方式。

**第二课时问答题：**

俗话说：“单体为象，合体为境。”意境，是意象之境界，即意象或意象群所构成的整体效果。如同宗白华所言：“意境是‘情’与‘景’（意象）的结晶品。”意境的核心，便是情景交融。请结合意象，赏析《沁园春·长沙》上片所营造的意境。

本题主要考查学生的综合理解和表达能力，要求学生能够整体感知诗歌创造和表达的意境，属于较高层面的目标考查。本词上片中，诗人抓住万山、百舸、飞鹰、游鱼等富有生机的意象，通过各美其美的意象塑造，如漫江与百舸的动静结合、飞鹰与游鱼的俯仰结合等，展现了天长地阔而又山红水绿、鱼鹰成对的湘江秋景，渲染了阔达而又优美的意境，表现了作者对这一景象的赞美与喜爱，具有画面感。学生要通过自己的理解用自己的语言来描述词人表达的场景。

**第三课时分析题：**

毛泽东的诗词在全球范围内影响非常大，现已出版的毛泽东诗词英译本已达十余种。下面两个同学对“怅寥廓,问苍茫大地,谁主沉浮?”一句的翻译各有千秋。参照示例,完成表格。

| | | |
|---|---|---|
| | Sighing over immensity there,<br>I ask, on this boundless land<br>Who will lord over the world?(版本一) | Brooding over this immensity,<br>I wonder in this world so vast and dim,<br>Who decides who will sink or swim.<br>(版本二) |
| 怅寥廓 | (1) | |
| 问苍茫大地 | (2) | |
| 谁主沉浮 | (3) | |

本题不仅考查学生对于诗歌及其表达的感情的理解,更融入了对学生外语知识的考查,是一道非常考验学生综合能力的题目,也非常契合“双新”改革背景下课程综合育人、跨学科综合学习等理念的要求。同时,通过诗歌译文和原文的比较,能够引发学生对中文、英文不同表达特点的比较分析,帮助学生更好地理解中国诗歌的语言魅力,形成文化自信。通过比较借鉴,学生能够了解到:(1) 怅原指失意、不痛快,在这里用来表达由深思而引发的激昂慷慨的心绪;版本一中的“sigh”指叹息,与原文语境不符;版本二的“brood”指沉思、忧思,更符合作者此时的心境。(2) 版本一将原文中“苍茫大地”这一宾语成分改译为状语成分并在中间添加了逗号,这种词序和标点的变化破坏了原诗的节奏;版本二中未改动原词的顺序,但漏译了“苍茫”一词,句子的内涵产生了变化。(3) 此处的主语为这寥廓大地的主宰者,而潜在之意即为中国共产党应该争做这一主宰者;版本一的翻译更贴合原文内涵;版本二为直译,其中“sink”和“swim”两词押同样的头韵,这一译文虽成功传达了原诗的“音美”,但词义的范围缩小为水中的沉浮,弱化了原诗的内涵。

**第四课时比较分析:**

《立在地球边上放号》《峨日朵雪峰之侧》中的两个抒情主人公形象有何不同?

本题主要考查学生对于诗歌的综合理解和比较能力。要求学生能够在全面深刻理解诗歌内容的基础上明确,《立在地球边上放号》中的“我”是狂飙突进时代的歌号者,通过对自然景观的真实反映,展示了大自然雄伟和壮丽的景色,并抒发了一种自由宏阔、雄奇奔放的气概，赞美摧毁旧世界、创造新生活的雄强之力。而《峨日朵雪峰之侧》中的“我”是苦难中勇毅的攀登者，塑造的是在攀登过程中彷徨惊恐而又决绝坚韧热爱生命的登山勇士形象，目的是赞颂谦卑而又强劲的生命力。

**第五课时推断题：**

《百合花》一文中，作者并未直接刻画通讯员向新媳妇借被子失败的具体过程，请你结合文本对当时的场景进行合理推测并说明原因。

本题考查学生基于文本理解的合理推断能力，符合“双新”理念下对学生思维能力的培养要求，作答时，要求学生言之成理即可。根据文本理解，通讯员见到新媳妇手足无措，从而引起新媳妇开玩笑的兴趣。通讯员照实提出要求想问百姓借被子，新媳妇借故推脱，并借“封建思想”拿通讯员打趣。通讯员于是才哑口无言、气鼓鼓地回到“我”身边。学生要完成该题目，必须建立在对人物性格特征的合理把握和分析之上，而且要有一定的生活常识，掌握一定的人际交往技巧，这是“双新”背景下课程综合育人的具体体现。

**第六课时筛选题：**

【梳理示例一】

“细节描写”即对小说中细微典型的情节、环境、事物（物品）进行描写。请你根据这个界定，细读小说，圈划出你关注的细节描写，并以你喜欢的方式进行归类梳理。

【梳理示例二】

火车沿途的自然环境中有多处对香蕉林的描写、对小镇自然环境和居民的描写。请圈划出你关注的重要语段和语句。

**第七课时拓展题：**

近年来，我国涌现了不少网红“诗人”。有些网红“诗人”的诗歌被人评论为“俗不可耐”。还有一名小伙自创了“废话体”诗歌，他在走红后，甚至大言不惭地说自己是当代杜甫。网友戏称，世上本无诗，回车键按多了，也就成了诗。“把一句话分成几行写便是诗”的观点，你同意吗？请结合你喜欢的一首现代诗，谈谈你的看法。

此题考查学生对于现代诗本质问题的理解。题目取材于现实生活，能够引起学生的共鸣。要求学生能够从表面透视本质，理解作为诗歌应有的表达规范和价值意蕴。学生通过对诗歌的理解和对上述现象的分析，能够明白，不是任何话都可以被称为诗。诗是看到自然万物，感触人情冷暖，心中有感而发并通过运用一些创作手法而成的作品。而且，诗本身应富有韵律和美感，可以让读者共鸣。

**第八课时创作题：**

请以“青春”为话题，仿照闻一多的《红烛》，创作一首现代诗。

本题题目简单，但是对于学生的能力素养考查要求较高。要求学生在深刻理解现代诗的格式、规范、价值等基础上，结合自身生活感悟进行诗歌创作，这是实践能力和高阶思维能力在教学中的表现。在《红烛》一诗的写作中，闻一多化用了“红烛”这一古典意象，作为全诗的中心意象，赞美了红烛的奉献精神，表达了青春的困惑与希望。仿写时，要求学生注意体会诗歌以内在情感安排结构的方法，以及长短错落的诗句形成的节奏美感。此外，学生可以参考阅读闻一多的《死水》，深入了解他的“三美”主张，从而更好地完成自己的作品。

## 二、“双新”理念下语文作业设计的思考

在市西中学看来，“双新”理念下的语文作业设计，要超越传统的知识操练、心智训练、自我探究的“三维”划分体系，[1]承担更多更开放的立德树人价值。既要着眼于学科特点，充分考查学生对于文本知识的理解能力，更要着眼于学生核心素养培养，倡导学生在仿真的环境中学会利用知识分析和解决问题，这是作业设计应该坚守的基本逻辑出发点。

上述案例10呈现的单元，属于必修课程“文学阅读与写作”学习任务群的第一个单元，以“青春激扬”为人文主题，围绕诗歌、小说的阅读鉴赏展开作业设计。课程标准指出：“本任务群旨在引导学生阅读古今中外诗歌、散文、小说、剧本等不同体裁的优秀文学作品，使学生在感受形象、品味语言、体验情感的过程中提升文学欣赏能力，并尝试文学写作，撰写文学评论，借以提高审美鉴赏能力和表达交流能力。”同时，对该任务群的学习目标和内容作了如下说明：

其一，精读古今中外优秀的文学作品，感受作品中的艺术形象，理解欣赏作品的语言表达，把握作品的内涵，理解作者的创作意图。结合自己的生活经验和阅读

1 袁小梅.作业的内涵与减负的实践走向[J].教育探索，2016(02)：35-37.

写作经历，发挥想象，加深对作品的理解，力求有自己的发现。

其二，根据诗歌、散文、小说、剧本等不同的艺术表现方式，从语言、构思、形象、意蕴、情感等多个角度欣赏作品，获得审美体验，认识作品的美学价值，发现作者独特的艺术创造。

其三，结合所阅读的作品，了解诗歌、散文、小说、剧本写作的一般规律。捕捉创作灵感，用自己喜欢的文体样式和表达方式写作，与同学交流写作体会。尝试续写或改写文学作品。

其四，养成写读书提要和笔记的习惯。根据需要，可选用杂感、随笔、评论、研究论文等文体，写出自己的阅读感受和见解，与他人分享，积累、丰富、提升文学鉴赏经验。

本单元的人文主题是有关青春的体验和思考。考虑到学生刚进入高中阶段，正值青春年华，有必要让他们对青春、青年、理想有自觉的体会和认识，在经典作品的启发和引导下对青春的内涵、青年的责任进行思考，树立正确的世界观、人生观和价值观，养成积极向上、奋发有为的人格。一方面考虑到青春的时代性，因为青春主题在文学上的广泛分布，我们在作业设计过程中在结合教材的同时尽可能地拓展所选文学作品的范围，这些作品都与单元主题相关，突显价值观教育，有利于发挥教学的育人功能；另一方面，注意情境设置和任务统领，设计上既关注文本的学习，又注意拓展学生的语文生活，尤其突出语文的综合实践活动，为个体学习与合作学习预留了空间，便于深化学习"文学阅读与写作"任务群的教学。本单元的写作是学写诗歌。我们在作业设计时联系本单元的诗歌学习，激发学生表达内心情感的兴趣。树立诗歌写作正确的写作观，调动学生对生活的积累，引导学生从生活出发，从自己的内心出发。在与学生一起研读一些特点鲜明，形式相对简单的现代诗歌作品的同时，让学生理解和掌握现代诗写作的一些入门技巧，掌握诗歌如何分行，如何运用形象，如何运用常见的艺术手法，如何使作品具有音乐性、节奏感，如何锤炼语言。学写诗歌，我们不是培养诗人，而是通过写作，让学生进一步认识诗歌的特征，提高诗歌的艺术鉴赏水平。

课程标准将语文学科核心素养凝练为语言建构与运用、思维发展与提升、审美鉴赏与创造、文化传承与理解四个方面，这是语文课程要达到的终极目标。所以，我们在作业设计时力求以"语言建构与运用"为立足点和根本点，通过引导学生进行积极的语言文字运用实践，让学生在学习和运用语言的过程中自然融入和提升其他三方面素养。比如：第一课时 Z1004“默写时，高一(1)班不少同学将‘鱼翔浅底’的‘浅’错写成‘潜’，将‘万类霜天竞自由’的‘竞’错写成‘竟’。如果你是语文老师，你会怎样为学生讲解，以加深学生对正确写法的认识?”一题就有效落实了单元学习任务中指出的“注意感受词作的意境，抓住‘红透’‘尽染’‘碧透’等富有表现力的词语来欣赏这首词”。这一任务，通过设置符合学生日常的真实情境，引导学生赏析“浅”与“竞”在语义和意境上的表现力，从而带领学生体验诗词语言之美。从课程标准看，该题目有效实施了核心素养的四个方面，即通过创设真实情境，引导学生赏析富有表现力的字词，有效锻炼了学生的审美鉴赏能力、语言运用能力与形象思维能力，并在这一过程中，令学生对中国文化的先进性有了直观认识。再比如，第七课时 Z7003 的设计是让学生将《荷塘月色》里一段诗情画意的散文改写成一首现代诗。此题的设计旨在体现核心素养中的“语言的建构和运用”，以及更高层次的“审美的鉴赏和创造”。首先，学生要看懂散文中体现美的细节，然后通过其中意象的收集和创造，结合现代诗的创作方法，进而尝试创作出自己的作品。

我们在作业设计的过程中加强情境设计，以具体的情境为载体来设计作业和试题，体现出语文学习的综合性和实践性。希望我们的设计能让学生在具体情境中综合运用语文知识、技能和方法，突出真实情境下的语文自主实践活动，体会综合实践类、合作探究类、跨学科运用类等新型作业。比如第四课时 Z4003“1994 年 5 月 11 日，著名男低音歌唱家斯义桂先生，走完了他富有传奇色彩的七十九载春秋。2024 年 5 月 11 日，斯义桂先生去世 30 年之际，在先生的故乡——宁波奉化，一场音乐会将为斯人而作。请你结合余光中先生的《赠斯义桂》和所给的链接材料，以‘斯人已逝……’为主题，为这一场音乐会设计一段广告宣传词，150 字左右”。此题要求学生为音乐会设计一段广告宣传词，既要切合音乐会纪念“斯人”(双关语)的主题，又要体现广告宣传的文字特点。这一情境明确了身份、交流的场合与目的，模拟了社会生活中真实交流的场景。同时，试题还创设了学科认知情境，如整合诗歌与链接的非连续性文本，加强了试题的综合性。设计指向真实生活的写作任务，关注知识的融合与贯通，重视考查学生的语言、思维、审美、文化等综合素养。

我们也在梳理探究方面进行尝试，让学生对前后篇目的联系、前后知识的联系、前后探讨的问题的联系、前后方法的联系等多点联系进行比较分析，既发现它们共性的内容，又能看到它们的差异与联系，丰富、深化已有的认识。比如第六课时“作业前对小说中细节描写的梳理示例一、示例二”通过对小说细节描写的类型以及环境的梳理，引导学生比较深入地理解《礼拜二午睡时刻》的人物形象和主题，进而为小说“细节描写”这一单元学习重点积累更多的学习策略和路径。譬如：涵泳反复出现的细节、寻找细节与细节之间的内在联系，了解细节背后的社会历史背景、文化背景、文化心理；运用适切的方法，或从句式特点、语气，或从人物称谓，或从细节的创造力等角度展开有理有据的分析、赏析和评价；通过图文比照、微型讲座等富有体验性、选择性的语文活动，提升学生分析鉴赏的能力，克服分析“套路化”“浅表化”的学习困境。我们尝试以作业设计作为一种学习方式，运用真实的学习活动，力求呈现完整的发现问题、分析问题、解决问题、内化提升能力的学习全过程。

# 第四章

# 基于思维广场的跨学科融合式教学

《普通高中语文课程标准(2017年版)》强调，要打通语文学科和其他学科、语文学习和学生的生活世界，运用优质的素材和范例，激发学生的学习兴趣和动力，提高学生的语言文字运用能力。在这样的整体背景下，如何打破学科界限，着眼学生全面发展和核心素养的培育，实现跨学科的融合式教学，显然已经成为落实“双新”政策的重要范畴。

所谓“跨学科融合式学习”，是基于跨学科意识，运用两种或两种以上的学科观念以及跨学科观念，解决真实问题的课程与学习取向。它既是一种以跨学科意识为核心的课程观，又是一种融综合性与探究性于一体的深度学习方式，还是一种以综合主题为基本呈现方式的特殊课程形态，[1]具有独特的教育价值。跨学科融合式教学，能够打破传统学科独立教学中对于人才培养的局限性和片面性，着眼于全面发展的人，倡导学科和课程的综合育人价值。

在市西中学看来，不同时代的教育，有不同的人才培养目标。当今时代，学生思维能力和品质的发展是教育目标之一，思维的培育作为中学教育的重要内容，也已成为国内外基础教育研究实践中的普遍共识。高阶思维能力是创新能力、问题解决能力、决策力和批判思维能力的核心，近年来，对高阶思维及其培育的研究已成为教育的一个热点问题。然而在班级授课制中，教学空间通常封闭单一，教学基本为教师预设，学生学习呈现目标同质性、方式统一性、进程同步性特点，学习的主动性和独立性受到很大限制，极大地影响了学生创新素养的培育和思维能力的发展。[2] 基于这样的认识，从2012年开始，市西中学提出突破传统教室，以教学空间重构，迫使教与学方式的根本性变革。为此，学校首创思维广场，逐渐建构了“目标引领—自主研习—合作研讨—思辨提升”的教学流程，重构了学校教学的样态，促进了学生个性化学习与发展，[3]培育了学生高阶思维，也让学科融合的教学有了现实的依据和支撑。如今的市西中学，除了有思维广场标志的多维学习空间，草坪、学生宿舍、教学楼大厅、教师办公室外，还有1 023平方米的图书馆、21个创新实验

---

1 张华.跨学科学习：真义辨析与实践路径[J].中小学管理，2017(11)：21－24.

2 董君武.思维“广场”撬动教学方式深度变革[J].未来教育家，2019(07)：71－74.

3 董君武.思维广场，让跨学科融合式教学渐成常态[J].上海教育，2020(34)：47.

室，以及1 200平方米的漫思实验室。处处都有思维的火花在迸发；驻足课堂，你会发现这里充满了纵贯古今的对话、融通中西的智慧和启发心智的深思与激辩，让你分辨不出他们的主题来自哪个学科，运用的知识和技能来自哪个领域，[1]这实际上就是思维广场撬动的人才培养变革。而这种变革，实际上也为“双新”政策下的语文教学改革，特别是语文学科和其他学科的融合教学与创新提供了现实的依据和载体。

## 第一节　基于思维广场的语文教学整体要求

教学是兼具科学性和艺术性的活动，保证教学的育人效能发挥，这是任何教学改革的基本前提。这意味着，不论我们怎样改革教学的具体方式，都需要遵循教学的基本规范和要求。思维广场作为一种教学实施的新载体、新空间，其设计和运用的初衷是进一步激活课堂，培养学生的创新思维和综合素养。而要实现这样的价值诉求，一些基本的规范和要素必须遵循。因此，在进行基于思维广场的语文教学改革设计和实施中，我们首先对在思维广场背景中实施的语文教学进行了整体层面的制度设计，明确了教学的要求和规范，为教师的教学创新创造，提供基本的引领。

### 一、基于思维广场的教学常态

2012年，上海市市西中学提出突破传统教室，以教学空间重构，迫使教与学方式的根本性变革。为此，学校首创思维广场——一个宽敞通透、安全舒适、功能多样、半闭合半开放的学习空间。在这里，学生可以在线学习、阅读交流、自主作业，可以查阅文献、撰写心得、发布观点，也可以根据自己的需要选择参加主题讨论，其

---

1　方兆玉，薛婷彦.市西中学：八年思维广场积淀，探索跨学科融合教学[J].上海教育，2020(34)：42－46.

中创设的 6 个研讨室，可以更好地支持学生讨论或辩论，促进学生思维碰撞、观点争鸣。学校同期提出并践行优势学习理念，引导思维广场的持续实践，学校在语文、英语、政治、历史、地理等必修课程的教学中，逐渐建构了“目标引领—自主研习—合作研讨—思辨提升”的教学流程。教师备课设计学习任务单，明确学习目标、内容，提出学习过程、方法建议及反馈与评价要求，并确定讨论主题和时间、地点安排；学生根据任务单和自己的需要，自主选择学习目标与内容、时间与进程、方式与伙伴等，开展个性化学习。这项实践，荣获第二届基础教育教学成果国家级评选一等奖。

## 二、 思维广场教学内容的确定

思维广场——安全舒适、功能整合的新型教学空间——在语文学科的教与学的过程中，体现着学生个性化学习与培养学生高阶思维的价值定位。在这一特定的学习空间中，教师指导学生自主地选择学习内容、灵活地安排学习时间，追求学习效率的最大化。

在新型教学空间思维广场中实施语文学科的教学，我们不能拿现成的语文教材，搬个地方来上课。要突出思维广场课型的特殊意义，首先就要解决教什么的问题，然后才谈得上怎么教和怎么评价的问题。教学中选择的教学内容，要有选择的依据，不能是想起什么就教什么。如何拓展丰富多元与自主选择的学习内容，设计有讨论价值的、适切的教学内容和话题是我们每一个在思维广场上课的老师必须面对的问题。所以从三年前进入思维广场进行教学实践开始，教学内容的确定一直是语文组的实践课题，边实践边总结。

我们认为思维广场语文学科教学内容的选择，首先，要考虑教学内容和思维广场这一新型教学空间的关系。思维广场突破了传统教学场所“教室”相对封闭的学习空间的局限和束缚，给学生提供了半封闭、半开放的学习空间，为学生在学习空间与时间上的突破提供了可能。其次，要处理好教学内容和现行的教材的关系。如何把教材中的大量教学资源，带入思维广场进行教学，老师们也进行了大量有益的尝试。第三，关注教学内容与学情的关系。不同的学段，高一到高三六个学期，我们的教学内容的安排要有梯度、有层次性，要符合学生认知心理发展的梯度。第四，关注教学内容与培养学生高阶思维的关系。思维广场这样一种新型教学空间的课程设置，归根结底，还是要培养和提升学生的思维品质，因此探讨促进学习者高阶思维发展的教学内容设计，一直是语文组确定思维广场课程教学内容首先考虑的重要依据之一(见表 4.1)。

表 4.1　思维广场的语文教学内容体系

| 学期<br>年级 | 第一学期 | 第二学期 |
| --- | --- | --- |
| 高一 | 认识思维广场；<br>假期读书专题阅读交流；<br>历史典故、文化习俗；<br>教材的延伸与拓展。 | 假期读书专题阅读交流；<br>诗歌阅读朗诵创作发表；<br>社会热点、时事新闻；<br>教材的延伸与拓展。 |
| 高二 | 假期读书专题阅读交流；<br>古典散文阅读赏析讨论；<br>教材的延伸与拓展；<br>作文教学——审题及立意。 | 假期读书专题阅读交流；<br>哲理思辨、美学散步；<br>教材的延伸与拓展；<br>作文教学——逻辑关系的建立。 |

## 三、 思维广场教学的操作要点

启发学生讨论、质疑、辩论，有总结概括，有方法指导或理论提升；注重学生学习思考的过程，养成学生反思、提问、求解、批判等学习习惯，这样就会逐步形成问题意识，并在对问题的思考、认识、解决的过程中，培养合作精神、探究意识和研究性学习能力。

思维广场的教学空间由原先的相对封闭转变为半封闭、半开放，学习方式由过去的学生被动地由教师安排学习转变为学生自主地、有选择地学习，教学形式由传统课堂教师讲授为主转变为学生合作交流讨论探究为主。而且课堂中学习的材料由过去更多地依赖于课堂教材、训练材料等平面的书籍，转变为更多地依靠数字化的技术，实现多渠道获取信息。

就教师而言，要更充分地让学生活动起来，如主持讨论、参与讨论、记录讨论内容，可以给予学生更高的自主性。这样教师解放出来，就有了更多的时间投入到对学生学习状态的观察与指导中。

就学生而言，应倡导坚决摆脱被动学习（即不愿思考，只接受最后的结果），要学会主动学习（即接受性、体验性、研究性相结合的学习方式），积极参与学习，特别要注重学习思考的过程，养成反思、提问、求解、批判等学习习惯，这样就会逐步形成问题意识，并在对问题的思考、认识、解决的过程中，培养合作精神、探究意识和研究性学习能力。主动学习的意识、问题探究的意识、合作学习的意识，这三个意识必须在思维广场的教学中贯穿始终。换言之，学生的这三个意识的树立与完成，意味着思维广场教学的成功。

## 四、 思维广场课的过程管理

任课教师提前一周完成“思维广场任务单”“思维广场预约单”的设计和印制，并在 TeachAI 平台上向学生传送任务单，提醒学生自学，查找相关内容。

强化学生自学阶段的管理。学生提前到场进行预约，在自主学习时段，教师要巡视，特别是准备参与、已经预约了讨论的同学，要认真查找、准备讨论话题，形成自己对问题的看法，并有理由、有依据；学会自学，无论是阅读还是查找，都要提高效率；老师在巡视过程中，也可以和同学交流、沟通对讨论话题的看法。

在小组讨论时段怎样加强管理，是决定了这样一种课型能否取得很好的效果的关键因素，包括同学们讨论时的规则的养成。教师的主持或学生的主持，要调动讨论气氛，要明确讨论规则，要强调任务推进，要启发讨论质疑，要有总结概括，要有画龙点睛的方法指导或理论提升。

特别要注重学生学习思考的过程，养成学生反思、提问、求解、批判等学习习惯，这样就会逐步形成问题意识，并在对问题的思考、认识、解决的过程中，培养合作精神、探究意识和研究性学习能力。

## 五、 思维广场课课后的评价策略

学生在讨论前与后，要分别完成教学任务单相关内容：

（1）教师进行批阅打等第，对学生的讨论准备、讨论记录、后续补充学习，都给予即时评价；

(2) 利用学分绩点制 App 对学生的作业以及课堂讨论情况给予即时的加分奖赏,鼓励学生在课堂上的表达,特别是个性观点的表达;

(3) 在课程中间及结尾安排优秀作业展评,作为一个很重要的评价环节;

(4) 学生撰写学术论文,论文集印,教师评价打分;

(5) 学生随时会把自己的学习内容、学习过程记录在《个性化学习实践与指导手册》上,学会评估自己的学习进展,反思、矫正和促进自己的学习。

上述基本规范是我们已经在实践中探索形成的教学遵循,着眼未来,我们会进一步研究这样一种基于新型教学空间"思维广场"的翻转课堂的语文教学形式;进一步研究这样一种语文课堂形式对学生语文能力、思维品质的影响。这些研究具有可操作性和推广价值。

## 第二节　思维广场引领的跨学科融合式教学变革

跨学科融合式教学是当下课程教学改革过程中普遍得到重视和广泛运用的教学样式,但是在跨学科融合式教学的过程中,也有一些简单和片面的认识,导致"不同学科简单相加""讨论话题和知识呈现过于简单""教学规范性不足"等问题。在市西中学看来,跨学科融合式教学,绝不仅仅是一种不同学科在教学上的简单"拼盘式"叠加,而是要基于共同的主题,通过精心的编排,更好地实现学科综合育人的价值。因此,学校注重语文学科与其他学科融合式教学的教学过程重构以及思维广场融合式教学任务单的设计,确保融合式教学的理念真正得到呈现。

### 一、跨学科融合式教学的整体设计

为顺利开展高中语文跨学科融合式教学,我们对跨学科学习的教学流程、研修流程、备课流程、教学内容和学习评价等进行了一系列思考与设计,让整个教学过程在一个循环往复螺旋式上升的过程中逐渐推进展开，让跨学科融合式学习的理念通过有效的整体性设计得到淋漓尽致的呈现。

（一）教学流程的建构

第一，由于跨学科融合式教学会涉及多门学科，因此在每次教学过程中首先要确立一门学科为主导学科，主导学科是此次实施教学的认知对象和目标。第二，主导学科与其他学科教师在集体备课过程中要依据实际教情学情，共同商议讨论并制定本次跨学科融合式教学的核心目标。第三，参与的其他几门学科作为辅助，为完成主导学科所提出的核心目标搭建教学支架。第四，为丰富和拓展学生的学习视野，打开学生思维认知的窗口，各学科组要精心编制预学资料包，为学生提供跨学科学习的资源供给，同时还要提供本学科在思考和解决问题中的思维方式与思维路径。第五，各学科围绕核心目标，再次共同研修，同时要设计一份跨学科融合式学习任务单。第六，围绕学习任务单，结合课前完成的预学任务，在课堂教学过程中以问题或主题等多种形式为引领，学生围绕学习任务进行分析研讨，课后完成相关作业。

（二）研修流程的建构

跨学科融合式教学方式有两种：一种是一人多科，即教师独自一人承担分学科、多学科和跨学科的教学任务，这对教师自身的学科素养提出了非常高的要求。另一种是组建一支教师团队开展合作教学，通过来自不同学科的教师共同研修，以合作的方式来达成跨学科教学的目标和任务。目前，我们主要采用的是第二种方式，分别在高一和高二年级组设立了两个融合式教学研修小组，小组成员主要来自语、英、政（哲）、史四个学科组。

首先，围绕主导学科提出的核心目标，各学科组独立备课，建立本学科的分目标，选定与之相关的教学内容。其次，本年级组的备课组教师集体备课，共同就各自拟定的教学分目标和教学内容进行研讨分析。再次，两个年级大组进行更广义层面的集体研修，分享各自年级组在集体备课过程中所面临的问题，进行更深入的研讨。两个年级组教师互相学习，相互借鉴，取长补短。最后，两个年级组的学科备课组长再次集体研修，确定最终的课堂学习任务单。这样的研修，是一个反复酝酿、反复质疑、反复求证的过程。在这个过程中，通过各学科组教师集思广益，教学目标、教学内容和教学任务得以不断改进与不断完善，教学目标会越加清晰，教学内容也更贴合教学实际。在不断完善的过程中，教学任务的设计也趋于精准合理，最终达成较为完善的教学共识。

（三）备课流程的建构

跨学科融合的目的和价值主要体现在解决问题上，尤其是有效地解决学习生活中的一些复杂情境问题。跨学科融合式教学中的问题设计是要通过各学科备课组集体备课，围绕主导学科提出的核心目标共同研究设计完成的。当然，这其中还要充分尊重学生的学习体会和感悟，要将学生在学习过程中所遇到的困难和问题，与教师在研修过程中所预见的问题进行很好的融合，尽可能达成学生在分析问题和解决问题中的学习预期。对于教师来说，在解决这些实际问题的过程中，能自由、多元、开放地培养学生在这方面的思维能力，就是跨学科融合式教学的价值所在。

为此，我们围绕"问题设计"这条主线，试图建构一套学科组的备课流程：第一，各学科组独立备课，提出可供选择的研习话题。第二，分年级组筛选研习话题，并确定这些话题初步聚焦的核心话题。第三，分学科组确定自己的分目标，之后合成确定融合式总目标。第四，再次回到各备课组提供的预学资料包，并确定讨论主题。第五，正式合成讨论主题，形成学习任务单。在这套备课流程设计中，我们针对"问题设计"在适配性和可操作性层面不断地推演和分析，整个研修过程就是一个螺旋式上升的过程。在备课过程中对问题的设计往往是显性的存在；而在解决这些问题的过程中，学生能将学到的融合式思维方式运用在对问题的分析和处理上，却是隐形的。其实，这一点也是我们最期待看到的，跨学科融合式学习不是依靠单一的学科课堂教学能实现的，我们更关心在跨学科融合式学习的过程中，是否能在学生思维方式上体现出跨学科融合的关联性和可行性，这一目标追求对教师的教学工作提出了非常高的标准。

（四）教学内容的建构

教学内容的建构是整个教学体系的核心，它承接教学目标，直接决定教学活动的组织以及教学评价的设计等环节。跨学科融合式教学的内容源于真实生活中的实际问题，用多学科知识解决问题，在解决问题的过程中运用和学习跨学科知识。因此，融合式教学要使学生的学习回归真实生活，教学内容要体现跨学科的综合性、多元性和开放性，要注重学生学科素养的培养。

为此，我们的教师要从课前预学准备，到课堂教学聚焦，再到课后任务延拓三个角度思考，立体综合地建构一个教学框架。我们主要从以下四个方面着手设计：一是如何筛选出合理的本学科教学内容，与其他不同学科的教学内容和思维方式进行有机对接，并形成跨学科融合式教学内容。二是如何精心设计和建构跨学科预学资料包，尤其是如何在拓展学生开放的学习视野的格局中，通过各学科组互相协作，共同建设跨学科学习资料库。三是如何通过不同学科间教师共同研修，围绕学习资料包构建的预学任务，设计"真实的"学习任务场景，精研跨学科问题、主题或研究课题等，并以此为方式引领，设计出不同层次的探究学习任务，引导学生进行学习。四是如何有效设计跨学科融合式作业，巩固和提高学生在跨学科融合式教学之后对所学内容的沉淀与思考。

在这四个内容环节中，笔者就第二点和第三点做主要分析。正如前文所说，融合式教学的关键是在教学过程中，教师能自觉地将跨学科融合式教学的理念和实践渗透进学生日常的学习生活中。这样的学习过程也是学生思维不断跃进和提升的过程。为了更好地引导学生展开学习，预学资料包的编订对学生学习而言，就要具有一定的引领和指导作用。关于预学资料包的编订，笔者认为首先要符合两个原则。第一，开放无边界原则。教师要多角度地提供学科资源，目的就在于不要去固化学生的思维，而是要激活学生的学习兴趣。资料包内容的选定是为学生打开一扇扇学习的视窗，是给学生在学习资料包的过程中提供思维发散的可能。我们要充分认识到学生能站得多高、看得多远，与预学资料包所提供的学习资料的质量有很大的关系。第二，全面有序原则。教师要尽可能地全面整合学科资源，学生能在阅读过程中挑选他感兴趣的点进行深入思考。因此，资料包的选定，不要只关注本学科的课程内容标准，只要相关的，都可能会成为学生选择的学习资源。学习材料也不能只是立足于提供材料本身，编选的学习材料要围绕学生思维认知发展的需要，由浅入深、由表及里、由易而难逐层有序推进，要让学生在预学过程中，逐层提升自己思想认知的高度和深度。

其次，在预学任务的设计与资料包的关系处理上，要关注以下三个方面：一是预学资料包除了提供阅读资源，还要在创设学习情境上下功夫，它是引导、促进学生经验改组与整合的重要基础。二是预学资料包的组织应以主导学科的核心问题为中心，以丰富学生的认知和情感水平为基点，既要与学生已有的经验相联系，又要有一定的开放性和启发性，还能形成对学生既有经验的挑战。三是要有助于把学生的所思所想、能思能想、应思应想联系在一个学习情境中。因此，学习内容的组织需要专题化。

再次，学习任务中主要问题的提出和设计，是开展融合式教学的关键所在，是最需要教师颇费周折与精心设计的教学内容。比如主要问题的设计可以从以下几个角度进行准备：从分析概念的实质入手，提出问题；从对比联系的角度入手，提出问题；从问题发散的角度，提出问题；从假设推断的角度，提出问题；从批判思辨的角度，提出问题。参与融合式教学的各科老师，都是自己学科领域的研究者，每个学科都可以提供不同的学习视野，学生在老师的启发引导下，能从不同角度理解所学到的知识。在设置预学资料包和设计问题的环节中，我们不要用学到多少知识来衡量学生是否成功，而是要从发展了学生多少思维能力、思考解决问题的能力为教学追求的目标。因此，我们要尽可能多地提供丰富的发散性的思考可能。除了每个知识点要挖深挖透，还要关注激发学生的兴趣，培养学生的思维能力，这样才能体现思维广场跨学科融合式教学的价值和意义。

（五）学习评价的建构

跨学科的课程整合，是主题统整、学科跨界的大课堂实验课，是围绕目标实践探究的跨领域学习课，是视野开阔、层面更高的生命化教育课。正因为这类课程的特殊性，我们就不能只是简单借鉴基础性课程的评价方式和标准。跨学科融合式学习评价要关注测评学生在核心素养上是否得到发展。可是，学生的核心素养发展程度很难以一个指标或数据来量化。因此，在评价方式上，我们主要采用过程性评价为主、总结性评价为辅的多元评价方式。在过程性评价方式中，我们可以就学生在课前、课中、课后三个学习阶段中所表现的核心素养、实践能力和探究意识进行评价。比如，可以通过过程性学习过程量化记录表、随堂测试、课后论文写作、课题研究报告等方式进行，也可以通过教师评价、学生自评等方式进行。其实这些评价真正的目的是让学生体验在真实情境中探究学习的过程，从而热爱学习、热爱生活。

## 二、学习目标确立的原则

跨学科融合式教学的目标是培养学生使用已有知识来解决问题的能力，将校内学习的知识与现实生活中的问题联系在一起。学生应当学习如何运用已有的单一科目知识，并进阶综合来自不同学科的知识，将自己的学习置于更广阔的视角之下，运用更多的学科方法和思维方式来解决问题，并突破自己原有的思维定势和知识体系。如果学生在学习中能够生成新的问题，这样的问题往往是跨越学科之间的界限的。由此，学习目标的确定不仅限于某一门学科知识目标的确定，而要超越知识目标，注重培养学生解决问题的实践能力及思维习惯，重点应关注过程与方法的效果。

【案例 11】

学习目标——融合式课堂的基石

**主题：选择**

通过分析“选择”的内涵，认识学会选择的必要性及意义，进而在学习历史及现实中的选择、文学作品中的选择的过程中理解“选择”的复杂性。培养学生在自己的生活中做到敢于选择、理性选择，又能在价值与利益产生冲突时做出正确的选择。

“选择形成责任”。对于高中学生而言，人生道路的可选项就如超市货架上琳琅满目的商品一般令人眼花缭乱。跨学科教学的学习目标正是结合不同学科的特性、不同角度论述有关选择的问题。既可溯流而上，以今映古，选取在“后见之明”视角下被判定为“成功”及“失败”的选择详细分析；也可立足中国的奋斗历程，带领学生回顾百年风云激荡下无数大人物及小人物们足以彪炳千秋的抉择；更可结合具体的中西方时空背景，客观看待文学人物选择的契机，其选择背后的心理，及选择带来的影响。我们要培养学生既理性分析眼前的选择，不为外界声音所惑，又学着坦然接受伴随选择而来的遗憾和懊恼，勇于承受选择带来的后果。

## 三、学习任务设计的标准

在学习中，所有的参与者——学生和教师——都拥有不同的兴趣领域、知识储备领域、专业技能领域，他们每一个人都掌握着一些关于某一主题的知识，以及一些需要学习这个主题的内容。什么样的主题或者情境才能更好地激发参与者的已有知识，或满足参与者的求知需求，这是最值得我们思考的。

1. 第一类主题的选择方案

由合作跨学科融合的四门学科中的一门学科根据自己的学科基本要求、学科核心素养、学科培养目标等来确定一个主题。另外三门学科进行辅助配合，将自己的学习内容、任务方案也趋近于主导学科的主题。在这一类主题的选择中，主导学科应当更加注意到主题选择时要充分考虑其他学科的可适配性和兼容性，尽量不选择学科专业特别封闭的话题，而把较为开放的话题和任务作为首选。

【案例 12】

### 学习主题——各学科能力的融合

“读革命文学，品革命精神”这一主题由语文学科主导，这一主题与语文选择性必修教材“中国革命传统作品研习”任务群下的“伟大的复兴”单元息息相关。由于该单元作品涉及不少历史、政治的知识，因此有跨学科融合的必要和价值。从文本出发，品味、理解作品中蕴含的革命精神；借助其他学科的力量更广泛、更多元、更深入地理解革命精神的丰富内涵；以某个历史时刻作为关注点，由点到面地形成更完整的认识，能够有助于培养学生的思考方式；从个体身上去体会家国情怀，也是我们当代中学生可以学习的。

2. 第二类主题的选择方案

由跨学科融合合作共同体的四门学科共同讨论，得出一个或多个，甚至是成系列的话题。这种主题的一般学科专业领域的色彩不明显，更多的是源于某个社会问题、社会现状、社会话题，它有利于所有学科更加充分地投入到融合中，关注学生在学习过程中会思考哪些问题，以发挥更好的作用。这类主导学科教学主题的设置，既符合“融合”式学习要求，也符合新教材编写“大单元”“大任务”的要求。

【案例 13】

### 情境主题——多学科思维的契机

主题“变化”——变化是永恒的主题。主题“变化”由英语主导学科提出，高中英语上教版必修一第四单元的主题课文介绍了从二战时期至今的房子，引发学生们对不同时代的幸福生活标准的思考。通过必要的反思与实践，从不同角度论述有关变化的问题。可结合不同学科的特性和不同时代的特点，讨论变化的内容、变化的意义、对待变化的方式和态度，并做出积极的改变以及用积极的心态应对所产生的变化，关注到社会与自然的变化。

## 四、学习任务单的编制

学习任务单的使用，是当下课程教学改革的一个重要特色，对于整体推进和优化教与学行为，全面提高学生语文素养具有积极价值。通过任务单的设计，教师布置学习任务，学生根据任务和提示自主完成任务，教师是一个辅助者和参与者的角色，学生既能够通过自己的思考实践来完成活动内容，又能够感受到学习的乐趣，有利于激发学生的综合能力。[1] 在推动思维广场引领的学科融合教学过程中，我们也注重通过学习任务单的设计开发，引导学生更好地开展学习，将融合学习的理念在教学中更好地贯彻落实。

### （一）基于社会情境的设计

讨论题设置立足于历史背景和时代发展，从生活情境、社会情境或学术情境等具体情境入手，在体现学科核心素养的同时，还要体现融合性，一般以单一学科特征是否明显作为主要判断依据，包括学习内容、最终思维达成的目标、学生需动用的知识与方法等。给学生二元化、多元化思考的空间，引导学生对当下现实的思考。

**【案例 14】**

### 情境化思考　多元度关联[2]

“一带一路”沿线要开设“国学讲堂”，需要招聘院长和教师，假如孔子、孟子、老子、庄子和墨子都来应聘，你觉得他们谁适合做院长，谁适合做老师？请阐述自己的理由。

讨论题以“‘一带一路’沿线要开设‘国学讲堂’”为情境，这样自然要求学生联系“古丝绸之路”的历史知识，并结合当下“一带一路”的政治意义来思考“国学教育”的问题。“孔子、孟子、老子、庄子和墨子都来应聘，你觉得他们谁适合做院长，谁适合做老师”的设置，目的在于引导学生在立足文本，了解作为领导者的院长和

---

1 周吉.基于自主学习能力培养的学习任务单设计研究[D].上海：上海师范大学，2018：4.

2 此案例由张屹老师提供。

作为教育者的教师不同身份的同时，展开“头脑风暴”，潜移默化地理解诸子的思想学术在当下的现实意义。

（二）基于学生个性化需求的设计

学习任务单设置成个性化的学习，学生可以根据兴趣和需求自由选择学习任务，宽泛的自由选择度和一定量的可选性经过排列组合会使得在融合式思维广场的学习中没有任意两个学生的学习是完全一样的。每周的学习任务单是经过精心规划的，是成系统性的，一学年的任务单的主题是围绕着本学年学校跨学科融合式学习的大主题思想设计而成的。

【案例15】

## 聚焦性思考　螺旋式提升

讨论“交流”主题，各学科围绕总目标及学科分目标共设计了28题。我们将其分成三个板块，分别为“人与人”“人与自然”“文明与文明”，从不同的角度探讨交流的形式、内涵与价值。特别需要关注的是，不同视域下的“交流”，有哲学思辨的角度，有不同时间维度、不同类型的交流。通过对人类文明交往案例的分析讨论，能够尊重人类多元文明，客观看待交流带来的影响；交流中人类认识世界的视野大大扩展，认识世界的能力不断提高；交流推动人类社会的进步与变革，也会带来新的灾难与苦恼；人类在交流中逐渐联系成为息息相关的整体，培养全局眼光和国际视野。

（三）基于多元能力培养的设计

学习任务单的作业或任务需学生动用多学科的知识及方法，能够提升学生的各学科能力或综合能力，有助于突破学生原有的知识体系框架或生成新的跨学科问题。通过引导学生进行积极的语言文字运用实践，提升学生的语言文字建构与运用能力，为他们今后对问题、学科、社会现象的看法和分析打下基础。

【案例16】

## 打开学生思维的触发点

请结合思维广场讨论，围绕“梦想”这一主题写一篇演讲稿，题目自拟，中英文皆可，500 字左右。要求：观点鲜明，围绕观点进行理论论证和事实论证。

这一作业结合了高一学生正在进行的生涯规划和心愿封存活动，从青少年学生爱做梦的特点出发，引导学生将视野从个人拓宽到社会、民族与国家，并尝试进行关于学习方法的指导。引导青少年学生通过不懈的努力把梦想变为现实，也为实现国家和民族的共同梦想履行使命、付诸实践。

上述基于学习任务单的跨学科融合式学习，不仅加深了学生对多学科知识的融会贯通能力，锻炼了学生的综合素养，提升了学生适应新高考的思维能力和知识运用水平，也在实践当中不断激发教师的反思，让教师能够始终通过一种反思者的角色介入课堂，为实现“教学相长”提供了载体。

## 五、 跨学科融合式教学实施

学校开展以“思维广场”为起点，形成“目标引领—自主研习—合作研讨—思辨提升”的教学流程，以及独立与合作、线上与线下相结合的教学模式，引导学生在思维碰撞、对话辨析、交流分享中，展开优势学习，实现教学深度变革。

### （一）自主研习

在跨学科融合式思维广场的教学前，先要求学生完成预学问题，各学科教师精心编制预学资料包，为学生提供跨学科学习的资源供给。预学资料包的编订为学生的学习起到了一定的引领作用，引导学生对现实生活展开更深层次的思考，激发学生在讨论前主动地发现问题，自觉地思考问题。

【案例 17】

### 自主探究　建构自适应学习网络[1]

本案例是学生在讨论前的一次预学准备。学生先结合任务单的学习目标和主题，阅读预学要求，在大致理解学习要求的前提下再选择感兴趣的场次进行准备，这样就可以有效避免讨论时“一叶障目，不见泰山”的问题。在题目的准备环节，学

1　此案例由杨俊杰老师提供。

生先仔细审题，把想到的相关的讨论点全部写下来，再根据教师的预学资料包，搜索资料来充实观点，在此基础上进行观点和思路的整理，譬如跨学科融合式思维广场的讨论题4(见下图)。在学习的过程中也应当关注其他的讨论题，任务单的各个问题都看似独立但又息息相关，将不同的讨论题相结合不仅可以帮助学生更好地理解自己选择的题目，还可以拓宽认知，从而更好地完成一次跨学科融合式学习。

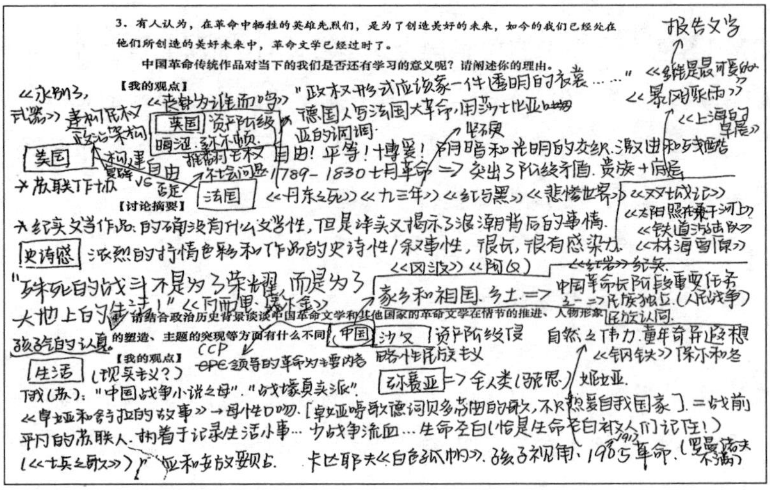


（二）合作研讨

思维广场跨学科融合式教学尽可能地挖掘教学过程中不同主体间的合作和互动，促进不同学科间互相交流，取长补短。师生、生生互动就更加显而易见了，虽然在讨论过程中时有不同的观点出现，但是这种观点的碰撞恰恰是思维广场融合教学的魅力所在，在师生、生生共同合作探究、辨别分析问题的基础上，学生与老师之间、学生与学生之间都产生了诸多思维的火花，达成最终的价值认同，甚至延伸到思维广场教学之外的空间，引发学生的深度学习和深度思考。

【案例18】

## 合作交流　外显思维

★ **讨论题目：** 在团队合作中，你更愿意和具有哪些品质与能力的人合作?

生1：我觉得在团队合作中拥有创新能力最重要，因为如果没有创新的话，所有人都是一个人，那么一个人能干的事情那么多个人去干，是不是把效率给降低了？

生 2：我觉得创新在团队合作当中没有那么重要，我觉得一个人需要在团队合作中有自己的积极性。

生 3：我的观点跟前面两个观点还是有一点相近的，我觉得在合作中每个人都要能坚定自己的立场，合作并不是一个人云亦云的过程，如果这样子随波逐流，那么合作就成为了某一个人的演讲。

生 4：我比较喜欢和那种做事有条理有逻辑，理性大于感性的人合作。

生 5：对，我觉得生 4 说得很好，团队合作的确是有一个条理的过程，逻辑的排列是非常重要的，因为这样可以帮助我们更好地厘清思路来做好这件事。

生 6：我觉得生 5 这个观点非常正确，但我觉得他其实想说的不是有条理，应该说是有远见，他需要谋略，有一个明确的计划。

生 7：我补充生 6 的观点，还有一种有组织能力、能领导管理的人，我认为一个团队需要有组织能力的人，他可以把团队任务协调得很好，防止组内产生过大的矛盾，然后内耗，导致没有办法呈现一个很好的作品出来。

这场讨论是由学生发起并主持的，这道题目来源于班级组织的团队合作之中，有一部分可能被称为“社恐”的人，因害怕自己的能力不与他人的需求相符而十分的尴尬。在整场讨论中有不同主体间的合作和互动，比如不同学科老师之间、老师与学生之间、学生与学生之间，他们从不同的角度，在面临复杂问题时，以真实生活情境中问题的提出、分析和解决为载体，统整不同学科的学习方式，将不同学科所蕴含的知识技能、研究方法、思维方式、实践活动、精神内涵进行融合，让学生有机会跨越学科边界去整体认识复杂世界。

### （三）思辨提升

市西中学一直致力于培养学生自主学习的能力，提升学生思维品质。不同的学习活动形式促成了不同层级思维水平的体现，激励引导学生对某个问题进行探讨、追问、补充、反驳。在跨学科融合式学习中，帮助学生激活学习动机、调动情感和思维，运用各种高阶思维去探究自己感兴趣的项目或现实生活中亟需解决的问题，这无疑对高阶思维的培养非常有效。这是满足自我需要的学习。

【案例 19】

## 思维碰撞　审辨思考

★ **讨论题目**：在中国文化轴心时代的春秋战国，学术上“百家争鸣”较为典型的即是儒墨之争。儒家讲“爱人”，墨家讲“兼爱”；前者强调“亲亲”“尊尊”，后者则主张爱不分厚薄亲疏。在当今时代，你觉得哪种观点更具有价值和意义？

**学生分组讨论辩论策略，“儒墨交锋”，自由辩论**

儒家·生 1：首先讲一下儒家和墨家观点之间的区别。儒家讲“爱人”，重点在于爱是有远近亲疏、差等之分的，我认为儒家的“爱人”，其实是一个注重修身的过程，先修己，然后才能齐家、治国、平天下，它注重的是一个由己及人的过程，就像资料包中补充的《乡土中国》中的差序格局。而墨家的“兼爱”认为爱不分远近，要求对每个人付出同样的爱，但是实际上，我认为我们无法做到对每个人都付出同样的爱，就像我们对待自己的父母和他人的父母时，不可能付出同样的爱，因此我认为儒家的观点在当今社会是更有价值的。

墨家·生 1：这位同学讲的一个最大的问题在于讨论的是观点本身，较少涉及对于社会价值的分析，我想先探讨一下墨家对社会的价值和意义。从政治学科的观点来看，基于我们中国的现状，我们期望要达到的一个社会，类似于墨家讲究的“兼爱”，这是一种社会理想，就是说如果我们对每个人都抱有同样的爱，去努力达到这个标准，就能使得社会变得更加团结，社会效率变得更高。如果像儒家一样讲究爱有远近亲疏，可能会造成更多的矛盾。

……

儒家·生 5：首先，儒家和墨家本身的话都是爱人，所以我们不用把它搞得那么矛盾。儒家和墨家刚开始的时候，其实都是强调社会的和谐，而儒家强调的是贵贱有别，亲疏有别，这对社会的和谐是有很大的帮助。

墨家·生 5：我想补充一个现象，现在国际上的一些科技奖项和学术奖项，越来越多地出现获奖者是联名的现象，就是有许多学者一起合作、完成了一个课题。那么，对于墨家强调的“兼爱”，我觉得没必要框定在互相爱、互相尊重的含义范围里，可以对其进行扩展。

本案例主要以辩论交流的形式引导学生了解儒墨相争的历史，并结合现实问题思考如何应用古代先哲的智慧。课堂以“相争”起，以“相用”结，学生通过对儒墨两家的分析，有了更多层次的思考角度，在共同的现代课题面前变“争”为“合”。在口头交流中，分析问题、激活思维；能审辨地来看待问题，对比异同，体会逻辑力量；实现对自身的观照，获得启发和反思。

### 六、跨学科教学实施的保障

完成一次跨学科融合式教学是非常不易的，以传统教研组研修为主体的备课方式是无法完成的，我们必须重新再造一个全新的研究模式来完成一整套严密的流程规范。跨学科融合式教学对教师提出了挑战，教师不仅需要具备本学科的专业知识与能力，还要具备相关学科的基础知识与素养，这就需要立足学习共同体的建构，加强教师的集体研修。我们在项目实践中，建立了分学科教师、年级全学科教师和跨年级全体教师三个层面的研修制度，并采用“合—分—合—分—合”五步研修法，完成一次跨学科融合式的教学设计。

其一，人员配置方面，由各学科教研组长带领组内精干学科教师团队建成一个新的庞大的跨学科教研团队，人员相对固定，可以根据教学内容的需要流动团队成员，团队核心教师需要具备极强的学科教学能力及团队协作管理经验。

其二，时间配置方面，每周会安排固定的跨学科团队研修时间，以确定教学实施的每一个步骤和环节，尤其关注在研修的过程中将融合一步步渗透到教学的各个范畴和环节中。

其三，流程安排方面，教师的研修采用的是项目式学习的方式：各个学科围绕主导学科提出的主题设计，根据自己的学科特点和任务目标进行研讨分析。每次研讨也俨然是一次“思维广场”的学习，在反复酝酿、不断完善的过程中，最终达成思维共识。

**【案例 20】**

#### 集体研修　促进思维[1]

★ **历史备课组组长：** 本次讨论我们设计的主题是“选择”。这一主题的设计大

---

1　此案例由陈思燕老师提供。

到国家道路的走向，小到个人作息的安排，“选择”一直与人的生活如影随形。我们可以从不同角度论述有关选择的问题。历史学科可溯流而上，以今映古，选取在“后见之明”视角下被判定为“成功”及“失败”的选择详细分析，结合具体的时空背景，客观看待历史人物选择的契机，其选择背后的心理，及选择带来的影响。

★ **政治备课组组长：** 政治学科可立足中国的奋斗历程，带领学生回顾百年风云激荡下无数大人物及小人物们或大或小却都足以彪炳千秋的抉择。可结合政治学科的特性讨论选择的类型、选择的条件、选择的代价及后果、对待选择的方式和态度等。

★ **英语备课组组长：** 结合历史的导语，通过对罗伯特·弗罗斯特的“一片树林里分出两条路——而我选择了人迹更少的一条，从此决定了我一生的道路”的赏析，英语学科可以谈谈选择的影响、选择的态度，也可通过学习与就业的选择进行讨论，如社团选择、高三同学专业的选择。

★ **语文备课组组长：** 语文学科结合文学作品如《光荣的荆棘路》《群星闪耀时》《拿来主义》等思辨性地分析“选择”的内涵，认识学会选择的必要性及意义，进而理解“选择”的复杂性，从而在自己的生活中做到敢于选择、理性选择，又能在价值与利益产生冲突时做出正确的选择。

在这个案例中，我们可以看到研修的具体步骤：

第一步：首先由各学科上报各自主张的下一次教学主题，集思广益，优中选优，最终确立优势选题。

第二步：针对这个选题，制定教学总体目标和各学科分目标，并清晰阐述各学科分目标与总目标之间的关系。

第三步：各学科根据总分目标，开始制定本学科的融合式讨论话题或学习任务（7个以上），并在下一次的团队讨论中根据所有学科的综合考量进行筛选并最终确定每门学科的讨论话题或学习任务。

第四步：按照讨论话题和学习任务，各学科为学生搜寻预学资料包和预学学案。

第五步：设计一个与大主题相适应的学习作业或任务。

第六步：合成思维广场跨学科学习任务单。

第七步：教学完成后，收集任务单的反馈信息，着重关注主题设置的合理性、讨论话题和学习任务的合理性、学生在学习中的现状分析等。

## 七、问题讨论与反思

跨学科融合式教学的积极意义是显而易见的，但我们也必须认识到跨学科融合式教学在不断实践的过程中还存在许多不足，需要认真总结和反思。

（一）跨于形融于神

跨学科是一个相对简单的教学组织模式，融合才是高阶的教学实施策略。一般最容易出现的问题就是形式上是跨学科的，但实质上不能体现融合式教学的目的。有时一次跨学科融合式学习的主题设置得不太理性，过于偏向某一门学科，另外三门学科就会很难融合，会出现牵强附会的讨论话题和学习内容，或者就是四门学科只是套在同一个主题下，各自还是上着单一学科的知识内容，培养单一学科的能力和思维方法，如何规避上述情况的出现，是我们跨学科融合团队研修的重中之重。

（二）学习目的的挑战

学生在一段比较漫长的时期都已经习惯并适应了单一学科的学习，获得单一的知识和思维并获得良好的成绩。学科与学科间有很大的鸿沟，但单一学科学习中的内容和结论是清晰而肯定的，考试标准是划一的。而参与到跨学科融合式教学中，知识内容与结论的重要地位下降，突破原有的思维定势和知识体系上升到了新高度，解决问题和提出新问题成为研究学习的重点。

（三）学习评价的可操作性

在跨学科融合式教学实践中，对于学习的评价，要超越对知识和技能目标达成的过度关注，更多聚焦于学生能力、素养和思维的培育。在学生 4 门学科连续 4 节课的学习之后，我们不能简单地评估学生习得了什么知识，掌握了什么技能，而是应该重点评价在这 4 节课中，学生生成了哪些创新性问题，突破了哪些固化性思维，创生了什么独特性观点，这对跨学科融合式教学评价提出了新的任务。

# 第三节　语文学科借助思维广场的教学创新

融合式教学理念，不仅仅体现在学科之间，也适用于学科内部。运用融合式教学理念，打破学科知识原有的界限，围绕学生学科核心素养的培育，实现学科教学内容的重新梳理和整合，进而通过主题式的教育教学活动进行呈现，这也是融合式教学理念在当今教育教学体系中的重要运用方式。

基于这样的理念，在借助思维广场开展教学创新的过程中，市西中学除了倡导语文学科与其他相关学科的学科间融合学习创新，还注重探索学科内部的有效整合与创新之道，同样通过学习任务单的设计，借助思维广场，实现语文教学内部各教学要素的有效整合和呈现，提升"双新"背景下的语文教学效能。

## 一、提升"学科核心素养"的教学策略

《普通高中语文课程标准(2017年版)》关于"整本书阅读与探讨"的学习任务群要求学生："联系个人经验，深入理解作品；享受读书的愉悦，从作品中汲取营养，丰富自己的精神世界，逐步形成正确的世界观、人生观和价值观。"[1]可见，课堂教学的结束不是终点，而是学生个性化阅读、自主学习，享受读书的乐趣，丰富自己的知识体系，树立正确三观的起点。

那么，如何让学生自觉地、主动地达到这一效果呢？语文课所特有的，具有语文味的内容怎么体现呢？最终如何为学生的语文学习服务呢？我们可以尝试引导学生在文学作品中验证思维广场中所学到的内容。文学作品不受时间、空间的

---

1　中华人民共和国教育部.普通高中语文课程标准(2017年版)[S].北京：人民教育出版社，2018：12.

限制，且来源于现实，学生可以在广阔的文学世界中不断地找到“乡土社会”的影子。这一做法同时也契合语文课的特殊性，不妨以《乡土中国》为抓手，为学生打开“乡土文学”世界的大门，学生大量阅读纯文学作品是作为语文老师所乐意见到的。

【案例 21】

## 《乡土中国》与《哦，香雪》[1]

《哦，香雪》是部编版高中语文教材（必修一）中的教材篇目，以《哦，香雪》作为学生从社会学角度观照文学作品的开始是较为合适的。《乡土中国》的相关内容真正帮助学生理解了一些之前不曾关注或是无法理解的内容背后的复杂性。

第一步，笔者在执教《哦，香雪》一课时，引导学生通过《乡土中国》中所列举的现象、所阐述的思想，解读文学作品中人物的典型性、情节的合理性、主题的深刻性等。这样既让学生在文学阅读实践中检验所学到的知识，从而更好地理解“乡土社会”；又调动了学生对于文学作品的阅读热情。值得注意的是，在实际操作中，不是仅仅让学生拿《乡土中国》中的概念去套，而是要引导学生借助《乡土中国》去理解文学作品的复杂性、深刻性。教学中提出文中“铅笔盒”的象征意义包含“香雪对现代文明、现代知识的渴求”；同时也是“香雪对身份的认同的渴望”。学生当即提出“铅笔盒”其实是《乡土中国》中“文字下乡”的体现，“火车开来”将作为“乡土社会”的台儿沟与象征“现代文明”的北京连接了起来。“掩藏在大山皱褶中的台儿沟”体现的正是“乡土社会”的不流动性。笔者发现此时学生对于《乡土中国》中的内容已经有了一定敏感性，且能将《乡土中国》中的内容与文学作品进行初步的串联。

于是，在完成常规教学以后，笔者单独安排了一节课探讨《乡土中国》还有哪些列举的现象、阐述的思想，能运用于对《哦，香雪》的解读。学生对此表现出较大的兴趣，提出了许多想法，比如：学生认为，《乡土中国》提出“在乡土社会中人可以靠欲望去行事，但在现代社会中欲望并不能作为人们产生行为的指导，于是产生‘需

---

1 此案例由顾云波老师提供。

要'，因之有了'计划'"。[1] 反映到小说内容中，香雪原本有铅笔盒，且寄托着父亲对她的期望，但当现代文明对传统乡土社会浸润之时，香雪产生了对"现代身份"的认同的需求，从而产生了对象征"现代文明"的"泡沫铅笔盒"的"需要"。又如：《乡土中国》提出"在现代社会中知识即权力，在新旧交替之际，谁掌握了知识，谁就可以支配跟从他的群众，发生'时势权力'"。[2] 这与小说最后"台儿沟的姑娘共同迎接香雪，香雪心中升起了一种从未有过的骄傲"是不谋而合的。香雪在小说的语境下，就是"文化英雄"，香雪掌握了知识，她希望自己能够走出大山，掌握现代知识后回来建设台儿沟，让"台儿沟的姑娘不再央求别人，火车也会停得久一些"。学生理解了香雪和台儿沟的其他人共同构成了"乡村共同体"后，对于小说结尾的情节就能有更深刻的理解。再如：小说中"香雪换回铅笔盒后，在回家的路上拔草辟邪"这一情节，铅笔盒明明象征着现代文明、现代知识，为何香雪还保有这样较为封建迷信的习惯呢？且这一现象在我们今天的时代语境下仍然如此，这一问题从《乡土中国》中《礼治秩序》一章也能找到一些答案。

紧接着，笔者向学生提出进一步的要求，要求学生结合自身阅读经验与体会，用同样的方式尝试用《乡土中国》的相关内容解读鲁迅的三篇短篇小说《故乡》《孔乙己》和《祝福》。无论是鲁迅小说中"看与被看"的模式，还是《故乡》中提到的"聚族而居的老屋""闰土对迅哥前后称呼的不同"，《祝福》中"祥林嫂悲剧的根源"，《孔乙己》中"孔乙己人物形象的典型性"等具体内容，都可以在《乡土中国》中看到一些影子。

第二步，要逐步培养学生"关注问题"和"解决问题"的意识。学生在以社会学视角观照、验证文学作品的基础上，还要从文学作品中走出来，关注现实社会问题的解决。《乡土中国》和文学作品很大程度上是殊途同归的，都是针对当下现实的问题而写作，文学作品用艺术表现形式"再现"，学术作品以抽象的理论"呈现"。

以《哦，香雪》为例，铁凝站在20世纪80年代的时代语境下，敏锐地察觉到了经历"文革"后国家发展面临的困境，塑造"香雪和凤娇们"这样一批典型人物，并

---

1 费孝通.乡土中国[M].北京：商务印书馆，2011：84.
2 费孝通.乡土中国[M].北京：商务印书馆，2011：80.

直指“乡土社会”的出路在于追求现代知识、现代文明。这不仅是针对封闭落后的台儿沟，对于当时的整个中国都是如此。“知识改变命运”不仅是一句口号，还是铁凝这样具有家国情怀的知识分子，以高瞻远瞩的眼光为整个国家的出路规划的道路。铁凝在2008年发表的《又见香雪》中，对1982年自己塑造的香雪这一人物形象进行了反思，如今“台儿沟”的原型苟各庄已焕然一新，当年追求知识、追求文明的姑娘们现在是“从容的、自信的”。[1] 这和费孝通提出的“文字下乡”是不谋而合的。

同样，鲁迅作为批判社会现实最为典型的作家，对当时社会的反思更为激烈，完全以批判、抨击的眼光直指当时社会的问题，并为“五四”后中国社会的发展指明方向。费孝通撰写《江村经济》《乡土中国》等著作乃至其一生的学术研究，目的都是为中国城乡发展绘制蓝图。文学作品的写作也是针对当下的社会背景，塑造典型人物，剖析社会现象，为社会问题的解决提供答案。

因此，引导学生从社会学走进文学还远没有结束，更重要的是，要引导学生从文学中走进社会现实。学生尽管不能亲临“乡土社会”实地，但通过文学作品树立“关注问题”和“解决问题”的意识，主动地将《乡土中国》中的理论和现象为自己解决问题所用时，或许阅读《乡土中国》的价值就进一步体现出来了。

从目前已取得的效果来看：一方面，学生在体验以社会学的眼光解读铁凝和鲁迅的小说后，已经初步具备了一定的文学批评意识，能自觉地运用《乡土中国》中的相关现象和思想去阐释文学作品中人物的典型性、情节的合理性、主题的深刻性。

在此基础上，学生已尝试将这一解读策略运用于更多的文学作品之中。例如，学生将《哦，香雪》中的香雪、《人生》中的高加林、《平凡的世界》中的孙少平作为一组典型人物。立足于20世纪80年代的时代语境，通过分析比较“香雪们通过看火车、换铅笔盒表达对现代文明的渴望”“高加林们在城里完成学业但最终以返乡告终”“孙少平们完成了知识分子进城的理想，但始终对乡土觉得有所亏欠”，思考费孝通在《乡土中国》开篇提出的“从基层上看去，中国社会是乡土性的”[2] 这句话的深刻性。

---

1　铁凝.又见香雪[J].安徽文学，2008(06)：157－158.

2　费孝通.乡土中国[M].北京：商务印书馆，2011：6.

另一方面，学生“回顾过去、立足当下、展望未来”的问题思考路径已初步形成。已有学生在阅读费孝通的《生育制度》和《江村经济》等著作，力求扩充自己的知识体系，并尝试用更丰富的知识网络去阅读老舍的《骆驼祥子》、巴金的《家》这样的鸿篇巨制，用文学批评的眼光去解构更为宏大和复杂的小说。在文学作品中寻求对当下农村建设的借鉴，关注对现实问题的反思、质疑和批判。

不仅如此，在之后的教材中还会出现：沈从文的《边城》、贾平凹的《秦腔》、赵树理的《小二黑结婚》等典型“乡土小说”。无论最终篇目是否发生变化，《乡土中国》都可以说是贯穿学生整个高中语文学习的。学生在以《乡土中国》的眼光，观照不同时代语境下“乡土小说”的过程中，可以构建起一张知识网络。学生在深刻理解“乡土文化”的同时，也丰富了审美鉴赏体验，最终达到“语文学科核心素养”的提升。

透过上述教学设计和实施可以看出，语文学科教学因为有了思维广场这种独特学习载体的融入，发生了很大的变化：其一，在主题设计上，既充分对接教材和课文的内容，又紧密结合学生的现实生活，引导学生将书本知识与现实生活和道德情感体验等有机结合，拓展学习的深度，更好地实现立德树人的整体育人价值。其二，在学习的过程中，充分彰显学生的自主学习意识，倡导学生围绕问题自主搜集材料、自主分析问题、自主寻找答案。在这一过程中，学生所接受的不再是静态的、零散的知识，而是真正能够作用于问题思考和解决的可用的知识，这种可用的知识更加契合核心素养的理念，也就能够回应“双新”改革对于语文课堂教学整体培养目标变革的需要。其三，在学习任务结束后，倡导学生的持续反思建构。这就在很大程度上拓展了学科教学的影响和启示，让学生能够始终以一种反思建构和主动提升的状态参与课堂，发散学生的思维，历练学生的综合能力。由此可见，基于思维广场的语文教学，打破了传统语文学习的静态空间，让学生在一个更加开放、包容、实践的场景中开展语文学习和探究，丰富了语文学习的素材，彰显了语文学习的实践诉求，也更加有助于学生适应“双新”后的考试评价体系，促进学生德智体美劳全面发展和核心素养提升。

## 二、加强学生学习活动的课堂设计

语文教师围绕单元学习任务、教学目标来设计教案并进行课堂实践。在有限的课堂时间内可以完成基本的教学任务，而要想让学生进行深度学习，就需要通过完成“学习任务单”来开展学习活动。

【案例22】[1]

以《六国论》一课为例，主问题是：“《六国论》是如何有条不紊地言明‘六国破灭’之理的？”对于结构中的理性，教师借助“思维导图”这一工具，设计了第一个学习活动——“绘制思维导图，探究《六国论》的结构之美”。该活动欲通过对思维导图的“线下绘制—线上交流—线上反思”，引导学生自主研读文本，厘清论证思路，并在交流互动中加强对论证过程的理解。

1. 线下绘制

课前，教师请学生完成学习任务单，任务单上的要求是给课文绘制思维导图：

| |
|---|
| 请课前预习《六国论》，画出本文论证过程的思维导图。<br>优秀的思维导图，需要体现作者在文章层次、中心语句等方面的匠心，呈现文章结构之美。 |

通过提示语的引导，学生能在自主研读文本的基础之上，梳理文章的层次、圈画中心语句等，并绘制能反映本文论证思路的思维导图。

2. 线上交流

线上教学时，教师根据思路类型的分类，挑选具有代表性的思维导图进行课上交流。请同学分享绘制思路，其他同学进行点评。

3. 线上反思

在学生点评之后，教师进行总结，并提出新的问题：两种模式各美其美，但背后的共性是什么？学生通过反思，能很清晰地总结出本文整体的论证思路。

至此，思维导图作为学习支架，不仅帮助学生深度感受了文章的论证结构，更让学生体会到：尽管每个人的导图有差异，但背后的论证结构却是相同的——这个稳定的结构，就是文章深层的论证思路。

1 此案例由许楠老师提供。

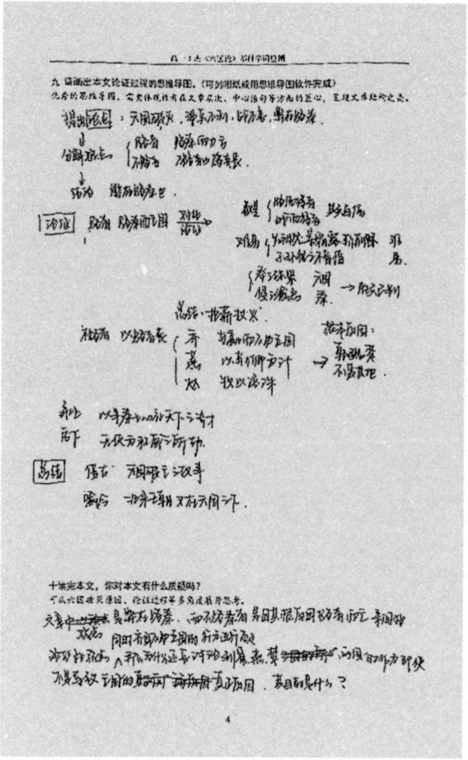

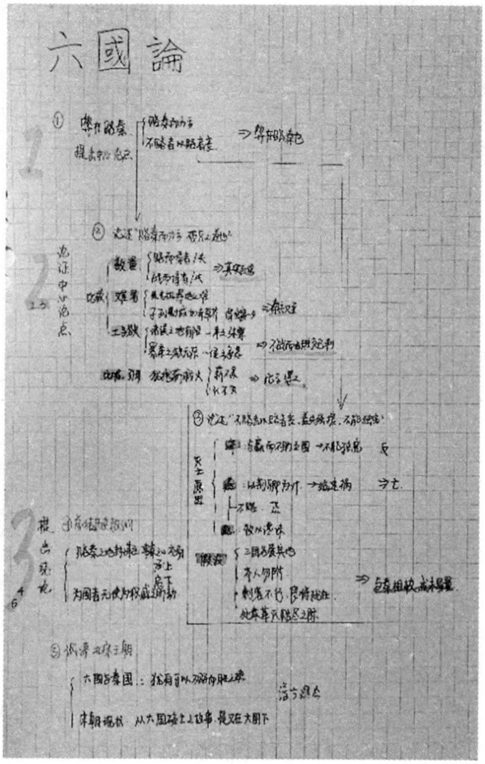


## 三、 跨学科融合式思维方式的渗入

跨学科融合式思维方式的渗入非常重要的是支持语文教学，围绕学生语文核心素养的提升展开。这需要在语文学科的更高层面上建构。不仅仅从语文学科的角度理解、读懂文本，还要从更高的对社会的关注、对思维的发展层面，思考怎样提出问题、发现问题。语文学科解决“会读书”“会思考”“会写作”，英语、政治、历史跨学科融合则为学生达成这三个目标，提供了素材支持及思维角度。

【案例 23】[1]

在讲授《烛之武退秦师》这一课时，任课教师设计了一个问题，需要结合语文、历史、政治、地理等学科共同解决。《烛之武退秦师》是《左传》中的名篇，记述郑国

1 此案例由许楠老师提供。

大夫烛之武在国家危难之时勇担重任，游说秦穆公，拆散秦、晋两国联盟，使得郑国转危为安的故事。

在语文课上，教师会带着学生先从文言字词句的疏通开始，再到内容理解分析，从史传文学的叙事特点、人物语言、人物形象入手来讲解，从鉴赏文学作品的角度学习史传。但除此之外，还要引导学生深入思考，透过现象看本质，甚至质疑史书的记载，切入"断点"问真伪。这就是深度学习。而这种深度学习，则需要跨学科融合式教学才能实现。

★ 情境式问题

如果你是晋国善辩者，请运用相关历史背景知识和说理技巧，重新实现"秦晋结盟"。

子犯请击之，公曰："不可。微夫人之力不及此。因人之力而敝之，不仁；失其所与，不知；以乱易整，不武。吾其还也。"

子犯对曰："公之所言差矣！夫郑，中原要地也，得之可以霸天下，失之而无以措手足。今军中有一善辩者，名曰×××（你的名字），愿君使之见秦君，郑可图也。"公许之。

……

秦伯说，复与晋盟，郑遂亡。

★ 语文课上的分析

晋实力逐渐强大。秦晋表面亲密，实则两个均从自己的利益政局发展考虑。在大国争霸的敏感期，烛之武抓住秦对晋的隐忧来劝说秦穆公撤军。

他从以下五个方面展开说辞：

1. 对郑来说，郑已知自己必亡。先摆出示弱的姿态。

2. 对秦来说，假设使郑灭亡，只能增加晋的土地，而对秦无利。

3. 对秦来说，假设保全郑，郑将成为秦东方道路的主人，对秦有利。

4. 对晋来说，从历史事实看，晋曾对秦背信弃义。

5. 对晋来说，晋贪得无厌，因此灭郑后，将来必要"阙秦"。

基于课上的分析，学生结合其他学科知识，对情境式问题进行了如下回答。

★ 学生示例 1

客入，谓秦伯曰："我虽然无从知晓郑国使者对大王说了什么，但大王您千万要三思，别被说客的一面之词所蒙蔽呀！郑国本来即将被我们所合击，可谓智力孤危，危在旦夕，郑国的使者此行孤注一掷，正是意在让大王您退军，以保全其国安全。他可不是真正为秦的发展考虑。”

分析：先把矛头指向郑。

您向来与晋文公交好，两国互为盟友，同舟共济。您哪里需要担忧晋国会成为您的敌人呢？

分析：再回顾两国历史关系。（历史）

况且，如果您现在攻克了郑国，那秦的版图便能够延伸到晋的东西两侧，即使有一天秦晋真的不再拥有相同的利益追求，这样的局势也对您有利呀！而反观郑国的存在，它在与您相去甚远的东面，当地人的想法与意图您难以揣摩，因此让郑国继续站在中国的土地上只会给秦带来威胁与隐患。

分析：从秦的利益分析，若亡郑，秦势力范围发展到晋的东西两侧；若存郑，秦郑距离远，难控制。（地理）

如果您对于我上述这些话仍不十分信服，那么郑国无礼于晋且贰于楚的事实便已经足够作为秦晋出兵讨伐的有力证据。今天郑国背弃了晋，明天可能便会与秦为敌。

分析：翻出郑的劣迹，郑曾无礼于晋，以后可能也会无礼于秦。

数十年前，您对晋文公所施予的恩惠，我家主公至今仍铭记于心且感激万分，称‘微夫人之力不及此’。因此，晋将会忠于保持与秦的关系，我也相信您一定会遵守与晋文公之间的约定。经过这次考验，秦晋联盟也将变得更加紧密。希望您好好考虑这件事！”

分析：用晋文公的话感动对方。

小结：学生以晋国使者身份，游说秦穆公，既运用了语文课上所学的烛之武说理技巧，又借助历史、地理知识，从秦晋之好的历史和大国争霸版图来进行劝说。晓之以理，动之以情。

**★ 学生示例 2**

大王，所谓的晋国威胁论，只是无稽之谈。我们晋国打郑国这样的小国尚需要秦国的帮助，吞并了郑国怎么可能实力突然就暴涨到可以威胁秦国这种大国的水平了？就算有威胁秦国的实力，南方的楚国和东方的齐国也根本不可能放任我们晋国做大，同时和三个大国作对，我们晋国没那么自负。只要我们晋国不想被孤立，那么我们就需要盟友，楚国是世仇，不可能结盟，齐国作为诸侯中的老大不可能放下身段和我们结盟，秦国就是我们晋国最好最亲密的盟友。而秦国作为外姓诸侯国同样需要姬姓诸侯国做盟友，晋国自然也是秦国最合适的盟友。

我们秦晋两国作为亲家，关系一向亲密，怎么能受了小人的离间呢？烛之武所言的那个忘恩负义的晋惠公也是大王您帮助我们推翻的，而且我们大王晋文公，一诺千金。他在楚国时跟楚王说过：若交战就退避三舍，后来交战可就真的退避了三舍啊。更何况郑国已经彻底倒向了楚国，为了抱紧楚国的大腿，郑国连与我们接壤且同出一宗的晋国的账都不买了，怎么可能给远在天边还无亲无故的秦国做什么东道主？与他们结盟，保住郑国，不但对秦国没有任何实际上的好处，反而让我们秦晋这两个接壤的盟友产生间隙，如此赔本的买卖，想必大王也是不会做的吧。

反而如果我们晋国吞并了郑国，对秦晋两家都是好事。楚国虽败，但是底子还在，瘦死的骆驼比马大。如果楚国带着亲他的巴蜀两国北伐秦国，依托山脉天险进可攻退可守，可以直接威胁秦国腹地。而反观我们联军，如果想要进攻楚国就必须先进攻郑国，不然侧翼的安全根本无法保障，到时候会十分被动。趁现在楚国兵败，一举灭掉郑国，到时候楚国大片领土暴露在我们联军的视野下，他们就断然不敢全力进秦。

请大王继续与我们晋国的联盟，共同伐郑！

小结：学生以晋国使者身份，游说秦穆公，将地缘政治、城濮之战的历史以及在语文课堂上所学的烛之武说理技巧——攻心——融会贯通，有理有据。

从以上案例可以看出，学生将在语文课堂上所学知识迁移到新的情境中加以运用，进而作出决策并指向问题解决。在真实的情境中解决复杂问题，培养了学生运用多学科知识，以不同学科的思维方式思考问题，提升了学生的思维水平。

# 第五章

# 依托学术实践的语文整体育人

在教育改革发展的历史长河中，关于“经验”和“体验”的争论一直未休。从某种意义上说，教育源于人类的生活经验，在其诞生之初就是经验传递的过程。但是在学校教育日益发达的今天，人们惊讶地发现，教育越发展，人类却离纯粹的、鲜活的、真实的经验越远。固然，教育经验的重要意义不言而喻，人类社会的演进离不开教育经验。然而，我们的教师和学生每天接触的“教育经验”却往往是“目中无学生”的教育经验、外部强加的教育经验、“意义缺失”的教育经验，本该充盈生命意义的经验却已经面目全非。[1] 也正是因为如此，当下的课程教学改革，非常强调破除静态的“经验”取向，倡导学生通过在真实环境中的真切体验来更好地感知学习，更好地获得综合成长。

注重体验的学习，具有丰富的理论支撑，对于学生核心素养的历练有直接价值。杜威认为好的教育必须能唤起儿童的思维，如果学习过程缺少思维参与，那就不可能产生对学生有意义的经验。[2] 狄尔泰的体验哲学昭示：教育经验的困境根源在于忽视了儿童体验的重要地位，儿童体验能够将教育与身体、精神以及生活世界相联系。在充分尊重学生体验的基础上，教育才能和学生的生命相联结，才能被生命赋予意义，也才能够对学生产生意义。[3] 因此，真正有意义的学习，必须建立在学生充分的体验基础之上，要变课堂之中静态的“经验”学习为更加开放环境中的注重实践的“体验”学习。

相较于静态的经验学习，体验对于学习空间和场景的要求更加开放、多元，因此，体验总是与实践密不可分。随着时代的进步和课程改革的持续开展，当学科课程在培育学生的“健全人格”“自我管理”“劳动意识”“技术运用”等跨学科核心素养方面感到迷茫与无力时，综合实践活动课程设计为核心素养的培育开辟了新

1 刁益虎.教育经验的困境及其突破——狄尔泰体验哲学的视角[J].当代教育科学，2018(11)：7－10.

2 [美] 约翰·杜威.民主·经验·教育[M].彭正梅，译.上海：上海人民出版社，2009：37－41.

3 刁益虎.教育经验的困境及其突破——狄尔泰体验哲学的视角[J].当代教育科学，2018(11)：7－10.

的路径。[1] 中小学大力开展的综合实践活动课程，不仅丰富了学校课程的样态，也为学生更好地立足生活、体验学习以及获得成长提供了可能。“双新”改革后，不论是单一的学科教学，还是学校整体的课程设计与实施，都非常强调核心素养的理念。核心素养作为课程发展与设计的关键DNA，能跨越生活的各种不同的多元社会场域疆界，[2]跨越各级学校的主要学习领域、课程科目内容及重要的新兴课题，同时也必然要给学科和课程的建设实施带来新的要求。简而言之，核心素养的概念不同于一般的能力和素质，核心素养是学生应当具备的知识、技能、态度、情感、价值观等的结合体，不是某种单一的素质要求，[3]而且这种综合的素质往往需要在解决具体问题的过程中才能够得到呈现、积淀和养成。因此，落实核心素养，推动“双新”背景下的语文教与学变革，必须要建立在一种实践性环境之中。这就需要我们的教师不断拓展语文学习的时空环境，特别是要注意想方设法引导学生在一种真实的场景中通过丰富的体验和探究来实现真正有意义的学习。

《普通高中语文课程标准(2017年版)》特别强调，要注重开展以具体情境为载体的学习方式变革。课程标准指出，真实、富有意义的语文实践活动情境是学生语文学科核心素养形成、发展和表现的载体。语文实践活动情境主要包括个人体验情境、社会生活情境和学科认知情境。个人体验情境指向学生个体独自开展的语文实践活动，如在阅读文学作品的过程中体验丰富的情感、尝试不同的阅读方法以及创作文学作品等。社会生活情境指向校内外具体的社会生活，强调学生在具体生活场域中开展的语文实践活动，强调语言交际活动的对象、目的和表述方式等。学科认知情境指向学生探究语文学科本体相关的问题，并在此过程中发展语文学科认知能力。在具体的实践过程中，如何通过有效的设计将三种情境有机结合，在加深学生体验的过程中，也能够保障学习的整体效能，这是市西中学一直在

---

1 瞿婷婷，高建波.核心素养背景下综合实践活动课程设计：价值体察与实践路径[J].教育理论与实践，2020(02)：37-40.

2 Weinert，F. E. Concept of Competence：A Conceptual Clarification[J]. University，2001(01)：45-65.

3 石中英.关于中国学生发展核心素养的哲学思考[J].课程·教材·教法，2018(09)：36-41.

思考的问题。

市西中学认为，学生是学习的主体。任何课程学习资源的生成和实施方式，都是对学生内部学习过程的映射和支持，其价值和作用固然同自身的属性有关，但更重要的是学生与资源间的对象性关系及学生对资源的适应与使用水平。[1] 因此，不论是考虑课程资源的开发，还是考虑课程的具体实施，从根本上说，都要从学生的角度进行设计和思考。这意味着，"双新"改革，表面上改变的是课堂、教学和教师，实际上应该要改变的是学生。

因此，在推动"双新"下的课程教学改革过程中，市西中学倡导学生主体性的回归。人的主体性发展水平是衡量一个社会进步的重要标志之一，也是衡量人的发展水平的主要尺度。学校教育承担着重要的社会责任，培育和提高学生主体性理应成为学校教育追求的目标。传统教育存在着遮蔽学生主体性的现象，对于教学现实中学生主体性的失落，学生主体性研究和实践深化呼唤对其反思。[2]

从学生主体性回归的角度出发，我们认为，"双新"改革落到实处，就是要让学生充分发挥学习的自主性，在一种开放的环境中通过自主设计、自主思考、自主探究、自主完善，形成一种基于体验和发现的真实学习。

提出上述设想，既是对"双新"改革背景下语文教学和学生主体性发挥的深刻理解，也是基于对学校整体办学目标和人才培养定位的思考。

近年来，在市西中学的发展进程中，学校创造性地提出办学术性高中的理念。学术性高中，不仅意味着教师和学校管理者研究意识的觉醒，而且也需要从学生时代就灌输给学生探究发现的意识，让他们通过相对正规的学术训练，既锻炼了综合能力和素质，历练了核心素养，也能够更好地对接未来时代的高等教育阶段学习，达到一举两得的目的。

基于这样的思考，在语文学科依托实践活动的整体育人设计中，我们突出了研究的意识和韵味，引导学生充分利用校内校外资源，通过课题、论文引领的自主探究与发现学习，彰显"双新"的价值意蕴，拓展语文学科的育人效能。

---

1 朱京曦.学生主体活动：课程学习资源的价值所在[J].教育研究与实验，2005(02)：27－29.

2 周波.三十年来我国学生主体性研究的反思[J].首都师范大学学报(社会科学版)，2011(01)：54－59.

# 第一节 学术探究日课程的设计实施

在市西中学的改革发展历史中，我们一直在追问，要办什么样的高中，要给学生怎样的底色。近年来，随着核心素养等概念的提出和国家层面对于创新人才培养需求的日渐强烈，我们深刻感受到，不一样的高中，一定是“学术”的高中。通过开设学术探究日课程，打造学术性高中，培养具有学术潜质的高素质人才，成为“双新”改革中市西中学的又一个独创性设计。在这一过程中，语文学科的教学改革和人才培养，也有了新的载体和支撑。

为落实立德树人，坚持五育并举，发展核心素养，转变学习方式，在市西创建学术性学校的背景下，优化统整选修课、社团、微型讲座、科创活动、研究性学习等，形成有阶梯、有层次的探究日系列活动，将成为培养学生学术素养的重要手段，也是市西中学教育教学改革的重大举措。市西中学学术探究日的设立是要探索育人方式的转变，推进学术性学校发展目标的落地；是要更新学校的课程结构，实现时间与空间的重新组合；是要引领教师转变教学观念和教学方式，提升教师的校本课程开发能力，打造敢于攻关的教师团队；也是要满足每一位学生发展的需要，落实核心素养培育，使学术探究日成为学生综合学力提升的孵化场。

市西中学学术探究日从2021学年9月开始实行，在学术探究日，学习目标是多元的，内容是开放的，时间是自主的，方式是多样的，环境是自由的。学校以各项学术素养的培育手段，促进学生全面而富有个性的发展。

## 一、学术探究日的特征

市西学术探究日是一个打破年级界限、打破学科边界、打破学科差异的，开放的，学生可以自主、自由、充分地选择和开展各类学习活动的时空。具有如下方面的基本特征。

自主选择性：充分体现学生发展的差异性，充分体现学生学习的不同步性。不仅在内容上可以选择，时间进程上也是可选择的，学生间不是齐步走，体现学习的个性化。

广泛的参与性：全校教师共同参与，学生突破年级界限，教师突破年级界限，课程突破年级界限。

自我约束性：尊重规则会选择，实现充分的舒展的学习自由要通过一定的程序、一定的申请、一定的安排，让学生成为学习的主体，对自己的学习负责。

教学方式的多样性：充分运用项目化、问题化、探究式、合作式的教学方式，鼓励自主学习和研究性学习，让学生从被动学习走向主动学习，从浅层学习走向深度学习，充分容纳导师制、学长制、社群制，促成多元交叉的学习方式的融合。

学术培养的阶梯性：打通课程之间的逻辑关系，从了解到理解再到创造，鼓励教师打造贯通式项目化课程形式的链式培养模式。

校内与校外的联动性：学术探究日积极吸纳整合高校资源和科研院所等各类创新实践活动资源，创造条件让学生走出校门，实现更广阔意义上的开放式学习。

## 二、学术探究日的基本架构

学术探究日的课程与活动分为：选修课、拓展性论文研究、社团活动、讲座、贯通式项目化课程、校外研究性学习等。

选修课：安排在第6、7节进行，高一高二年级打通，混龄学习。选修课充分满足学生个性的发展，培养思维，拓展视野，为研究性学习打下基础。根据课程的容量，每门选修课周课时数分为一周1课和一周2课；而开课时长，可设定为4周的短课程、8周的中课程、16周的长课程。通过灵活的周课时数及开课时长的设置，让学生能在更多的选修课程中选择，按照自身的兴趣爱好和发展方向进行灵活的选课组合。

拓展性论文研究：以学术探究日为主要载体，利用校班会后至放学的任意时间段，由课题导师和学生自主安排，根据彼此的空余时间穿插进行课题辅导与交流、课题的实验研究、论文写作等各类研究活动。同时为了给课题研究打下坚实的基础，设立拓展性论文基本功通识性培训，纳入选修课系列，每位学生选择至少 3/4 的项目进行修习。

讲座：分为微型讲座和专家讲座。微型讲座安排在 12:20—12:50 进行，历时 30 分钟，由本校教师和学生主讲，学生选择性参加。专家讲座不定期地安排在 12:20—13:35 进行，横跨中午连同班会课时间，邀请行业的专家、高校教授等主讲，全年级学生统一参加。专家讲座也可以安排在 15:30 后进行，由家长、校友、学者等主讲，安排与讲座主题契合的社团学生聆听，同时专家讲座也可作为教工大会的学习内容的选择项目让全体教师一起参与。

社团活动：15:30 后进行，延续到放学。新学年的社团不是每位学生必须参加，但参加了某一社团的学生必须前来进行社团活动。不参加社团的学生同期可进行拓展性论文研究、听专家讲座等，通过学分制进行灵活的转化。

贯通式项目化课程：由导师一站式辅导，是综合学术拓展、课题研究、竞赛备战、社团建设等内容为一体的工作坊模式。横跨校班会课后至放学时段，给予学生充分的浸润式的学习时空，同时结合导师制、学长制、社群制等促进学生全面发展。参与课程的学生需要提前被选拔，采取高一高二混龄教学。

校外研究性学习：灵活利用一整个下午时间外出进行的各类研究性活动。如全年级统一外出前往高科技企业参观等的社会实践活动；课题指导教师带领学生外出调研及利用校外科研院所等资源助力课题的有效推进；社团的指导教师带领学生外出的社团活动，如校际社团交流互访等。

## 三、学术探究日的管理

### （一）学生职责

每位学生认真参加学术探究日的系列活动，在自主选择的同时体现自我约束性。选课前充分了解学术探究日的时间安排，知悉课程开设情况，根据自己的特长兴趣爱好，遵照规定的选课时间和选课规则进行学术探究日的课程选择。学术探究日期间，每位同学按自己的个性化课表进行走班学习，不迟到、不早退。拓展性论文的个别辅导，学生应按照与导师约定的时间地点前往，主动交流并将学习过程记录在对应的手册中。在实验室、图书馆及专用教室进行课题研究时要遵守相应地点的管理规定。微型讲座听讲需提前预约，并提前签到，每学期听讲次数要达到规定的次数。社团活动期间积极参与，应完成相应的社团建设及学习任务。学术探究日期间外出的小组研究性学习活动需提前向学校报备，在征得学校允许后，在指导教师的带领下方可离校。

（二）教师职责

每位教师应积极投身于学术探究日的教学，进一步找到专业发展新的增长点，使自身的课程开发和实施能力得到提升。每位教师应积极学习校本课程的开发理论，学习研究性课题的指导经验，为学术探究日的教学做好充足的准备。每位教师需要在新学年开学前申报学术探究日系列课程。教师结合自身的专业、兴趣、发展方向等，在意向表中填写选修课开设、研究课题的指导特长、微讲的开设、社团的带教意向等信息。选修课开课申请填写的信息包括所开课程内容介绍、开课时长、选课人数要求。审核通过并确定开课后，教师需撰写课程纲要，对课程计划、目标、内容、评价等做相应的设计。学术探究日课程需认真备课，做好课程的过程性记录，填好课程的记录手册，做好学生的考勤，规范好学习常规。课题导师和社团指导教师要指导学生高质量地开展研究性学习和社团活动。

（三）教研组职责

各教研组将学术探究日的课程开发和实施作为教研组活动的重要内容之一，教研组长应根据组内教师的特点统筹规划，在申报学术探究日的课程时，引导各位教师各有侧重地申报，打造本组覆盖面广、富有梯度、面向学术素养培育的系列课程。教研组根据本组教师以往研究性学习指导的经历及其特长，推荐一定比例的优秀教师参与开发拓展性论文基本功通识性培训课程。教研组应将本学科拓展性论文的方向以目录形式编入《学科教学指南》，同时对拓展性学科论文的实施提出具体的指导建议，开展相应的教研活动。

（四）教育管理处与学生发展处职责

教育管理处负责学术探究日课程的组织和管理，对教师的课程申请进行梳理，排定选课表并组织学生进行选课。教育管理处通过巡视，了解学术探究日的推进，及时反馈问题加以研讨解决，通过检查学术探究日课程记录册、学生座谈会、学生问卷调查等形式对学术探究日课程实施情况进行调研，同时根据教师递交的选修课校本教材和学术探究日课程记录本等，了解学术探究日的教学情况，并将其作为教师学术探究日评价考核的重要依据。学生发展处负责对学术探究日学生的学习考勤等常规进行宣传教育。

## 四、学术探究日项目的准备

教育管理处8月中旬组织各教研组进行学术探究日课程的申报，并根据教师的课程申报情况，结合学术探究日的课程建设目标，联合咨询与评价委员会进行新学期课程的遴选和储备，确定选课表，确定开课教师完成科目纲要的设计及制作课程宣传资料准备；8月下旬组织高一、高二学生进行学术探究日选修课程的宣讲并完成网络选课。校团委8月中旬启动新建社团申请，8月下旬利用入学教育向高一年级学生进行市西中学社团情况的介绍，8月底进行全校的社团招新宣传活动并完成社团的选择。

8月中旬起抓紧开发学术探究日课程选课系统，在启用前进行周密的调试，确保8月底学生选课能顺利进行。后续推动信息化平台在考勤、预约等学术探究日关键环节的实施，利用信息技术助推学术探究日的管理。

8月底前统整布局学术探究日的教室与场地安排，充分利用好创新实验室、思维广场、漫思实验室等，优化部分专用教室的布局，配套相应的多媒体设备，为学术探究日的开展提供充足的硬件资源保障。

8月中旬组建拓展性学科论文研究技能通识培训教师团队，编写相应的教材，探索行之有效的轮训方案。9月初建立学术探究日项目的研修小组，对学术探究日的有效推进加以研究，促进教师在这一全新领域的专业发展，对学术探究日的经验进行及时的总结。

对学术探究日所涉及的课程、研究性学习的指导、外出带队教师的工作量及绩效标准进行梳理和核定，建立奖励制度，激励教师专业发展，鼓励教师积极参与学术探究日的课程开发和指导学生参与学术性研究。

建立灵活的机制，吸纳校友、家长、社会机构等，进一步丰富学术探究日的学习资源。适时通过“市西老家”公众号，向市西中学校友、社会人士征集讲座及研究性学习指导等资源，9月由学生发展处通过家长学校及家委会等渠道征集学习资源，合理地利用和开发校外资源推动学术探究日的课程建设和研究性学习活动的深入开展。

建立学术探究日学分保障制度，学术探究日的课程与活动应结合学校制定的学分制度实施评价与管理，积极地引导学生自由充分地选择，生动活泼地投入到学习中。同时各类学习活动的学分允许在一定条件下转换，进而促进学生的志趣的聚焦，实现个性化的发展。在总学分达标的前提下，弹性地确定每学期选修课课时数，灵活地选择参加社团活动或拓展性论文研究或专家讲座等，做到选修课、社团、讲座等学分的灵活转换。

学术探究日活动的组织开展，不仅强化了学校的学术性高中特色，也为丰富学校课程体系，拓展课程的育人效能，促进学生学术水平的提升和综合素养的锻炼提供了很好的平台。这一活动自实施以来，迅速得到了师生的欢迎，也逐渐发展成为市西中学课程教学和人才培养改革中的又一个特色亮点项目。

2022年11月29日，继第一届学术节"学生拓展性论文展示"活动后，我校开展第二项学术节活动——学生学术探究日课程展示活动。本次展示采取了论坛与展板结合的形式。1场主论坛、15场选修课程分论坛、14场社团课程分论坛，呈现了学生在学术探究日课程中的成果与收获。参与展示的课程涵盖了艺术、体育、人文、科技、工程、商业、传媒等多个领域，所有的展示活动全部由学生策划、主持，高一、高二所有非展示学生自主选择参与到课程论坛体验中，体现了市西中学对于学生"全面而富有个性地发展"的育人追求。

在传家楼三楼的主论坛里，以学生视角记录的"我们的学术探究日"vlog震撼开场，通过一段段充满创造力的活动视频，为同学们展示了市西中学学术探究日的全貌。我们惊喜地看到，同学们在学术的海洋里激起了朵朵浪花。

在5分钟的短视频后，5位同学为我们带来了他们在学术探究日课程中的交流与分享，即张穆音同学的《从讲座精粹看学术凝练》、李恺悦同学的《讲座海报的打造和跃升》、周琛博同学的《从相对论到瑜伽》、袁启峰同学的《从学生公司到创投项目》、范俪瑶同学的《美食社的节气活动设计》，5位同学精彩的交流分享让我们领略到了独具匠心的学术探究之路。

在精彩纷呈的15个选修课程分论坛里，同学们在"微生物与生活"中通过实验探究生活中的微生物，感受微生物的独特魅力；在“biochemistry 实验室”中探究影响生姜蛋白酶催化速率的因素并以姜撞奶的制作为例进行实验；在“合唱与管乐”中近距离领略市西中学精英社团的内部排练，感受人声与艺术的声乐美学；在“极客训练营”中挑战极限，体验赛场上最惊心动魄的一刹；在“数字化智能训练营”中体验 Python 与 Arduino 课程，亲手上机操作，感受数字化智能的魅力；在“英语戏剧欣赏与表演”中了解走向剧本表演的趣味历程，体验惊险刺激的“古墓丽影”与疑窦重重的“抽卡角色扮演”活动；在“市西梦想星”中从“畅想”到“畅游”，学习摩斯密码，一起了解卫星，探索宇宙；在“魔术化学”中体验化学的魅力，让化学的魔力在手中焕发光彩；在“疯狂地理研究所”中成为地球历史的见证者，月相变幻的探秘者；在“中华文化探源”中回溯文明血脉里的激流转折，体验何为“道贯古今”；在“承重与建筑结构设计”中感受建筑结构之美，体验结构制作与承重成功的成就感；在“生化跨学科实验探究”中通过生活中的生化现象，培养综合分析问题的能力，感受学科间知识的联系；在“科学的历程”中从科学史的维度了解牛顿的思想脉络，理解科学发展的必然与偶然；在“逻辑学初探”中体验有趣的推理，感受欢乐氛围的课堂；在“心理学研究”中模拟心理咨询，研究人类心理现象及其影响下的精神功能。

16:00 开始，社团课程的展示拉开帷幕。合唱社、推理社、美术社和文创社在人文艺术楼一楼大厅设立的联合展台区吸引了许多同学驻足。文创社制作的市西周边产品一直深受师生的喜爱，他们通过艺术表达对学校的热爱，美术社则通过绘画表达了对保护自然环境的关切，合唱社和推理社在呈现丰富多彩的社团活动的同时，也向我们展示了社团活动中“合作”的重要性。14 场社团课程分论坛中学生以社团为纽带汇集达人，让专业志趣纵深发展，进一步促进更具广度和深度的课外学习和研究，为学术水平和创新素养的提升蓄力。文学社、民谣社、辩论社、静态模型社、时尚商业社的论坛围绕“兴趣引领多元发展”展开，基于兴趣汇聚伙伴是同学们热爱社团的最大理由，而今天他们给我们呈现了兴趣发展为志趣的魅力。体育类社团在市西中学一直有着很高的热度，由足球社、乒乓球社、羽毛球社、篮球社、飞镖社组成的联合论坛从不同的运动视角展现出他们对“团结协作”“永不言败”等体育精神的理解，用激情与活力感染了现场的听众。愚心宣传社、无人机社、微电影社和我们分享了社团实践促进领导力的提升，同学们在“做中学”，感悟到了“合作包容”的团队精神。美食社、交通社、创智社、化学实验社、英语演讲与辩论社的论坛表达了社团在创建学术性高中的背景下的新思考，他们将“兴趣”与“学术”联系起来，尝试在实践中走出一条学术氛围浓郁的社团发展方向。

在展示活动中，同学们更加全面地了解了学术探究日的各类课程，深刻感受到学术探究日课程使我们的学习时间更加自主，学习内容更加开放，学习方式也更加多样化。在市西中学的学术讲座中我们可以拓宽视野、增强研究的意识和能力；在选修课程中，我们可以打造特长和挖掘潜能，在某一领域进行深度学习；在社团课程中，我们可以锤炼组织力、领导力，以社团为纽带汇集达人，让专业志趣往纵深发展。正如“心理学研究”课程所说的“生命如斯，青春的交响绽放华丽的激情；人生璀璨，校园的纯真挥洒最美丽的真挚……”今天，我们市西学子体验到了不一样的青春——充满激情与创造力的学术青春！

对于语文学科的“双新”改革而言，学术探究日活动同样达到了赋能改革的重要目标：一方面，不论是选修课程、社团活动还是论文调查，学生在选择主题和开展研究的过程中，都要综合使用各学科的知识进行论证和探索，这就有效打通了语文学科和其他学科之间的内在联系，让学生在更加真实的实践场景中开展语文学习，积累语文核心素养，落实“双新”的要求。另一方面，学术探究日活动，与其说改变的是学生的学习方式，倒不如说首先改变的是教师的课程意识和教学思维模式。教师要更加积极主动地建构适宜于学术探究日开展的各类活动，要对学生的各类探究给予支持和帮助，这实际上也为语文教师的专业发展提出了新的命题。作为语文教师，只有不断提升自己的专业素养，更深刻、更全面地了解“双新”改革的政策，才能真正适宜于学术探究日体系下的课程教学和人才培养。从这个角度出发可以认为，学术探究日实际上提供了一种师生共同成长的有效平台，既促进了学生的创新能力和核心素养培育，也有助于教师更好地实施“双新”政策背景下的语文教学。

除此之外，语文学科教师也要积极参与到学术探究日活动的组织、设计和实施之中，特别是能够主动对接语文新课程标准的需要，将语文学科知识与学生综合能力的培养有机结合，通过主题鲜明的选修课程的设计和实施，为学生提供更多的课程选择，也让语文学习有更多的、更丰富的载体进行呈现（见表 5.1）。

表 5.1 部分选修课程列表

| 课 程 名 称 | 授课教师 | 属 性 | 学 年 |
| --- | --- | --- | --- |
| 唐宋诗词今释 | 谷煜 | 选修课 * 2 | 2020 学年 |
| 文学批评基础 | 章润发 | 选修课 * 2 | 2021 学年 |
| 中短篇小说精读 | 陈学政 | 选修课 * 2 | 2021 学年 |
| 透析光影声色——电影欣赏 | 邱俊铭 | 选修课 * 2 | 2021 学年 |
| 逻辑学基础 | 周毅恒 | 选修课 * 1 | 2021、2022 学年 |
| 《诗经》选读 | 黄梅 | 选修课 * 1 | 2021 学年上 |
| 日本电影中的文化品读 | 黄梅 | 选修课 * 1 | 2021 学年下 |
| 诗词小讲 | 章润发 | 选修课 * 1 | 2021 学年 |
| "脱口秀"所折射的当代文化 | 黄蔚怡 | 选修课 * 1 | 2021 学年 |
| 中国现当代小说选读 | 顾云波 | 选修课 * 2 | 2022 学年 |
| 动静相对论 | 谷煜 | 选修课 * 1 | 2022 学年 |
| 文学社 | 顾云波 许楠 | 社团 | 2021、2022 学年 |
| 推理社 | 周毅恒 | 社团 | 2021 学年 |
| 愚心宣传社 | 周毅恒 | 社团 | 2022 学年 |

如下案例是我校教师开发的选修课程及其课程实施方案，这一课程有效地融合了高中语文诗词学习的需要和学生人文素养的培育要求，是契合新课程语文教学理念的一种有效尝试，也体现了学术探究日活动整体设计对于语文学科教学变革的积极促进价值。

【案例 24】

## "诗词小讲"课程方案[1]

### 一、课程理念

(1) 本课程以"基于学生兴趣，探索社会共性问题，发展学生个性"为宗旨，促进学生全面而有个性地发展，积极开发每个学生潜在的发展能力，发展认知情感，成

1 此案例由章润发老师提供。

为善学习、会选择、能合作、敢表达、有创新的学生。

(2) 充分整合各类资源，选择合适的议题，引导学生理论联系实际，增强透过现象看本质的能力。

## 二、课程目标

拓展诗歌作品的阅读面，吟咏情兴，掌握一定的诗歌鉴赏方法。

## 三、课程内容

经典的古诗词是中华传统文化的结晶，我们每个人都有必要去学习与传承。文学从古代发展到现代，诗歌创作的面貌也发生了很大的变化。读古诗有利于陶冶我们的情操，提高我们的文化修养，而现代诗歌更适合于传达属于现代人的情感与思想。

课程主要内容大致如下：

1. 导论：文学是什么/诗歌的起源
2. 想象古人的劳作方式：《诗经·七月》
3. 巫风与独特的楚文化：《楚辞·山鬼》
4. 五言之冠冕：《古诗十九首》
5. 唐诗风貌：以“诗仙”李白为中心
6. 宋词意境：以“古之伤心人”晏几道为中心
7. 元曲神韵：以元曲四大家中心
8. 爱的变奏曲：穆旦《诗八首》读解

## 四、课程实施

| 课时序号 | 教学标题 | 具体内容 | 备注 |
| --- | --- | --- | --- |
| 1 | 导论 | 文学是杂草/诗歌起源于歌谣 | |
| 2 | 想象古人的劳作方式 | 《诗经·七月》 | |
| 3 | 巫风与独特的楚文化 | 《楚辞·山鬼》 | |
| 4 | 五言之冠冕 | 《古诗十九首》 | |
| 5 | 唐诗风貌 | 李白 | |

续 表

| 课时序号 | 教学标题 | 具体内容 | 备注 |
| --- | --- | --- | --- |
| 6 | 宋词意境 | 晏几道 | |
| 7 | 元曲神韵 | 元曲四大家 | |
| 8 | 爱的变奏曲 | 穆旦《诗八首》 | |

## 五、课程评价

考勤：40%

考核：诗词鉴赏小论文 60%

“诗词小讲”课程在我校开设已近两年，经过不断地摸索，形成了相对稳定的课程序列：《诗经》中的农事诗和爱情诗，屈原《九歌》中的《山鬼》和《少司命》，汉乐府中的《陌上桑》和《羽林郎》，杜甫的《饮中八仙歌》，李白的《将进酒》，陆游的《沈园二首》，等等。另外，一个学期当中会安排两次学生主讲的环节，充分调动学生自我学习的积极性，给予学生展示自己的舞台和空间。课程最后，学生会将两次分享汇报的内容整理成文章，作为本课程的重要考评依据。然而，本课程仍然有一些值得提高和改进的地方。首先，课程开发的程度有待提高，比如宋代以后的诗词内容比较缺乏，重要朝代的诗人选择得还不够多样，唐代诗人只涉及李白、杜甫。其次，课程安排的比重不够合理，如《诗经》内容丰富，实际使用的课时会比较多，而楚辞和汉乐府的内容使用的课时则相对较少。最后，学生虽然有两次展示的机会，但是总体展示时间也很有限，一方面由于选课学生较多，另一方面也是教师讲解的部分比重大。总而言之，“诗词小讲”在近两年来的教学实践过程中，逐渐完善、成熟，但也存在一些问题，有待在接下来的课程中改进、提升。

**【案例 25】**

## 以其昭昭，使人昭昭[1]

笔者自 2021 年进入学校工作以来，连续三个学期面向全校开设“逻辑学基础”

1 此案例由周毅恒老师提供。

选修课，结合备课和上课经历所产生的经验，笔者拟从“教学内容选择”和“教学目标的确定”两个方面谈谈面向高中生开设逻辑学选修课的思考。

## 一、教学内容选择

逻辑学作为一门古老而历久弥新的学科，几乎伴随着整个人类的发展。随着现代科学的兴起和传统形而上学大厦的倒塌，现代逻辑学更是犹如满天繁星，叙事逻辑、自然语言逻辑、人工智能逻辑等跨学科逻辑学极大丰富了“逻辑学”这一概念的内涵。那么面向高中生的逻辑学选修课，我们究竟选择哪种逻辑学来作为授课内容呢？

笔者认为，作为选修课的逻辑学教学在内容选择上，一方面要适切于高中生的既有能力，另一方面要指向学生的学术素养培育。我校生源质量很高，但他们的哲学素养却比较一般，这可能和初中的课程体系关系比较大，因此哲学性过强的逻辑内容不适合作为授课内容。我有尝试讲过一节课的索绪尔符号逻辑，教学内容很简单，就是把索绪尔最基本的“能指”和“所指”讲清楚，以此来反思传统形而上学——但效果不太好，其中的哲学难度还是脱离了学生语境。那么学生比较擅长的是什么呢？就我在语文课上的观察而言，学生比较能接受基于文本细读的分析和有思维支架的思辨性问题。

基于此，我分别将两种逻辑——形式逻辑和叙事逻辑作为教学内容，每种逻辑开设一个学期，共16次课。

形式逻辑作为传统逻辑，本身就进入了高中语文教材，但在语文课里更多的还是教授基于文本分析的“语用—形式逻辑”，局限性很大，课时也有限，仅是浅尝辄止。因此我在选修课里将形式逻辑的基本原理作为了授课内容，与语文教学形成有效补充。在内容上，以基本原理的教授为主，如基本规律、概念、简单判断、符合判断等。其中比较难的内容，如三段论，可能就简单化处理了。

叙事逻辑看起来难度很高，但从实践来看其实难度不大，学生普遍比较容易接受。我主要将普罗普的功能结构诗学、格雷马斯的行动元结构和语义方阵、布雷蒙的序列结构这四个理论作为教学内容，主要是将这四个理论作为文艺批评工具来教学的，因此这对他们的拓展性论文的撰写很有帮助。这些理论对于我们国际部的学生也很有启示，可以帮助他们撰写文学评论。

基于此，我认为我们不能因为学生还是高中生，就将逻辑学简化为一种纯粹实用性的实践课程，还是要葆有其鲜明的理论性和抽象性的——这对于高中生哲学素养的培育很有帮助。而哲学素养，也正是学术素养的一大核心，因此从这个角度看，逻辑学选修课的开设，还是很有裨益的。

## 二、教学目标的确定

高中生学习逻辑，教学目的不能简单设置为对逻辑学基础知识的掌握——毕竟高中阶段的学习目的并非纯粹为了知识，而更多的是指向立德树人。因此在教学目标的设置上，也需要我们深思熟虑。对此，我最初的教学目标是：

1. 通过讲授，能够基本理解、掌握逻辑学的基础原理；

2. 能用逻辑学基本原理分析日常言语，具备一定的逻辑思维与逻辑分析能力。

写完后，我猛然发现，这一教学目标过分注重知识的传递与理解，而并未体现逻辑学的育人功效。经过思考后，我将教学目标改为：

1. 通过讲授，能够基本理解、掌握逻辑学的基础原理；

2. 能用逻辑学的基本原理反思日常生活，将逻辑分析能力作为日常生活的一种思维能力。

调整后的教学目标指向了学生的综合素养，逻辑分析能力对于分析日常生活中的电信诈骗、外交话语、文艺作品等语料很有帮助。如果能将教学目标聚焦于逻辑分析能力，则能使学生的综合素养得到提升，学术素养也能得到一定的促进。

因此我们在上选修课的时候，要审慎地思考如何将拓展性知识和立德树人这条德育主线结合起来。拓展课拓展的是知识，但绝不仅仅是为了知识，我们更需要带给学生以能力，一种能使学生面向未来，有足够底气的能力——这是我们身为高中老师，面对激荡变革的时代，所最需要带给学生的。

【案例 26】

### 透析光影声色——电影欣赏课程方案[1]

## 一、课程理念

电影欣赏是高一、高二学生都适应的美育选修课。美育教育中的影视艺术，是素质教育的一个重要内容，对于加强社会主义精神文明建设、提高中学生的综合文化素质具有重要意义。

---

1 此案例由邱俊铭老师提供。

电影,诞生于1895年,被称为"第七艺术"。其魅力非同凡响,那"启人心智的题材创意,引人入胜的人物塑造,扣人心弦的叙事表达,具体形象的场面细节,复杂跳跃的蒙太奇结构"蔚为大观,无不令人叹为观止。人们说,电影是造梦的艺术。其实又何止是"造梦"!还是艺术评论家说得好:"人们将他们的历史、信仰、态度、欲望和梦想铭记在他们创造的影像里。"

处于高中阶段的学生,人生观、价值观开始趋于成熟,审美能力也达到了一定的水平,这时候更需要方向的指引和交流与提高的平台。在建立学术性高中的背景下,本选修课程立足于学生的综合素养的发展,以兴致高昂的学生为主体,以经典优秀的电影作品为载体,以丰富多样的活动帮助学生全面深入地理解和体验电影艺术的审美理想,发展、完善学生的审美心理建构。

### 二、课程目标

本课程旨在开拓学生的视野,培养学生的审美情趣,提高学生的文化修养。本课程的学习,使学生了解有关电影的专业知识,掌握电影欣赏的基本方法,从口头和书面两方面提高对影视作品进行分析和评论的能力。

### 三、课程设计思路

电影艺术欣赏,拟从认识电影的基本元素入手,认识了解电影的镜头和镜头的运用,进而熟悉电影创作的综合艺术特征,达到对于不同门类、不同样式影片的不同的欣赏方法的把握,掌握对电影艺术欣赏的基本方法。

主要采用个案教学的方法,或进行知识阐释与讲解,或组织讨论深入分析,或比较辨析头脑风暴。点面结合,因势利导,循序渐进地培养学生发现问题、思考问题、分析问题和解决问题的能力。

### 四、课程进度及内容安排

| 课时序号 | 教学标题 | 主要内容 | 运用个案 |
|---|---|---|---|
| 1 | 类型 | 1. 《类型》(Genre)一片中出现哪些电影类型?<br>2. 我最喜欢的电影类型是什么?为什么?<br>3. 类型如何区分:规则与标准、期待与满足<br>4. 讨论交流《生命线》(LifeLine) | 1. 动画短片《类型》(类型片大赏)<br>2. 短片《生命线》(十分钟年华逝去系列之生命线) |

续 表

| 课时序号 | 教学标题 | 主 要 内 容 | 运 用 个 案 |
| --- | --- | --- | --- |
| 2 | 电影思维 | 1. 电影必须呈现,不是讲述而是呈现<br>2. 用视听语言如何呈现？如何呈现得自然而又漂亮？ | 1. 广告片“辣酱与蚊子”<br>2. 广告片“音响”<br>3.《新龙门客栈》(片段)<br>4.《海上钢琴师》(片段)<br>5.《金蝉脱壳》(片段) |
| 3 | 镜头运动 | 1. 片段1讨论交流：有哪些不同的景别？影片如何有序地组织这些镜头？<br>2. 片段2讨论交流：如何通过镜头运动交代清楚人物关系？如何通过镜头运动形成视觉冲击？ | 1.《大话西游》(片段)<br>2.《辣手神探》(片段) |
| 4 | 音乐与声响 | 1. 片段1和2讨论交流：音乐起到了什么作用？<br>2. 音乐在电影中还可以有哪些作用？ | 1.《饮食男女》(片段)<br>2.《杀死比尔Ⅰ》(片段)<br>3.《触不可及》(片段) |
| 5 | 蒙太奇与长镜头 | 1. 片段1和2比较,讨论交流：不同的风格如何表现？<br>2. 片段3和4比较,讨论交流：跟着长镜头,你“读”到了哪些信息？ | 1.《风柜来的人》(片段)<br>2.《阳光灿烂的日子》(片段)<br>3.《好家伙》(片段)<br>4.《赎罪》(片段) |
| 6 | 综合运用 | 讨论交流：<br>1. 教父的性格分析(人物关系、语言动作、道具)<br>2. 室内黑帮活动与室外婚庆活动交叉剪辑的意义 | 《教父》(片段) |
| 7 | 综合运用 | 1. 片段1讨论交流：自选一个角度解读赏析<br>2. 学生作业分享 | 《日落黄沙》(片段) |
| 8 | 检测 | 学生作业分享<br>笔试：600字影评 | 《咫尺天涯》(Inside-Out) |

## 五、评价方式

(一) 过程评价与成果评价结合。过程评价主要考查学生的出勤、课堂发言等情况,占比40%;成果评价包括笔试和口试(PPT展示分享交流),占比60%。

(二) 自评与互评结合。自评以促进学生自我诊断与自我反思,占比30%;互评以促进学生分享切磋，占比 30%。评价以学生为主体，总占比 60%。教师评价占比 40%。

课程评价表

| | 自我评价 | 学生互评 | 教师评价 | 得　　分 |
|---|---|---|---|---|
| 出　　勤 | /(10) | | /(10) | |
| 课堂发言 | /(10) | | /(10) | |
| PPT 展示 | /(10) | /(30) | /(10) | |
| 影评笔试 | | | /(10) | |
| | | | | |
| | | 姓名： | 总得分： | |

“电影赏析”是研究性以及人文素质培训课程方面的系列课程之一，是基础理论与基本实践课程相结合的课程。电影能把教育、认识、审美、娱乐融为一体，对于开阔学生的生活视野、发展学生的审美能力、培养学生健全的文化心理结构起着其他艺术形式所难以企及的作用。所以将电影欣赏引进教育，正确地引导学生进行电影欣赏，在建立学术性高中的背景下，把它作为校本课程内容来进行开发、探索，有助于丰富学科教学资源、推进学校的课程改革。

学生选修本课程主要是出于兴趣，意图更深入地了解电影欣赏的相关知识与方法，然而学生的已有知识水平参差不齐、差距较大，这给教学带来了较大的困扰。如果要进一步改进教学效果的话，必须从以下三条途径入手：

1. 教学内容需进一步简化。突出重点，知识不求全面系统，更注重实际应用。原拟定的教学主题，保留三个(镜头运动，蒙太奇，电影音乐)，删去两个(长镜头，电影类型)。

2. 教学方法需以任务化学习为主。学习任务的目标要紧扣主题，且必须明确，从而优化教学效果。原拟定的主题讨论与个案分析结合的方法，对于学生的知识与能力起点水平要求较高，往往无法有序实施。

3. 管理上需动态化处理。探究性学习实施的过程必然是一个不断生成、开发的过程，因此往往不能按预先设定的目标、计划、方案采取静态的与重结果的方法来管理学生研究小组的探究性学习活动，而必须重视过程管理，实行动态管理，激励学生对原定课题(项目)的开发和创新。

## 第二节　拓展性论文的设计实施

培养创新人才是当下课程教学和人才培养改革的重要价值导向。党的十八大以来，习近平总书记在新的历史起点上，综合判断国内外发展形势，从“发展是第一要务，人才是第一资源，创新是第一动力”的战略层面出发，围绕创新人才的选拔、培养、使用及引进提出了一系列对我国人才工作具有指导性的新理念、新思想、新论断，并通过创新文化培育、创新人才培养与创新环境营造的实践路径来推动新时代人才工作。[1] 创新人才培养是一个系统工程，不能怀有功利之心。中小学阶段是学生探索内心世界、自我发现的阶段。这一阶段的探索不一定与日后从事学术创造性工作有直接联系，但却是个体创新素质形成的决定性阶段。[2] 因此，从中学阶段开始，引导学生通过参与课题研究的方式进行创新思维和能力的训练，对于创新人才培养和提升课程教学的育人价值都具有重要意义。实际上，从国际层面看，美国、希腊等国家的教育政策，都隐含着高中生参与课题研究的价值和要求。美国高中在开展科学研究项目活动方面，具有相当的规模和广泛的基础。开展课题研究在该学区不是少数“精英”的游戏，而是众多学生的学习活动。[3] 希腊政府要求，

---

1 徐侠侠，鲁宽民.习近平关于创新人才的重要论述及其实现路径[J].思想理论教育导刊，2019(07)：8－11.

2 俞水.创新人才培养不能怀有功利心理——访北京师范大学资深教授林崇德[N].中国教育报，2012－06－30(003 版).

3 李凌.美国高中生走在科研前沿[J].教育，2013(02)：63.

从2012—2013学年开始，全日制普通高中的一、二年级学生和全日制职业高中的一年级学生要开展科研项目，作为学习计划（Study Program）的一项独立作业。[1] 在我国，一些高中，如华东师范大学第二附属中学等，也开始尝试以高中生全员参与课题研究的方式来培养创新人才。[2]

在“双新”改革背景下，市西中学致力于打造学术性高中，引导学生参与课题研究就成为一种可行的思路。从语文学科的角度看，将语文学习与课题研究相结合，引导学生通过课题设计和实施的方式，以拓展性论文展示研究成果，达成语文教学更深层次立德树人的价值，这是“双新”改革下市西中学的又一创新之举。

1. 学生自主选择研究主题

拓展性论文研究主要采用课题申报的方式进行。学生需要结合语文学习的兴趣、重点、难点，通过一定的拓展和思考，发现问题，确定研究主题，并完成研究项目的申报。例如，高二(1)班金奕忱同学选了“宫泽贤治童话的修辞特点的研究”这一主题开展研究，她经过前期丰富的思考和积累，形成了如下课题申请材料。

**【案例27】**

## 宫泽贤治童话的修辞特点的研究

### 一、立论依据

1. 本论文的意义与价值

研究课题的灵感来源于学校拓展课程开设的“中短篇小说鉴赏课”。课上对宫泽贤治经典作品的赏析使我对宫泽贤治其人兼其作品均产生了浓厚的兴趣。本论文拟从一名中学生的角度出发，研究对象为宫泽贤治作品中别具一格的修辞手法。宫泽贤治的童话多以小动物为主人公，且多采用比喻、拟人、夸张、对比等丰富的修辞手法。而正是这些修辞手法凸显了童话中鲜明的人物个性，让他的作品受到了广泛的欢迎，更是传达出宫泽贤治在作品中隐含的众生平等、天人合一、自然的两面性、批判人类中心主义的深刻思考。因此，研究宫泽贤治作品中的修辞手法对进一步理解这位自然童话作家的思想具有重要意义。宫泽贤治对自然

---

1 孟可.希腊要求高中生开展科研项目[J].世界教育信息，2013(05)：76.

2 苏百泉.高中生全员参与课题研究与学校创新教育的调整[J].创新人才教育，2016(01)：24-27.

的思考在21世纪仍丝毫不显过时。2020年，新型冠状病毒骤然席卷全球，人类因此而遭受了无法计数的不幸和痛苦，诸如对自由的限制、经济上的损失、生命的逝去……诚然，这场灾难与人类对环境的破坏脱不了干系。通过评析宫泽贤治作品中的修辞手法，能够在欣赏和学习他鬼斧神工的修辞技巧的同时，感悟他对人与自然的思考，让我们重新体会前人对自然的解读和敬畏之心，在当今时代重新审视人与自然的关系。

2. 国内外研究现状分析

基于现在的研究，可知在比喻修辞方面，宫泽贤治作品中的本体和喻体有较大的差异，并非一定在外形及颜色上有相似之处，它们不符合科学逻辑但符合感觉逻辑，从一定程度上体现了宫泽贤治作品的美学性。宫泽贤治的修辞将抽象的文学形象具象化，富有趣味性且易于理解，诙谐幽默并具有深刻的教育意义。

3. 主要参考文献

[1] 张洲洋.宫泽贤治童话作品的比喻研究[D].湘潭：湘潭大学，2019.

[2] 陶箭.宫泽贤治的《要求太多的餐馆》文体赏析[J].剑南文学，2014(11)：68－72.

[3] 梅冲.关于宫泽贤治《银河铁道之夜》的两个中译本的比较研究[D].广州：广东外语贸易大学，2018.

4. 现有研究的不足之处

(1) 大部分研究宫泽贤治语言特色的文献都集中在翻译、语法和用词特点上，关注宫泽贤治作品中修辞手法的文献相对较少，因此如果从修辞角度切入仍有可以挖掘的地方。

(2) 研究修辞手法的大部分文献都是就单独某一种修辞对作品进行论述，没有对各种不同的修辞进行总括性的整理。

(3) 研究修辞手法的大部分文献仅仅列举了修辞手法的运用次数和分布情况，对每一处修辞作用的分析较浅薄，也未结合宫泽贤治的思想观念做进一步的分析。

## 二、研究方案

1. 研究目标

(1) 加深对修辞手法特点及运用方式的理解，了解宫泽贤治写作时运用修辞的特点。

(2) 通过对修辞手法的分析，加深对宫泽贤治的自然生态观的感悟以及其对现实的批判的理解，从中收获启发，从而对当今时代人与自然的关系有进一步的思考。

2. 研究内容

(1) 在宫泽贤治的童话集《水仙月四日》《座敷童子的故事》《猫儿事务所》《风又三郎》《要求太多的餐厅》中选取典型带有修辞手法的哲理童话和诗句，进行分类整理。

(2) 整理相关文献，总结宫泽贤治运用修辞手法的特点。

(3) 对手法的妙处以及作者使用该手法所蕴含的情感深入分析。

(4) 结合作者生平经历及佛教思想等进一步赏析有特色的修辞手法。

3. 研究方法

主要采用文献研究法。在中国知网上搜集整理与本论文相关的文献，了解学术界现有的研究成果以获得启发。

4. 研究步骤

(1) 阅读宫泽贤治的作品　2022 年 8 月

(2) 分类整理作品中的修辞手法　2022 年 10 月

(3) 查阅与其修辞手法相关的文献或书籍　2022 年 11 月

(4) 对手法的妙处以及作者使用该手法所蕴含的情感深入分析，联系作者的经历及思想深入解读手法　2022 年 12 月

(5) 总结研究成果，完成论文撰写　2023 年 2 月

## 三、可行性分析

1. 现有研究基础

对宫泽贤治作品中的比喻已有详细的列举整理，并且分析了手法运用的客观特点。

2. 研究外部条件

学校的“中外小说鉴赏课”对宫泽贤治的作品有过分析指导，并且有语文章老师的指导与帮助。

3. 自身研究能力

(1) 修辞手法的研究是一个非常贴近中学生的主题，课堂上对修辞手法的学习

已经帮助我打下了坚实的基础，我对修辞的运用也有自己的思考与见解。

(2) 我对宫泽贤治的童话有浓厚的兴趣，目前已经阅读完他的大部分作品。

(3) 通过学校的课程，我对宫泽贤治的生平和作品内容已有了初步了解，因此研究起来也不会十分吃力。

**四、成果形式**

最终完成时间：2023 年 2 月

最终成果及其形式：研究的目标、内容、方法以及结论以拓展性论文的形式呈现

从上述申请材料看，该同学在确定研究选题的过程中经过了大量的阅读、比较，选择的题目比较有实践价值，也有助于其更好地开展语文学习。同时，从整个申报书的撰写看，她基本掌握了课题申报书撰写的规范，显然是具备了一定的研究基础，这实际上得益于学校整体人才培养的效能。

2. 导师给予意见和过程性帮扶

为了更好地推动课题研究的开展，学生可以通过自主选择和学校匹配两种方式来确定研究的指导老师。指导老师需要对学生的课题申报材料进行整体把关，对研究的可能性、必要性等进行分析(见表 5.2)。

表 5.2　部分高二年级学生课题申报情况

| 班　级 | 学　生 | 指导老师 | 学　科 | 课　　题 |
|---|---|---|---|---|
| 高二(2)班 | 朱苡凝 | 章润发 | 语文 | 《红楼梦》人物小议 |
| 高二(2)班 | 刘天语 | 章润发 | 语文 | 有关苏轼贬谪文学的研究及分析 |
| 高二(2)班 | 李璐祺 | 周毅恒 | 语文 | 试论《诗经》“桃花”意象的滥觞及其象征意义的变化 |
| 高二(2)班 | 杨亦诺 | 章润发 | 语文 | 《红楼梦》中美食那些事 |
| 高二(2)班 | 吴思卿 | 章润发 | 地理 | 青少年消费情况调查——以上海静安区和浦东新区高中生为例 |
| 高一(2)班 | 徐颢语 | 章润发 | 语文 | 苏轼文学作品中儒释道三种思想的体现：以《赤壁赋》为例 |

续 表

| 班 级 | 学 生 | 指导老师 | 学 科 | 课 题 |
|---|---|---|---|---|
| 高二(3)班 | 盛佳颖 | 许楠 | 语文 | 从“内卷”一词看近年社会发展变化 |
| 高二(4)班 | 成昱 | 柳苏琴 | 语文 | 浅析杜甫诗中的悲绪与长江环境色调的关系 |
| 高二(4)班 | 季灵云 | 柳苏琴 | 语文 | 浅析上海地铁13、14号线“一站一景”的地域文化建设 |
| 高二(4)班 | 陈俊烨 | 章润发 | 历史 | 关于《左传》中外交辞令的研究 |
| 高二(4)班 | 胡旭阳 | 柳苏琴 | 语文 | 林黛玉、薛宝钗房屋装饰面面观 |
| 高二(5)班 | 王怡凡 | 邱俊铭 | 心理 | 调查语言软暴力在市西高中同学中的了解度 |
| 高二(5)班 | 茅天愉 | 邱俊铭 | 艺术 | 关于中国主旋律电影的优势与建议 |
| 高二(6)班 | 虞佳怡 | 陈学政 | 语文 | 通过与乙一的《暗黑童话》比较看宫泽贤治童话如何表现人性 |
| 高二(6)班 | 肖益恒 | 周毅恒 | 语文 | 试论《诗经》中“蒹葭”意象的象征意义的变化及其影响 |
| 高二(6)班 | 韩家豪 | 周毅恒 | 语文 | 电影《狙击手》剧情、拍摄手法分析及衍生 |
| 高二(7)班 | 王稚淇 | 李斌 | 语文 | 近十年我国网络流行语的变迁动因及传播影响的初步研究 |
| 高二(7)班 | 肖瑜婕 | 李斌 | 语文 | 古今青年女性爱情观差异性研究——从现高一女生《红楼梦》整本书阅读说起 |
| 高二(7)班 | 童安毅 | 李斌 | 语文 | 浅谈宋元南戏中的“大团圆”式结局的政治背景——以《张协状元》为例 |
| 高二(10)班 | 陈律言 | 柳苏琴 | 语文 | 石库门改造与保护的“静安模式”探索——基于茂民北路地区石库门改造案例分析及思考 |
| 高二(10)班 | 卢圣屹 | 柳苏琴 | 信息,艺术,心理 | 游戏背景音乐对于体验的影响 |
| 高二(10)班 | 周禹 | 邱俊铭 | 艺术 | 研究欧美电影对中国的意识形态解构 |

针对上述同学的课题申报，指导老师章润发老师认为："金奕忱同学的宫泽贤治研究，既有高远的追求，又有踏实的脚步。探求宫泽贤治童话作品当中的深邃哲思，却能从一个非常适合中学生的小切口——修辞进入。在较为充分地了解国内外研究现状以后，也制定了较为合理的研究步骤，让人期待金同学后续的论文撰写结果。"在这样的一种工作基础上，在后续研究的过程中，教师能够直接有效地对学生的研究进行跟踪指导，提出建设性意见。这不仅有助于学生的研究如期获得理想的成果，而且也是"教师成为研究者"之后，在引领学生科研工作中发挥更大效能的体现。不仅如此，学校还能够借助校外专家的力量，共同支持学生研究的实施，同时在学生研究成果的发表、出版、共享等工作中为学生创造良好的外部条件，形成完善清晰周到的服务保障体系，共同致力于学生良好学术能力的培养。

3. 拓展性论文实践案例

拓展性论文是市西中学创建学术性高中的重要实践项目之一。一年多来，已有近200位同学陆续完成开题，开始课题研究，有部分同学已完成研究，撰写了结题报告。经历了这样的过程，这些学生都收获了很多，特别是关于学术研究的严谨性、科学性和规范性等。以下是学生的论文习作。

【案例28】

## 网络文学反映的当代网民的思想感情、被选择的原因及研究价值

市西中学　王镭颖

**摘要：** 本文使用问卷调查法、文献综述法等方法，通过研究网络文学的外在表征及喜好倾向，以网络文学的流行风格分析了网络文学所反映的网民状态偏向于浅显化、碎片化等。同时根据网络文学的火爆性，分析了其原因为空想性、低门槛、阅读写作成本低等。最后分析了网络文学具有的创作类型新，时代价值、社会价值、逻辑价值高等优点，体现了它的广阔前景与重要价值。

**关键词：** 网络文学；价值研究；时代现状；文学前景

当今时代，网络文学在生活中的占比正越来越大。相比于传统类型的纸质书本，网络小说受益于其载体是轻便可携带的电子设备而更适应碎片化的生活，在不知不觉中已经成为了许多网民生活中不可缺少的一部分。而通过不同类型网络小

说作品的受欢迎程度,又可以从中推断出其读者的倾向类型。读者对于网络小说价值的评判并没有一个统一的标准,也并非与传统小说相似的单论文字功底与内容深度的评价标准。在某些时候,这种标准更为简单直白,即通过代入小说的主角或者配角以达到自己内心的某种目的,这些目的因人而异,但通过被大家推崇的作品也可以看出读者的倾向,从而分析他们的共同之处。

## 一、网络文学反映的当代网民的思想感情

### (一)网络文学的定义

网络文学,就是以网络为载体而发表的文学作品。[1]在网络所搭建的平台上,我认为任何以网络为第一载体的文学作品都可以称为网络文学,无论是知名的作者发表的符合传统定义的文学作品还是任何作者发表在公开平台上的文章,只要符合以上特点就可以称之为网络文学。这个标准中,网络文学可以同时包括微博大V发表的文章与电子小说。由此,网络文学往往包括文章与小说,文学走进数字媒体是时代的必然选择[2],通过网络这个载体,文学也将趋向于平凡化与大众化。

### (二)浅显化所反映的状态

相比于传统文学与现代文学,网络文学除载体外所具有的最大特点是低门槛。网络文学抛却了大部分文学的基础,比起以往,成为作者要简单许多,但这也产生了许多问题。网络时代信息的更迭越来越快,使得网络文学都具有了一个普遍的特性,即内容趋向于浅显易懂、缺乏深刻的内涵。有时翻开榜单排行前列的文学,读时内心有说不出的舒爽,读完只觉无从回味。究其原因,是因为当代网民与作者的时间趋向于碎片化,文章的更新和阅读都是分章分日更新,与传统文学的整本出版有别,作者需要保证每一章在读者看来都相对独立且具有足够的娱乐性,这也就意味着他们很难在这样的基础上表达出足够深刻的内涵。因此,在快餐化的生活下,阅读网络文学逐渐趋向于常态,当代网民也养成了不去细品文学内涵的状态,毕竟网络文学阅读起来简单愉快许多。

### (三)普遍特质所反映出来的喜好

问卷调查男频小说偏好阅读的内容,分类来源于起点中文网的分类,不难看出相比于体育等,较为受欢迎的多为架空类。在中国小说学会2020年度网络小说排行榜上,排名前列的《诡秘之主》《大道朝天》《第一序列》等均为玄幻分类[3],不难看出在许多较为流行的网络文学中,例如《诡秘之主》《幽冥仙途》等,作者尽力将主角

描写成一个与普通人极为相似、具有一切普通人的特质但却有远远脱离现实的经历或特点的人。他可以具有一个普通人应有的懦弱与窃喜，却在是一个小人物的同时，面对那些伟大的决定时能够具有足够的奋不顾已的特质，必要时甚至不惜于牺牲自己，这无疑也是典型的英雄式人物的特点。这种描写既能增加读者的代入感，同时又与现实生活产生了足够的割裂以不至于产生混淆。它能反映大部分网民想在网络文学里寻找与现实相映衬的内容，使读者具有足够的优越感与代入感，不至于将主角过于完美化与神化，导致在读者看来主角不像是一个切实存在的人。但这也增加了读者有时麻痹自己不愿彻底面对现实的思想，或许与社会压力过大也有联系。由于现实生活中的种种压力，读者需要借助网络这个平台来逃避与舒缓，与看电影等娱乐活动类似，但网络文学具有的优点是足够便捷，可供填充碎片化的时间。

在这类普遍特质中，读者与作者借此共同逃避现实，才促成了此种写作方式的流行。作者创造了一个完全属于自己的能够逃避的世界，而读者进行代入，同样沉浸于这个远离现实生活的场景里。将阅读网络文学作为娱乐的读者极为普遍，他们往往都具有逃避现实、逃避麻木的生活的趋向，却由于种种原因无法得偿所愿，进而在网络中寻找一些能够把自己与麻木的世界分离的事物。

（四）环境与生活的映衬所反映出的批判性

网络文学脱胎于传统文学与现代文学，作者身处时代里自然不免受到时代的影响，因此其文章里的描写往往带有时代的影子。但许多作者尽力使自己的作品脱离时代，例如选择架空等类别，尽力去贴合那个时代。在这其中映衬出的属于自己时代的影子，脱离了外在的表象，往往更易察觉所具有的强烈的批判性。例如在《当工具人就能变强?》中，透过文本最表层的风物书写和商业化写作的种种痕迹、文本的沉默和缝隙等，“工具人”现象得以实现，而这一观念在文本中的呈现显然不是作者的自觉，倒不如说是作者在时代中的身体感觉于文本中的无意识呈现，并形成了对“物化”“工具化”的某种质询。[4]这种强烈的批判性同时存在于作者与读者之中，也是引起共鸣的重要因素。

（五）碎片化所反映的思想

对于现代人而言，日常繁忙的工作生活占据了他们大部分的时间与精力，导致他们更倾向于网络阅读这一方式，其优点不仅在于方便与外界沟通，而且可更快地了解时事，掌握文化、艺术和网络文学信息的潮流趋向。[5]这即是网络文学与当今时代碎片化相映衬的得益之处。

由此，读者往往可以只选择其中喜欢的段落阅读，又因为网络文学每个章节篇目本身具有的独立性而不至于影响自己的阅读。部分读者本就是出于放松的心态来阅读，在多数时候也并没有经历对网络文学中的内容进行判断与甄别，而只是接受与汲取。在繁忙的时间间隙这并没有错，但这也会导致读者往往偏向于盲目，很容易就会被篇目内容所诱导。这也是许多发表在微博等各种平台上的文章，一经发表就能引得许多人声援，但有时候在不久后还会出现反转的原因。网民不关心内容的真相，在某些时候只是盲目支持。

这就是碎片化所导致的结果，网络文学在某种程度上促进了网民的盲目，导致思想灌输等更为容易，由于群体效应，这样的结果往往扩散至更大的一部分网民，不利于真相的传播等。

## 二、网络文学被阅读的原因所体现的进步

### （一）网络文学被阅读的原因所体现的进步

#### 1. 极低的阅读门槛

在这个科技高度发达的时代，只要有一台可以联网的计算机或者手机就可以阅读网络文学。它的内容多样，搜索便利，极为适合在闲暇时期用作放松。因此，这也就造就了网络文学极低的阅读门槛，在网络上无论阅读者的学历、收入与社会地位如何，他们都能够阅读同一本网络文学或是同一段文字并且作出自己的评价判断。这造就了网络文学的大众性、广泛性，同时也促进了网络文学的流行性。

同时，网络文学往往不需要任何门槛就可以进行写作或者阅读，这使得它的增长趋势远超过以往任何形式的作品。网络文学是极好的表达思想的平台，也能供作者与读者交流。

#### 2. 极多的可供选择的分类

由于网络文学本身带有极大的广泛性，任何人都可以参与网络文学的创作，并且某一领域在饱和后会自发参与到其余的领域中，并就此在新的领域占据市场。由于这样的趋势，网络文学的分类是始终在增加的，或许只需要时隔几天就可以出现新的领域、新的方式，并随之掀起潮流，引起新的风尚。

因此，网络文学的多样分类能够极大程度地激发人类的创造力与想象力，得益

起点中文网上关于作品的分类及数量对比

于其极低的门槛，多种新形式的网络文学会具有极快的流行速度与更迭速度，这代表在生活中网络文学始终具有发展的空间，是新时代的崭新文学形式。

3. 以轻松为主的题材

由于网络文学本身的平台是网络，并且作者与读者往往不具有创作出传统文学的那种较为沉静的艺术底蕴与创作环境，因此网络文学趋向于较为浅显、轻松的内容。

网络文学模糊了纪实文学与虚构文学、文学与非文学的界限，抑或文学类型中诗歌、小说、散文、剧本的“四分法”界限，[6]这使得网络文学脱离了范围的限制，能采取任何题材作为选材。同时，得益于网络带来的流行性，网络文学的作者能够及时选择较为流行的题材或是改变写作方式，这也就代表了它的题材必定是多样的，包括任何所能想到的内容，而不仅仅是单一的内容。

同时，在洞悉某种创作内容本身更能吸引读者的情况下，作者本身也会趋向于选择较为轻松的内容作为主导，这也就从两方面造就了网络文学以轻松为主的题材。即便作者要选择某些可能引起争议的理论或是领域，也会由于考虑到读者本身的阅读水平及门槛，而使自己的文章表达得尽量简单易懂，不影响读者的阅读。

4. 极低的阅读成本

受益于网络所具有的广泛性与无门槛性，读者并不需要付出太多就可以阅读网络文学。当今免费的阅读平台盛行，身处流量即可代表价值的世界中，许多免费平台取代了付费平台成为流量的汇聚地。这也使得面向下沉市场的那部分网络文学的阅读成本趋近于无，可供任何人闲暇时娱乐消遣。

即便是阅读正版的发表在正规文学平台上的作品，也只需要付出极低的价格，就可以阅读大量的作品，这对于大部分人来说都属于可负担得起的范畴，即便仅出于支持作者的目的购买，成本也不高。这比起传统的需要购买的纸质书籍来说便宜很多，并且，一旦觉得自己对这部作品并不感兴趣，还可以随时替换，寻找新的作品进行阅读。这个过程可以随时发生，甚至并不需要读完任何一部作品就可以发表评价或是有所收获，这也体现了网络文学极低的阅读成本。

更换书籍时，有时也会因为它的阅读成本低而不像购买实体书一样考虑没有阅读完的沉没成本，这也使得开始阅读或是放弃一篇网络文学极为容易，多数时候仅取决于读者个人的喜好。

5. 排解压力的作用

得益于网络文学本身轻松为主的题材与较为浅显的语言方式，往往不需要任何门槛就能够阅读网络文学，因此，读者也更倾向于在休息时间阅读网络文学用于放松或者是在空闲时间阅读网络文学以打发时间。由于它们的情节在多数时候是不连贯的与破碎的，因此从任何一个片段打开都能够非常轻松地开始阅读，这也就造成了其适合在碎片化时间或者是休息时间阅读的特点。

由于以上原因，网络文学适合作为休闲时刻阅读的文本使用。只需付出短暂的时间浏览推文或是小说，不仅能使自己得到放松，偶尔也能获得一些崭新的知识，这使得网络文学极为流行。

(二) 网络文学的历史意义和研究价值

1. 全新的创作类型

网络文学有别于其他的文学形式，在多数方面都与传统文学有许多的不同之处。第一，网络文学借助平台发表并不需要出版实体书，因此较传统文学篇幅往往会长上许多，有些即便能够出版也会分成数十册。同时由于网络文学无论有多长，在任何电子阅读软件上显示的都是虚拟的目录与章节数，因此常会让读者对于它的长度没有一个清晰的认知，阅读时自然也就不知不觉耗费了许多时间，使读者的兴趣大大提升，而不至于看到长度便望而却步。

第二，网络文学的载体是电子媒体，这从某种方面来说不具有传统文学的孤本、手稿等限制，因此理论上能够保存更长的时间，也使得查找更为容易。这虽然带来了更为薄弱的版权意识，但也必然使得它能够保存的时间更长。换而言之，只要人类的网络载体没有灭亡，必然能保存这些广泛的资料用以研究。

2. 用词的时代价值

由于网络文学并不具有任何门槛，且创作时并不常怀有想要流传许久的动机，因此创作时在文章内含有的当前时代的网络语言特点会极多。例如，近日所流行的以“尖叫、扭曲、阴暗地爬行”为衍生而创造出的文学形式在网络上大范围流行，也随之诞生出了基于其上的许多二次创作。

网络上的艺术行为也应是人类精神的一种自我理解方式[7]，无论外在表征如何，都体现了这个时代人类的一些共同特点。因此，通过阅读网络文学并分析，能够轻易获得当前时代所流行的文学特点，进而从中推断出网络上当今的流行用语，推断出时代内的流行事物，再供他人进行分析利用。

因此，网络文学中的用词是当今时代的特点体现，是人们共性所延伸至文学上的表征，具有时代特色和时代价值。

3. 普遍认可的逻辑

一般来说，网络文学内含有的逻辑链或者一些模型都是经过当今社会认可的具有普适性的事物。由此，它们往往在不经意间就包含了很多独属于这个时代的内容。例如，一些默认的规则，男尊女卑或是平权主义的意识，抑或是一些道德感与法律约束的来由。

例如，最近大火的二舅，视频的文案同样也是一种形式的网络文学。这体现了两种思维形式，即是否把苦难视为应承受的，又是否认为受苦是理所应当，仅由出身决定。这是当今时代不同思维形态的碰撞，无论对于我们自身还是后世，都具有极大的警示作用。

这不仅可以作为当今社会学家等研究的材料，也可以供后人分析。这也是连接人们的纽带，得自一些无须多言的默契。有的人借助这些默契肆意发泄自己的恶意，也有些人打破常规，由此便开创了珍贵历史。无论如何，它都具有时代性及独特性，往往能在各个领域发挥作用，有极大的研究价值。

网络文学在某种程度上也是当今社会的缩影，它们中必然有与社会重合的部分，并且还包括社会延展的可能性。因此它们也是当今社会未来的不同方向，囊括社会各种可能的发展形势，包括过去与未来的特质，因此具有极高的社会研究价值。

4. 极大的发展空间

网络文学作为新时代新兴的文学形式，在未来必也将以极为茁壮的姿态发展。这将是新文学系统的开端，甚至囊括的范围将更广。这种以网络作为载体的文学在未来必将作为当今时代的特色之一，被记入历史中，成为时代的代表。

网络写手写的多是青春生活，面向广大青年受众。[8]作者和读者都会变，但这世界上永远不缺少青年受众，这也就代表了网络文学必然随着时代发展不停更迭，短时间内不会被时代所淘汰，并且有无尽的潜力可供开采。

因此，网络文学的发展空间无疑是极大的，作为当今时代的一员，应在合理范围内把控好网络文学的发展方向等，倡导网络文学的积极向上发展与内容健康，网络文学的价值仍在继续升高。

**三、参考文献**

[1] 百度百科.网络文学[EB/OL]. https://baike.baidu.com/item/%E7%BD%91%E7%BB%9C%E6%96%87%E5%AD%A6/.

[2] 欧阳友权.数字媒介与中国文学的转型[J].中国社会科学，2007(01)：143-156+208.

[3] 中国小说学会.中国小说学会2020年度网络小说排行榜[EB/OL]. https://zgxsxh.com.cn/zh-CN/news/detail/1185.

[4] 罗博锋.网络文学中的现实逻辑[N].文艺报，2021-04-30(007).

[5] 马东峰.网络文学对现代人生活审美影响研究[J].延边教育学院学报，2021，35(02)：148-150.

[6] 欧阳友权.网络文学：挑战传统与更新观念[J].湘潭大学学报(哲学社会科学版)，2001(01)：36-40.

[7] 欧阳友权.论网络文学的精神取向[J].文艺研究，2002(05)：74-82.

[8] 曾少武.网络小说发展现状研究[J].十堰职业技术学院学报，2010，23(01)：75-79.

高三(3)班的王同学以自己的拓展性论文选题为例，认为在确定初步研究方向后，一定要查阅相关文献，了解该相关研究领域的研究现状，以避免重复研究。她从多次失败的选题经历中获取经验，最终确定了自己感兴趣的选题。在拓展性论文的选题上精益求精，不断优化，同时她虚心听取导师的意见，认识到选题要特别关注研究的可行性。在文科研究方法中，她意识到预调查的重要性，也学会了如何设计问卷和如何建构问卷的基本框架。科学研究的过程是漫长而艰难的，不可避免地会遇到失败和挫折，这也培养了学生坚忍不拔的品质。

拓展性论文的撰写离不开导师的指导，也离不开校友和社会相关领域人员的帮助和指导，如何与他人进行有效沟通，也是同学们需要去学习的。王同学通过微信文字、语音、电话和现场交流等方式与导师进行有效沟通，并与评委老师进行沟通。她在沟通中发现论文的不足，进而不断完善提升，她也联系到市西校友，并在校友的指导和帮助下推进课题研究。

在拓展性论文的撰写过程中，面对疫情的影响和紧张的学业，同学们克服重重困难，完成了论文的撰写并完成了结题答辩，展示了同学们在拓展性论文的研究撰写过程中意志品质的磨炼、学术规范的养成和学术性素养的提高。以下是同学们对拓展性论文的感悟。

拓展性论文的撰写并不是一朝一夕就能完成的，它需要我们多花心思、多钻研，需要我们有足够的耐心与坚定的决心。在此过程中，我们会遇到各种各样的困难，这些都是不可避免的，它们就是我们与知识磨合之间产生的火花，只有充满信心、勇敢地面对它们才能收获胜利的果实。一直以来，我对写论文的认识就是枯燥乏味，而现在听了学长学姐们的分享，我深刻意识到撰写论文的过程便是收获新知识的过程。在探求知识的过程中不断地深入思考，何尝不是一件乐事呢。作为高一新生，学长学姐们的分享不仅对我撰写拓展性论文有很大的启示，更给予了我对课题研究的信心与期待，希望能像学长学姐们一样从中收获满满！

——高一(3)班王允成

很多创造性的思维火花源自交流。无论是在校内与导师、评委之间的沟通，还是在校外与校友、社会人员的沟通，都不仅是对拓展性论文的深入打磨，其实也是对我们人际交往能力的一种培养。撰写论文的过程必然是有难度的，但只要我们怀揣着坚定的决心，把挑战当作是一种对自我的磨炼，不放弃、不退缩，就一定也会“守得云开见月明”，不断成长、不断超越自己。作为高一的学生，这次活动分享也让我对即将到来的拓展性论文有了更为深入的了解，以更充分的准备和更坚定的勇气来面对这份挑战。

——高一(7)班唐靖旖

对于文科研究，尤其是偏向于社科类或研究古迹的研究，仅搜寻文献资料远远不够，只有进行实地考察，了解研究对象的真实情况，或现场采访，获取一手信息，才能够更加细致地完成论文撰写。而在进行实地调研的过程中，如何细致准备、恰当沟通、临场调整正是对我们人际交往能力和灵活应变能力的很好锻炼。

——高一(9)班陶诚心

## 第三节　文化游学的设计实施

在当下的中小学课程体系中，研学旅行是一种独特的课程门类和活动样式，既可以作为社会实践课程的重要组成部分，也可以根据特定的目的进行独特的设计和单独实施。市西中学通过文化游学的项目实施，提升了研学旅行的深度和育人效能。

### 一、市西中学文化游学的项目初衷

从概念上说，研学旅行是由教育部门和学校有计划地组织安排，通过集体旅行、集中食宿方式开展的研究性学习和旅行体验相结合的校外教育活动，是学校教育和校外教育衔接的创新形式，是教育教学的重要内容，是综合实践育人的有效途径。在当下的人才培养体系中，研学旅行具有多个维度的积极价值：融学习于生活世界中，有利于促进学生身心和谐发展；融学习于活态文化中，有助于落实立德树人根本任务；融学习于“在场”体验中，有利于学生发展核心素养。[1] 然而从实践的角度看，学生自主开展的研学旅行，往往“旅行”的味道更多一些，“研学”的色彩则相对不足。为了更有效地发挥研学旅行的教育价值，特别是拓展其中的“研学”成效，市西中学

1　殷世东.中小学研学旅行课程设置价值与理论基础[J].宁波大学学报(教育科学版)，2020(04)：26－34.

在落实“双新”下的语文教学改革过程中，创造性地提出了文化游学的概念，赋予研学旅行更多的文化色彩。让学生围绕一定的文化主题，通过自主探索，发现问题，寻找证据，进行反思，最终形成可行的研究报告。这种目的明确、要求严格的研学过程，真正能够发挥研学的价值，让学生真正通过旅行和思考获得成长。

## 二、市西中学文化游学的作品样例

人的生命具有“生理生命”“内涵生命”和“超越生命”三重性，是以超越生命为内核的一种价值存在和物质存在的统一。[1] 教育活动，要以引导学生自觉能动地实现生命超越为重要价值导向，而这种生命超越往往是通过学生对于问题的不懈思考和探究而实现的自我成长来达成的。在文化游学项目的支持下，学生们结合课程学习的需要和自身的兴趣爱好，或通过教师指导，或通过集体研讨，确定选题，开展研究，形成丰富的研究成果。在本节的论述中，笔者呈现两个学生作品，并据此分析学校在组织实施文化游学项目中的做法和特色。

**【案例 29】**

### 留取乌金千秋照——浅谈徽墨技艺的传承及其工匠精神[2]

**摘要：** 一提到墨，很多人第一时间都会想到徽墨。徽墨是我国国家级非物质文化遗产，也是我国优秀传统文化的重要载体之一。它作为我国传统制墨技艺中的珍品，素有“落纸如漆、万载存真”之誉，但其制作工艺之复杂，却鲜有人了解。党的十八大以来，习近平总书记对大力弘扬工匠精神作出一系列重要论述，强调工匠精神是“鼓舞全党全国各族人民风雨无阻、勇敢前进的强大精神动力”。

因此，本篇研究报告就徽墨复杂的制作工艺、其精神内涵以及徽墨传承的现状作具体分析，探究徽墨技艺蕴含的工匠精神，并结合实际情况对徽墨技艺的传承提出建议和设想。

---

1 向晶.追寻目标：学生幸福的教育关照[J].全球教育展望，2014(11)：17－24.

2 本文作者：市西中学学生周雅芸、傅维希、邵晋菲、孙艺榕。

**关键词**：徽墨技艺；工匠精神

## 一、引言

### （一）研究背景

在定下徽州的游学路线后，通过小组讨论以及前期背景资料准备，我们与指导老师商量并明确了我们的课题研究方向——徽墨与其背后蕴含的工匠精神的传承和弘扬。

徽墨，是指古徽州生产的，以松烟、桐油烟、漆烟和胶等为主要原料制成的特种颜料。一提到墨，很多人第一时间就会想到一个传承十几代的中华老字号——曹素功，而曹素功生产的正是徽墨。

清代，徽墨制作分为四大名家系统，即曹素功、汪节庵、汪近圣和胡开文，号称清代四大制墨名家，其中汪近圣和胡开文两位都是绩溪县人。他们在原有的基础上对徽墨进行了改进创新，终于制成了如“金不换”等的文苑珍品。

徽墨制作技艺复杂，原料经过炼烟、和制、烘蒸、描金等11道工序，才能成型。针对不同的制墨原料，会采用不同的生产工艺。如此制出的徽墨具有“拈来轻、磨来清、嗅来馨、坚如玉、研无声、一点如漆、万载存真”的特点。

徽墨作为我国“文房四宝之一”，素有“落纸如漆、万载存真”之誉，其制作原料之多，制作工艺之复杂，使我们对制墨师傅肃然起敬，也引发了我们的思考：在科学大力发展的今天，徽墨制作是否还应保持传统的手工工艺？传统文化需要保护、传承并发扬，但也需要考虑现代技术的更新与迭代。现在墨汁的使用更便捷，从实用角度来讲，写毛笔字磨墨虽然更具有仪式感，但效率不太高。在毛笔大量被硬笔取代的背景下，徽墨怎样才能在新时代焕发出新的活力？

### （二）小组成员工作安排

| 姓　名 | 分　　工 |
|---|---|
| 周雅芸 | 分配任务、前期背景资料准备、总结归纳 |
| 傅维希 | 制作问卷、发放问卷、数据分析、文字 |
| 邵晋菲 | 前期背景资料准备、记录采访过程、图片 |
| 孙艺榕 | 前期背景资料准备、摄影、文字 |

（三）研究目的与意义

本次课题研究，我们了解了徽墨的制作工艺、历史底蕴、精神内涵和徽墨传承的现状，为其将来的传承提出了建议，希望能够让更多人了解徽墨及其背后的文化魅力和工匠精神，为将来徽墨的发展提出可行性建议，推动优秀传统文化的传承和创新。

## 二、研究方法

（一）文献阅读

在课题筹备前期，通过中国知网，我们查询了不少徽墨的相关资料，如徽墨的起源、制作工艺，初步认识了最具代表性的胡开文墨厂，对徽墨的发展前景、保护和弘扬这项传统制作技艺都有了一些浅层的认识。通过对文献资料的收集阅读，我们对徽墨制作的工序有了初步认识，其背后所蕴藏的文化内涵是难以估量的，然而在日常生活中，我们鲜少会去主动了解这项技艺。我们也基于查阅的文献提出一系列问题用于之后问卷的制作和采访。

（二）问卷调查

考虑到游学期间的天气状况和多方面的实际问题，本次问卷皆是以线上的形式完成。为了收到数量充足且高质量的问卷，我们站在回答者的角度思考，怎样能让大家更愿意回答我们的问题。我们一次次修改，反复斟酌用词和问题选项，问题层层深入，运用简洁的语言确保答题人的完成热情及完成度。

在发放问卷方面，我们运用问卷星进行制作和发放，这样不仅可以及时修改，还能通过后台实时监测答题情况，再根据回答情况确定是否再修改，最后将数据进行整合。

在本次研究过程中，问卷的发放非常顺利。我们通过各自及家长的朋友圈，在实地考察的前一天，便收到了来自四面八方各年龄段的198份问卷，大家都非常认真地配合我们，答题情况也十分可观。

（三）实地考察与采访

在游学期间，我们前往参观了胡开文墨厂，也是中国最大最具代表性的墨厂。通过观察制作流程、参观各车间、聆听讲解、最后亲身体验，在工作人员细致生动的讲解和颇有意义的体验描金过程中，我们更直观、深入地认识了徽墨制作技艺，我们也对问题核心——工匠精神有了更多了解。

为了使采访更具有效性，在考察之前，我们在墨厂的官方网站上获得了他们的邮件地址，精心写了一封邮件询问能否接受采访，也通过电话形式取得了联系。我们也曾精心设计问题，努力使采访达到最好效果。在实地采访时，我们先访问了一位在制作模具车间工作的老师傅，他也十分认真地回答了我们的问题，话语里能听出他对这份工作的坚守与热爱。在谈及年轻力量的缺失这个问题时，他有点无奈地笑道："现在很多人都达不到这种耐心，都觉得这种活很苦很累，所以也只好由我们来做了，当然还是有年轻人愿意加入的。"

在体验描金时，我们也与指导的师傅交流，得知进入墨厂工作需要培训很长一段时间，最后的考核也不易通过。每年都会有一批大学生前来考察学习，现在也有年轻力量愿意加入。描金这种工作最需要细致和耐心，我们这次体验的只是凤毛麟角，真正的技艺是高效且优质的。

## 三、研究内容分析

### （ ）徽墨制作的原料

徽墨的制作原料主要是碳氢化合物不完全燃烧的粉末状物质，古代称"烟炱"，现代化学名叫"炭黑"。歙县老胡开文墨业徽墨制作原料主要有松烟、油烟、漆烟三大类。松烟制墨，自汉代始以黄山松为佳。油烟制墨，始于宋代的张谷、张处厚父子。漆烟首见宋代沈佳取石松蘸漆渣炼烟，今用桐油渗入部分漆炼烟，乃明代四大墨家程君房首创。

### （二）复杂的徽墨制作工艺

1. 炼烟：传统的油烟炼制，在一处空间不大的密封烟房内，点燃油灯上的灯草，每盏灯上覆一瓷碗，烟熏其碗内定时扫除。歙县老胡开文墨业现在炼烟已用上了点烟机，松烟由专门的生产基地供应。

2. 和胶：胶由动物皮熬制而成，以牛皮炼胶为上。根据配方，将烟煤、胶、药物、添加剂混合一体，搅拌均匀并杵捣到一定程度制成墨棵。

3. 制墨：先将墨棵放在炕炉恒温后取出，置于墨墩上，用六磅方锤翻打，然后按墨重计量分成小棵，在恒温板上采用搓、捺、推、收的技法，将墨丸投入墨模，放置于坐担下压平整，冷却后脱墨，整个过程环环相扣，一气呵成。即使是在冬令时节，墨工也汗流浃背，故著名书画家程十发参观后留诗曰："一丸佳制有余馨，歙墨从来举世尊。冰麝龙涎皆不贵，杵工汗滴是真魂。"

4. 晾墨：晾墨房要保持恒温恒湿，避免阳光直射。徽墨造型不同，晾墨方式多样，大多平铺晾墨板，立体形则直立，圆柱形采用绵纸包吊法，以防墨锭收缩不均而变形。根据墨锭大小决定晾墨时间长短。30克以下晾墨时长为三个月，墨越大则时间越久。

5. 打磨：晾墨三成干的时候进行墨锭锉边，五成干时检查墨锭的平整度，八成干时用纸包封。

6. 填彩(描金)：根据要求，用填彩毛笔将铜金粉、高级国色颜料描在墨锭图案和文字上。在填彩车间里，我们小组的成员都亲自尝试了描金。

7. 包装：徽墨包装分软包装和硬包装两大类，一则保持徽墨的品质，二则烘托徽墨的艺术典雅。如果说徽墨的材质与生产流程决定了墨的内质优劣的话，那么墨模的精美与否则决定了徽墨外形的高下。只有生产工艺与墨模的完美结合，才能产生内外兼修、实用与观赏合一的高档徽墨。

塑造徽墨成型的模具称为墨模，也称墨范或墨印，分为外模(今称外框)、内模(今称印版)两部分。因墨式不同，印版由两版、四版、六版组成，嵌在外框里，组成一幅总模。墨模的外框以檀木为好，内模以石楠为佳。内模的雕刻与一般木雕不同，是一种反雕。木雕是尖底儿，而墨模的雕刻则需要将阴文底抚平，稍有疏忽，制墨时就难以脱模，墨面就会出现凹凸不平的“暴眼”而成为次品。

(三) 徽墨的历史底蕴

墨，伴随着5 000年中华文明一路走来，至今依然散发着迷人的芬芳，风姿绰约。唐代末年，墨的历史进程发生了一个重要的拐点，当时国内最有名的墨工奚超父子南渡来到歙州的州治所在地歙县造墨，用当地黄山松炼烟，品质上乘，制成的墨品质一流。歙州，也就是后来的徽州，渐成全国制墨重镇，徽墨应运而生，成了墨的代名词，成为中华传统文化的重要符号。歙县，是徽州府的府志所在、徽商之源、徽文化的主要发祥地。淡定的徽州古城，不卑不亢地向疑惑的游人诉说着徽州的前世今生。在古城东边，有一处偏僻的地方叫桃源坞，这就是新安画派宗师渐江的诞生地。在这里常年传出缕缕墨香，伴随着阵阵有节奏的啪啪声，这就是目前全国规模最大、品种最全、制作技艺最地道的徽墨生产企业——歙县老胡开文墨业有限公司。

(四) 徽墨制作工艺蕴含的工匠精神

自20世纪80年代以来，老胡开文墨业荣获的国家级大奖数不胜数，这些荣誉和成就的取得原因是多方面的，但是与一代代徽墨人的努力、开拓、创新密不可分。现任歙县老胡开文墨业有限公司掌门人周美洪就是其中的杰出代表，巧合的是，周美洪也是绩溪县人，他出生于徽墨世家，其父周富荣，是老胡开文墨业的创始人之一，曾任主管生产和技术的副厂长，一生奉献给徽墨的生产与发展。1979年进厂的周美洪在父亲的言传身教下，从基层干起，一步一个脚印，一步一个铿锵。近40年，他一直在徽墨这个行业中忘我地工作着，耕耘着。从当年那个意气风发的青年，到现在老胡开文墨业的掌门人，国家首批徽墨制作技艺代表性传承人。在他身上，我们看到的不仅是历代成功制墨家的一个缩影，我们更看到了他身上那份对中华传统文化的热情与执着。

徽墨的制作从来都不是一蹴而就的易事。怀揣着一颗“匠心”，凭借着一代代人的工匠精神才能做出最好的徽墨。在科学大力发展的今天，徽墨制作的许多环节看似可以将人力替换成机器，实则不然，因为机器是无法替代人的匠心的。工匠精神并不意味着我们一味地坚持手工，排斥机器，工匠精神的内核是追求卓越的创造精神、精益求精的品质精神。以墨模的制作为例，当我们以为这一环节并没有那么重要时，老师傅的那句“按照图纸，一分一毫都不能差”深深地触动了我们的心，这就是老师傅的匠心，是他精益求精的原则。

## 四、研究成果

### （一）实地采访结果分析

事先，我们通过胡开文墨厂的官方网站获得了他们的邮件地址，发送了希望能够采访制模师傅的邮件，在得到允许后，我们小组带着精心准备的问题随着行程来到了胡开文墨厂。

在胡开文墨厂中，我们有幸与几位制墨师傅进行了交流。在与木工师傅的交流中我们了解到，第一个环节——“制作墨模胚”在制墨中起着至关重要的作用，这一环节包括制作模具和雕刻花纹等步骤，不能用机器替代，必须完全依靠手工制作，讲解员为我们补充说现在会制作模具的师傅已经很少了，我们看到的这几位都是工作了几十年的，退休后返聘的老师傅。模具尤其需要注意的是光滑度，边缘不能有一点毛糙，宽度和长度都是固定、不能有偏差的。

而描金师傅告诉我们，他们在上岗之前都要接受三个月的培训，通过了考核才可以正式工作。而他们描出来的图案都是专门请人设计的，有些图纸甚至是日本人设计完后专门送来请他们制作的。关于是否有新人愿意前来学习描金的问题上，他们回答说，前几年还有大学生过来参加培训，现在很少了。

讲解员则告诉我们制墨师傅们的工作非常辛苦，在单子多的时候一天甚至可能需要连续工作超过十个小时，他们需要坚强的意志和无止境的耐心，一点一点打磨模块和砚台，即使开着空调也仍然大汗淋漓，更别说忍受锤墨制墨时浓重的油墨，年复一年地创造出如同艺术品般的墨块和砚台。

在成品区，我们看到许多花纹精美的墨块，大多数还与中国传统文化有关，例如福禄寿喜、花鸟图、仕女图、龙凤图，等等。砚台则光滑得几乎看不出它是一块原本粗粝的石头，上面龙腾凤旋，花草茂盛生长，云雾缭绕，图案栩栩如生。正是制作中的这份独特的工匠精神，才使得徽墨经久不衰，作为我国优秀的传统文化延续至今。然而由于制作的辛苦和极高的时间成本，这项技艺该如何延续、传承、发扬光大，确实是一个值得好好思考的问题。

（二）问卷调查结果分析

利用网络，我们事先精心制作了网上问卷，共计收集到198份回答。问卷填写者几乎覆盖了全部年龄段，集中位于41—50岁之间，其中安徽本地人20人，仅前往安徽旅游过的96人，从未去过安徽的有82人。而从未听说过徽墨的有47人，占全体人员的23.74%；略有耳闻者占绝大多数，共126人，占比63.64%；比较熟悉和非常熟悉的分别有22人和3人，共占12.63%。

然而其中几乎不了解徽墨的有126人，占63.64%；有所了解的有65人，占32.83%；比较了解的仅7人，非常了解的甚至为0人。这说明徽墨在人群中还是有一定知名度的，但是对其的推广、宣传仍然不够，知识普及尤其缺乏，未能达到很好的宣传效果。

在数据统计中，大部分人对徽墨制作过程中的部分工艺还是有所了解的，一项都不熟悉的参与者仅有30人，占总人数的15.15%，其中“制作墨模胚”“打磨、描金”和“雕刻墨模”三项工艺位居前列，对它们有所了解的人数分别为100人次、97人次和89人次。了解“炼烟”和“二次捶打墨泥”的人数最少，分别仅有42人次和47人次。说明大众还是对一些简明易懂、较为有名的制作工艺更加熟悉，可以在这方面对较难理解的工艺进行知识普及。

关于徽墨的使用情况，调查结果显示平时从不使用徽墨的人数有131人，占所有人数的66.16%，几乎不使用的有43人，偶尔使用和经常使用的分别有23人和1人，一直使用的为0人。

而在使用的人群中，大部分使用的是曹素功生产的墨水，但令人高兴的是，也有好几位说他们使用的是胡开文生产的徽墨。以上说明大众使用徽墨的频率并不高，而其中大多数使用的是搬迁到上海的曹素功，但是经典老厂胡开文墨厂也仍然有它的独特受众。

在所有参与调查的人员当中，仅有9人参加过徽墨相关的体验活动或参观过有关场馆，其中包括参观徽文化博物馆，在黄山旅游或学校组织安徽游学时体验过等。而当被问到如果提供一个体验徽墨制作的机会，是否会参加时，52.02%的人选择了是，仅12.12%的人选择了否，剩下的表示要看是否付费或者时间是否合适。说明当地政府和博物馆确实有做出一些宣传措施，但还不够到位，了解到相关资讯的人很少，而大部分人其实是愿意参与相关活动的，这是一个很好的机会，当地政府和博物馆或许可以就这一点展开宣传推广。

在最后一个问题中，有67.68%的人认为官方宣传是比较适合徽墨的推广方式，57.07%的人认为视频应用较为合适，56.57%的人选择了社交软件，46.97%的人选择了科普杂志，仅28.28%的人选择了搜索引擎。另有10人选择了其他，其中非常有建设性的一条意见是可以设计相关的文创产品。这一问题展现了人群对不同宣传方式的推荐和接受程度，值得参考。

很多参与者填写了一些非常具有参考价值的宣传建议，例如：利用哔哩哔哩等视频软件进行趣味宣传与推广、政府支持举办相关展览、设计体验馆、与学校合作开展线下书法教育课程、制作小游戏、邀请专业人士访谈、开设DIY工作室、结合自媒体并借助网红效应等。

综合上述问卷结果，我们得出结论：徽墨作为我国优秀传统文化的一部分，虽然被一部分人所知晓，但大众对它的了解程度，不论是品牌还是制作工艺都仍然不够，急需有关部门对它进行大力推广。而调查数据也表明大众对其的接受度和包容度都很高，只要坚持宣传推广，设计一些相关的活动或产品，那么这一优秀的传统文化以及其中丰厚的历史底蕴和精神内涵被大众所了解和熟知就指日可待了！

## 五、总结与建议

通过问卷调查，我们收到了来自各年龄段和各工作岗位的不同人群的答复，通过数据分析，我们了解到当今人们对徽墨的了解情况。我们也收集到许多对徽墨宣传的宝贵建议：加大推广力度，借助短视频和网络平台；将徽墨与文房四宝、徽州的地方人文风情相结合，设计更贴近生活的徽墨文创产品；开展“徽墨进校园”活动，在学校内开展徽墨选修课，培养新一代对于中国传统文化的兴趣；建造徽墨体验馆，加深人们对徽墨的了解和认识。

在老胡开文墨厂实地考察时，我们通过专业讲解员的讲解，采访墨厂师傅，以及自己亲手描金绘墨，深入了解了徽墨的制作过程。我们能够对徽墨这一中华优秀传统文化载体的传承和推广提出可行性建议。

**六、参考文献**

[1] 黄辉.徽墨的历史与传统制作技艺研究[J].民艺，2018(4)：20－26.

[2] 姚昱波.徽墨传统制作技艺的现状和发展前景[J].文物鉴定与鉴赏，2018(23)：76－79.

[3] 唐浩，唐丽青.乌金千秋照记徐汇艺术馆徽墨专题展[J].上海工艺美术，2019(2)：46－49.

[4] 姚昱波.试论保护和弘扬徽墨传统制作技艺的现实意义[J].文物鉴定与鉴赏，2019，166(19)：95－98.

[5] 李江.制墨・赏墨・惜墨——论徽墨的人文意义[J].装饰，2015(2)：38－41.

**【案例 30】**

## 寻访鲁迅故里　弘扬“鲁迅精神”[1]

**摘要：** 本文基于浙江绍兴鲁迅故里文化旅游资源，结合实地考察、访谈、问卷调查三种研究方法进行分析，并与上海鲁迅纪念馆进行对比研究，提出鲁迅故里景区用以缓解并改进游客反映问题的可取建议，从而既有鲁迅先生生平的体现，又不失“鲁迅精神”的表达。

**关键词：** 鲁迅精神；文化；旅游资源；弘扬

**一、研究背景**

1. 问题的提出

学术网站上有关鲁迅先生的文学成就以及精神哲学方面的研究论文甚多，但

1　本文作者：市西中学学生凌琴雯、姜文嘉、郭智君、徐志鹏；指导老师：沈世皓。由于课题的性质，本文参考了上海鲁迅纪念馆简介(场馆官方纸质简介)。

少有文章能够从现今文化旅游资源中分析“鲁迅精神”的弘扬之成效。其中尚有疑问未能得到解答：现今文化旅游资源是否能够真正发挥“弘扬鲁迅精神”的作用？其过程中是否存在一定的失真？是否还存在更佳更优的弘扬以及体现方式？

2. 浙江绍兴鲁迅故里文化旅游资源以及“鲁迅精神”的概念、特征和相关定义

本文所研究的文化旅游资源专指浙江绍兴鲁迅故里景区中鲁迅祖居、三味书屋、百草园、鲁迅故居和鲁迅纪念馆中的文化旅游资源，即其中的建筑、家具等实景和基于此的展板、讲解等介绍，不包括周边的古巷以及乌篷船等。其中，本文将鲁迅祖居、三味书屋、百草园、鲁迅故居归类为户外景区，将鲁迅纪念馆归类为室内景区。

为对比研究而进行实地考察的上海鲁迅纪念馆，仅局限于“人之子——鲁迅生平陈列”，不包含其余纪念馆内的临时展厅等。出于主次之分的考虑，作者在对比研究中主要探讨二者在“鲁迅精神”弘扬方式上的差异等，而不具体分析上海鲁迅纪念馆中的文化旅游资源。

作者基于相关文献资料，加以合理的解读，将“鲁迅精神”界定为字面含义上的“鲁迅的精神”，其主要表现为：对国家、民族的忧患意识和使命感，改革创新、勇于开拓的精神，同时也囊括了诸如自强不息、坚韧不拔、追求真理等的精神品质。

## 二、研究目的与意义

1. 研究目的及思路

本文的研究目的主要体现在以下三个方面：其一，探究当地文化旅游资源在哪些方面体现了“鲁迅精神”的价值；其二，反映游客对于鲁迅先生以及其精神的了解程度，相关旅游资源是否对游客更深一步了解鲁迅先生有所帮助，从而说明鲁迅故里在“弘扬”作用上的一定成效或是问题与不足；其三，探索“弘扬鲁迅精神”是否存在更好的途径，以避免其精神内核的失真并获取更多人们的认同。

与此同时，作者对上海鲁迅纪念馆中丰富的文化旅游资源与浙江绍兴鲁迅纪念馆进行比较研究，探寻其是否能够对于绍兴鲁迅故里场馆在“弘扬鲁迅精神”的层面上有所启发，分析二者各自的特色以及存在的优点缺陷等，使得相关的研究结果更加充分。

通过以上一系列的调查，从各个角度出发，反映“弘扬鲁迅精神”的具体体现、成效以及所需改进的相关问题等，为本文的启示奠定事实基础。

基于一系列调查结果的支撑，随后探讨以上“对弘扬鲁迅精神的启示”，主要从两个方面着手：其一是鲁迅故里场馆内部，是否可以通过一些改进与创新，更有效、更完整、更纯粹地弘扬鲁迅精神，避免其过程中的失真。就此作者基于问卷调查了游客等对于鲁迅故里给予肯定的优点以及对于其不足的建议。其二，不仅仅局限于场馆，结合数据图表的相关特点，探讨导致部分人群对于“鲁迅精神”的了解匮乏背后的原因是什么，基于此社会在哪些层面又可以做出哪些举措来缓解和改善等。

2. 研究步骤

为充分落实以上三项研究目的，首先，作者基于浙江绍兴鲁迅故居文化旅游资源，通过访谈、实地考察、问卷调查的方式，在以下三个方面对浙江绍兴鲁迅故居文化旅游资源进行整体上深入系统的了解：

第一，就场馆内部的文化旅游资源，通过访谈的方式与鲁迅故里内部的讲解员进行交流，从官方的角度了解场馆为体现“鲁迅精神”以及其价值做出哪些方面的努力，体现在鲁迅故里的哪些部分；

第二，作者通过实地考察鲁迅故里，并以其中的鲁迅纪念馆为主，从实际出发，寻找鲁迅故里中所能够具体体现“鲁迅精神”的地方；

第三，通过问卷调查，从普通群众的角度，反映游客对鲁迅先生及其精神的了解程度，相关旅游资源是否对游客更深一步了解鲁迅先生有所帮助。

3. 研究意义

鲁迅先生源于中华民族传统的忧患意识、厚重丰富的个性人格，以及他鞭挞保守、创新改革的精神，永远是值得我们珍视学习、继承发扬的民族魂。同时，“鲁迅精神”对于当今时代的重要性也是不可否认的：当代中国仍需要鲁迅精神对国民性的再思考与批判，对现实社会的勇锐批判，对当代文化健康发展的指导，对当代青年思想的指引。

很多文献作者基于鲁迅一生所著的作品探索他的民族忧患意识和爱国激情，点明了鲁迅文学创作以及翻译的目的和意义，并结合历史与当今的情况客观地分析发扬鲁迅精神的时代价值和指导意义。在此基础上，本文从旅游资源的角度考虑，旨在基于浙江绍兴鲁迅故里文化旅游资源，并将其与上海鲁迅纪念馆进行对比研究，提出鲁迅故里景区用以缓解并改进游客反映问题的可取建议，从而既有鲁迅先生生平的体现，又不失“鲁迅精神”的表达。

## 三、研究方法

1. 文献法

作者通过纸质资料和文献平台检索关于“鲁迅故居”“鲁迅精神”等关键词信息，从而为较为全面、客观、真实地了解鲁迅故里文化旅游资源状况，为弘扬“鲁迅精神”的相关思考奠定良好基础。以下列举三篇对本文概念界定以及启示部分具有启发作用的学术论文。

第一篇：《从儒家思想看鲁迅精神与中国文化传承》吴钧（来源：甘肃社会科学）

在鲁学研究的历史中，鲁迅总是以最彻底的反孔反封建的形象被认同。然而，鲁迅精神是中国文人自古以来的传统继承，它从《周易》文化中可以找到源头，在儒家的思想中得以批判性地继承和发展。源远流长的中华民族优秀文化传统，无疑对鲁迅的精神世界和文学创作、翻译，产生了最直接和重要的影响。该文就鲁迅与儒家思想一脉相承的最重要的忧患意识、自强不息和改革创新三个方面进行分析与论述。

本文参考了该文分析的鲁迅与儒家思想一脉相承的三个方面，即“忧患意识、自强不息和改革创新”，并稍作改动，将其纳入本文对“鲁迅精神”主要表现的界定中。

第二篇：《鲁迅精神在当代中国社会的意义》高金鹏（来源：文化学刊）

文化保守主义势力将矛头指向“五四运动”的新文化以及作为五四旗手的鲁迅。他们怀疑、曲解鲁迅的文化选择，将其定义为一个被时代所淘汰的文化激进主义者，力图证明中国传统文化的再生能力与“永恒价值”。该文即以此观点为批判对象，一方面探讨当代中国文化杂居现象及其背后的传统文化机理，另一方面论证鲁迅精神在当代价值危机中的指导意义。

本文主要借鉴该文所论证的鲁迅精神在当代价值危机中的指导意义，并从中提取鲁迅精神的内涵体现，即“在面对异质文化中的挣扎、对黑暗困难的战斗、在死中体悟生以及精神独立的思想内涵”，以此确认“鲁迅精神”的主要表现能够在本文的界定中充分体现。

第三篇：《鲁迅精神的当代价值与传承》霍虹、宗南海（来源：党政干部学刊）

鲁迅精神内涵丰富，主要有理性批判精神、现代精神与开放意识和根源于爱的反抗绝望精神。该文指出，当代中国仍需要鲁迅精神对国民性的再思考与批判，对现实社会的勇锐批判，对当代文化健康发展的指导，对当代青年思想的指引。要引导青年阅读鲁迅原著，学者和媒体要在社会中广泛展开鲁迅的研讨与宣传活动，使作为文化传承者的当代青年自觉地把解读、传承鲁迅精神作为文化使命。

本文主要引用该文中所指出的“解读鲁迅是当代青年的文化使命”，明确了本文相关数据所体现的“未成年人相较于其他年龄段人群，对于鲁迅先生的了解总体上最为匮乏”是当今社会应当重视的问题。本文认同面对青少年群体，“要引导青年阅读鲁迅原著，学者和媒体要在社会中广泛展开鲁迅的研讨与宣传活动”，但是并不认同仅有以上行动措施的落实，就能够“使作为文化传承者的当代青年自觉地把解读、传承鲁迅精神作为文化使命”。在此过程中会遇到一定的障碍，这也是本文力图揭示的一部分。

2. 实地考察法

实地考察绍兴鲁迅故居、三味书屋、百草园、鲁迅祖居等鲁迅故里景区，并以鲁迅纪念馆为主要考察地点，到访现场搜寻、掌握并整合相关资料，以便更加确切地认知鲁迅故里文化旅游资源以及相关旅游资源是否对游客更深一步了解鲁迅先生有所帮助。

3. 访谈法

事先进行预约，并告知受访者相关的访谈方向、概念界定，通过采访场馆讲解员，从官方的角度了解场馆为体现“鲁迅精神”及其价值做出哪了些努力，体现在故里的哪些部分。

4. 问卷调查法

通过问卷调查，从普通群众的角度，反映游客对于鲁迅先生及其精神的了解程度，相关旅游资源是否对游客更深一步了解鲁迅先生有所帮助；并设计相关评判选项，较为准确地认知问卷填写者原先对于鲁迅先生的了解程度，以及参观故里之后其了解程度是否有所深入。从中分析鲁迅故里的旅游资源是否能够真正发挥“弘扬鲁迅精神”的作用。

## 四、研究内容分析

1. 鲁迅故里文化旅游资源状况

事先有必要为读者明确作者实地考察浙江绍兴鲁迅故里景区的空间顺序：鲁

迅祖居、三味书屋、百草园、鲁迅故居和鲁迅纪念馆，即故里景区讲解员的讲解顺序。这使得讲解内容有一定的阶段划分，形成良好过渡。同时，故里景区的安排也是根据景点之间距离远近和道路相通的情况所制定的合理路线，为游客的走访提供便利。

(1) 户外景区——鲁迅祖居、三味书屋、百草园、鲁迅故居

鲁迅故里景区内部除鲁迅纪念馆以外的其余景点，基本都以故居建筑和家具陈列为主。其中不少展品由于是木质结构，早已腐朽，因而用了复制品加以替代，故景区内部实际原物并不多见。但即使是复制品，仍以尊重事实为旨，做到原物还原，为游客提供了解当时特定时代背景下居家生活的宝贵途径。

景区讲解的主要内容基本源于户外景区内部的小展板，并在原基础上稍加补充，同时也不乏涉及鲁迅纪念馆中的部分展板内容。对于其讲解并非面面俱到的情况，一方面，可以避免一些不必要的冗余补充，着手于重点内容，仅仅取其富有特色的部分，消减由于讲解内容密度过高而给游客带来的疲惫感；另一方面，不能够完全排除其中某些信息的遗漏，致使游客一知半解的可能。景区作此安排，也在尽量保证有、无讲解的游客都能够获得必要的信息，从“绍兴鲁迅纪念馆”公众号提供的语音讲解也可发现这一点。

(2) 室内景区——鲁迅纪念馆

鲁迅纪念馆内部场馆的空间安排以鲁迅先生的人生轨迹为依据，分设四个部分：“在绍兴(1881—1898)”“在南京、日本、绍兴(1898—1912)”“在北京、厦门、广州(1912—1927)”“在上海(1927—1936)”。其中“在绍兴”部分相较于其余三个部分占据主体地位，充分体现浙江绍兴与鲁迅先生一生密不可分的联系，也是场馆因地制宜的用心所在。

首先，从鲁迅纪念馆中展板内容与导览机的匹配程度来看，总体内容相同，有所互补。如果两者相配合，认真聆听的话，以作者亲历，大概率对于游客深入系统地了解鲁迅先生或体会“鲁迅精神”大有帮助。作者通过实地考察，发现以下不足：第一，部分展板的区域安排不符合游客观览的空间顺序，且对于区域安排合理的展板，纪念馆付费提供的导览机没有按照其空间顺序进行讲解。例如，在一楼展厅接近尾声时，即主题为“家庭破落的磨难”的一系列版面，导览机有提及过鲁迅先生拜和尚为师。由于鲁迅先生拜和尚为师是在一岁不到时，这在鲁迅先生的《我的第一

个师父》中有所提及，故相关内容的展板靠近展厅的开头部分，且位于主题为“从百草园到三味书屋”的一系列版面中，二者有所冲突。第二，展板上具有重大意义的、开拓性的、标志性的信息有所缺失。例如，没有写明鲁迅先生在《新青年》上以“鲁迅”为笔名发表第一篇白话文小说《狂人日记》的时间——即导览机中的“1918 年 5 月的某一天”。第三，对于有需讲解的内容，虽算不上是十分重要的信息，但展板上却基本上仅仅是概要和简单陈述。综上看来，展板内容主要以概要与简单陈述为主，少量出于对客观的需要的详细描写与叙述，却表达平淡，功能在于梳理鲁迅先生一生的经历轨迹。而相较而言，导览机讲解的对于展板上特定内容的补充更为充实生动，功能在于对鲁迅先生特定经历的深化。

其次，由导览机与展板内容的差异而衍生出一个疑问：若游客使用导览机，则在结合展板参观的过程中，可以收获较为完整、具体的信息；若游客不使用导览机，只看展板，所获取的知识难免局限或者有缺失，在认知层面上难以深入。然而，在实地考察的过程中，作者发现使用导览机的游客少之又少，甚至在作者归还导览机时，即两个多小时后，只有一人使用导览机并已归还，正在使用的人数也屈指可数。作者还发现，尽管游客熙熙攘攘，但往往在大版面的展板文字与纸质资料展品面前停留的时间不会超过两分钟，其中大部分游客仅在个别内容展柜前稍作停留。但是，游客在人物雕塑前停留时间稍长，特别是颇具特色的多媒体在游客群体中更受欢迎。

最后，就这些现象，也足以体现鲁迅纪念馆的优点与特色：文献资料与实物、图片、人物雕塑、多媒体等结合，使得展板上最基本的纯文字概述更加真实可信、生动形象；大量引用鲁迅先生作品中的反映相关展板主题的原句，作为鲁迅先生生平事迹的一种辅助的呈现方式，同时唤起或加深游客对于鲁迅先生作品的印象；不只局限于围绕鲁迅先生一人的人生经历展开介绍，而是同时附有与鲁迅先生相关人士的简介、照片、故事等，具有知识的拓展发散性。

2. 问卷调查结果

问卷共分三个部分，第一部分主要说明问卷目的；第二部分包括答卷者基本资料 1 题、对鲁迅及鲁迅精神的了解 4 题；第三部分是关于绍兴鲁迅故里对弘扬鲁迅精神的启示 6 题，通过对去过绍兴鲁迅故里的人的问卷调查，了解参观鲁迅故里前后对理解鲁迅先生及“鲁迅精神”的变化。由于问卷的大部分内容设计为客观选择题，对于问卷填写者的表达有所限制，故最后一问设计问答题，望收到更多对鲁迅故里弘扬“鲁迅精神”的想法和建议，从而为本文的相关分析提供宝贵参考。

通过线上以及线下的问卷发放，统共收集到问卷116份。从答卷来源看，其中来自上海的答卷占比为36.21%，浙江的占比为31.90%，其余省市区共占31.89%。根据问卷的相关数据统计，到访过鲁迅故里的人数占比约为66.38%，问卷结果有较大的参考价值。

(1) 人们对鲁迅的了解程度普遍较低，不够深入

从交叉分析结果可以看出，仅就本问卷填写情况来看，不同年龄段的人对鲁迅的了解程度较为接近。大部分人读过一点鲁迅的作品，约占问卷填写总人数的71.56%；少部分人较了解其人生轨迹或仅了解简单平生，分别约占问卷填写总人数的38.79%和32.76%；仅有1人选择不了解鲁迅，约占问卷填写总人数的0.86%；广泛阅读或深入阅读鲁迅作品的人数较少，约占问卷填写总人数的7.76%，而这些人中有近88.89%集中在18—59岁。由以上数据可见，对于鲁迅先生有过简单了解的人数占比较高，但广泛阅读或深入阅读鲁迅作品的受调查者比例较低，说明人们对鲁迅先生的了解程度普遍较低，不够深入。

(2) 人们能够以思辨的方式看待对于鲁迅先生或“鲁迅精神”的认可

仅就本问卷填写情况来看，大部分游客完全认可鲁迅先生或鲁迅精神，约占问卷填写总人数的64.66%，仍有约35.34%的问卷填写者认为对“鲁迅精神”的认可要视具体情况而定。通过单项分析可知，在视具体情况而定不认可鲁迅先生或“鲁迅精神”的41人中，鲁迅先生的“各种批判和不满”是导致不认可鲁迅先生或“鲁迅精神”的最大原因，约占问卷填写总人数的12.07%。除此之外，依次排序的其余原因包括：“枯燥无味的语文课文”“早已过时，不符合当今的时代特征”“虚伪而做作”。

另有一些问卷填写者提供的其他原因：例如，认为“要视情况懂得变通，并不是‘鲁迅精神’的问题，有时候适用，有时候不适用”，认为“人无完人，因此不可能完全认可一个人的全部观点，比如说他支持不用汉字”，等等。

(3) 参观鲁迅故里为纯粹求知的人并不多

仅就本问卷填写情况来看，在到访过鲁迅故里的人中，80.52%的游客参观鲁迅故里是出于旅行计划的考虑，以学习或工作任务需要为目的参观鲁迅故里的人约占问卷填写总人数的18.18%。由此可见，多数游客参观鲁迅故里的目的往往带有

“打卡”的性质，纯粹求知的人并不多。

基于问卷数据，对于“鲁迅精神”大致体现的方面，选择比例最高的前三位分别是“对国家、民族的忧患意识和使命感”“独立思考”“追求真理”，尤其是约87.07%的问卷填写者都认为“鲁迅精神”体现在“对国家、民族的忧患意识和使命感”方面，名列榜首。可见鲁迅先生作为“民族脊梁”，爱国忧民的形象深入人心。而就此，多数游客虽知“鲁迅精神”在“对国家、民族的忧患意识和使命感”方面的体现，并与本文对“鲁迅精神”的概念、特征和相关定义不谋而合，但就人们对鲁迅的了解程度普遍较低的情况而言，其中大部分人仅仅停留在浅表的认知层面上，未达到真正的理解的层面。

(4) 鲁迅故里对游客了解鲁迅先生有所帮助，却在为游客体现以及弘扬“鲁迅精神”上有所不足

在到访过鲁迅故里的人中，约97.4%的问卷填写者都认为鲁迅故里中的文化旅游资源对于更深一步了解鲁迅先生有帮助，对于鲁迅故里在引领游客了解鲁迅先生方面上的帮助持肯定态度，并表示参观鲁迅故里有助于了解鲁迅先生的家庭背景、幼年生活环境、人生经历、文学成就及作品、人格个性等。

然而从对调查问卷的分析可知，鲁迅故里在体现及弘扬“鲁迅精神”方面仍有不足。在到访过鲁迅故里的人中，持有此观点的人约占问卷填写者的98.7%。依照相关选项的比例，由高至低依次表现为：“平日宣传太少，真正知晓的人并不多”“表现形式单一，有的只是普通的家具陈列”“相关的内容展板或者讲解不够全面”“枯燥无味，与参观者互动性不强”等方面。

在问卷最后，问卷设计者通过询问游客对鲁迅故里弘扬“鲁迅精神”的意见或建议，共获得39个有效作答。其中主要关键词有：宣传(13)、互动(6)、讲解(6)、形式(3)、更生动(5)、影视(2)、多媒体(2)、幻灯片(1)、戏剧(1)。

在39个有效作答中，共有13人提到了“宣传”，其中12人明确提出鲁迅故里要顺应快节奏时代人们接收信息的习惯，通过增加宣传来弘扬“鲁迅精神”。共有6人提到了“讲解”，其中5人认为深入的讲解可以帮助游客了解鲁迅以及“鲁迅精神”。有6人提到了“互动”，希望通过讲座、影视、多媒体、幻灯片、戏剧、纪念品等多样的形式让游客，特别是当代的学生们，了解鲁迅先生所处的时代背景，“鲁迅精神”的内涵，现代人学习“鲁迅精神”的意义等。

综上所述，由调查问卷结果所示：人们对鲁迅的了解程度普遍较低，不够深入；人们能够以思辨的方式看待对于鲁迅先生或“鲁迅精神”的认可；参观鲁迅故里为纯粹求知的人并不多；鲁迅故里对游客了解鲁迅先生有所帮助，却在为游客体现以及弘扬“鲁迅精神”上有所不足。

受限于问卷填写者样本中60岁及以上的比例相当小，而其余年龄阶段的人数比例较为平均，因此在年龄层面的分析上，作者将研究的重心集中于前三个年龄阶段某些数据的相关比例上。

3. 浙江绍兴鲁迅故里文化旅游资源对弘扬“鲁迅精神”的作用

(1) 浙江绍兴鲁迅故里文化旅游资源在弘扬“鲁迅精神”方面的积极贡献

通过对鲁迅故里讲解员的访谈，作者了解到，弘扬“鲁迅精神”一直是鲁迅故里日常运作的目的所在。为落实弘扬“鲁迅精神”的办馆理念，鲁迅故里做出诸多方面的实践：免费对公众开放，以吸引更多的游客参观场馆；安排志愿者进行义务讲解，通过此方式在游客群体中弘扬“鲁迅精神”；为展现“鲁迅精神”，从多方面展开有关鲁迅先生的具体活动，并将相关的讯息发布在场馆的微信公众号中，等等。特别地，场馆也会邀请一些绍兴市民或者来自全国各地的学生，请他们将参观鲁迅故里以及聆听讲解之后自己的想法进行书写，投稿至鲁迅故里相关网站平台。随后场馆对投稿进行挑选、编撰成书，并进行销售，作为展现“鲁迅精神”的一种别样的活动。

场馆工作人员还表示，今后场馆会在布局等方面做出改进与调整。按照常例，鲁迅纪念馆每年会根据游客的需求做出相应的改变，尽管目前主要以图片和文字为主，但随着时代发展，场馆以后有望通过数字化的线上线下混合的方式，增添参观的生动性与趣味性。

此外，当作者问起“如何看待当今中学生被迫阅读鲁迅先生的相关作品，却难以体会其真正精神内涵”时，讲解员从官方角度表达看法：“所以我们现在要做的是要让你们更早地去接纳这些，要让鲁迅看似枯燥的文章有趣化，让孩子们也愿意去接触它们。我们也在游览的地点设计了一些卡通版的塑像，也有文创周边，目的是提升学生对鲁迅的接纳程度，不让学生觉得鲁迅是一个很高高在上、离我们十分遥远的人物。其实鲁迅是个很幽默风趣的人，这要从他的生活中去了解。不过本着对历史的严谨和正视，我们的讲解过程还是比较严肃的，所以在这一个多小时的参观过程中很难感受得到。但我们也会举办类似茶话会的讲座,邀请一些适合的年龄段的孩子、游客来参加,呈现一个更鲜活的、有爱有憎的鲁迅。虽然时间有限,但我们也会针对孩子的年龄段,尽量把讲解的内容做成更适合他们的讲解方式。”由此可见,鲁迅故里官方在弘扬“鲁迅精神”过程中的用心良苦。

(2) 浙江绍兴鲁迅故里文化旅游资源在弘扬“鲁迅精神”方面的现实影响

官方虽在弘扬“鲁迅精神”方面呕心沥血,但其办馆理念尚不能够充分表达。根据上文的问卷调查结果,首先,在到访过鲁迅故里的人中,约97.4%的问卷填写者都认为鲁迅故里中的文化旅游资源对于更深一步了解鲁迅先生有帮助,对鲁迅故里在此方面的突出贡献当给予了肯定。这是弘扬“鲁迅精神”的基础。其次,在到访过鲁迅故里的人中,认为“鲁迅故里在体现及弘扬‘鲁迅精神’方面仍有不足”的人数约占问卷填写者总人数的98.7%。这足以说明,鲁迅故里在传达“鲁迅精神”内涵的过程中遇到了一定的障碍。

4. 对比浙江绍兴鲁迅纪念馆与上海鲁迅纪念馆文化旅游资源对弘扬“鲁迅精神”的作用

上海鲁迅纪念馆“人之子——鲁迅生平陈列”以鲁迅手稿、文献照片、遗物为基础,辅以多种展现手法,以生命的路、首在立人、画出国人的魂灵、保存者开拓者建设者、精神界之战士、人之子六个专题真实再现了鲁迅先生博大深邃的精神世界,以及他曲折、多姿的人生历程。

从展馆内容的角度,整体而言,上海鲁迅纪念馆在鲁迅生平的介绍方面不及浙江绍兴鲁迅纪念馆详尽。但是从局部而言,上海鲁迅纪念馆对于鲁迅先生在上海的最后几年的时光有明显的侧重。因此,就对于鲁迅先生较为全面的生平介绍而言,绍兴鲁迅纪念馆更为详尽。

上海鲁迅纪念馆在展览的第二个专题,就已明确“鲁迅精神”的思想核心——“立人”,且在该专题的开头给予了解释:鲁迅认为,救国救民之道“首在立人,人立而后凡事举”。更为可贵的是,在该展览中,场馆选取鲁迅先生生平中体现其“立人”思想的各种阶段、文章、语录等,并向游客展现“立人”思想在时间上的发展与延续。揭露“鲁迅精神”的核心思想,是弘扬“鲁迅精神”最为直接的体现,这是上海鲁迅纪念馆在弘扬“鲁迅精神”上的积极贡献,也是浙江绍兴鲁迅纪念馆所不足的地方。

上海鲁迅纪念馆中诸多形式的文化旅游资源也可以给浙江绍兴鲁迅纪念馆提

供借鉴。

从展品的角度，除文字及图片展板以外，浙江绍兴鲁迅纪念馆以纸质文献为主，还包括少量的人物塑像、视频、油画，等等。而上海鲁迅纪念馆中有数量较为可观的一手资料，绝大部分均是由许广平、周海婴以及鲁迅先生的友人所捐赠，其中包括鲁迅的手稿、遗物等，更富有价值。除此之外，展馆出口处特别播放鲁迅丧仪纪录片，在第六展厅收集大量鲁迅先生的作品以及相关研究鲁迅的书籍，极富创意地布满了通道两侧的墙面，等等。各种形式的文化旅游资源分布相较而言更为平均，形式更为多样。

在实地考察的过程中，除场馆内的专业讲解以外，上海鲁迅纪念馆特地在局部展区安排志愿者为游客讲解鲁迅先生的家庭背景和童年经历等。虽然在内容上不可避免地较为简略，具有概括性质，却体现出场馆在有意识地通过征集志愿者讲解员，增强与游客的互动，在观展形式上增加群众的接受度。

此外，根据上海鲁迅纪念馆的官方微信公众号相关讯息，上海鲁迅纪念馆通过发布线上“人之子”研学小课堂，组织联诵会，举办鲁迅主题青年美术品展等，以不同形式弘扬“鲁迅精神”。尤其是邀请名家解读鲁迅，开展讲座，例如复旦大学部元宝教授所主讲的“鲁迅小说研究的若干新问题”，深度挖掘，专业解读，有助于听众对“鲁迅精神”的深层次理解。

浙江绍兴与上海两地的鲁迅纪念馆毕竟所处的地域环境不同，各方面资源也有所差异，对于二者在文化旅游资源方面一概要求是不切实际的。对于浙江绍兴鲁迅故里而言，本文在此对比旨在提供一些可供改进的方向，在实行上望景区根据当地可调动的资源和地域特色，有所取舍，充分利用，从而更好地弘扬“鲁迅精神”。

## 五、研究成果

1. 浙江绍兴鲁迅故里文化旅游资源在弘扬“鲁迅精神”方面有待改进之处

从官方传达和游客接受的反差中，足以充分感受到两者之间的沟壑。对于如何填补的问题，首先要区分“表”和“里”。

“表”是表面功夫，即介绍鲁迅先生生平；“里”是实质收获，即弘扬“鲁迅精神”。从鲁迅故里的官方回答看来：吸引更多的游客参观场馆，而场馆围绕的中心在于鲁迅先生而非“鲁迅精神”，这是“表”；安排志愿者进行义务讲解，而讲解的主体内容在于鲁迅先生而非“鲁迅精神”，这是“表”；从多方面展开有关鲁迅先生的具体活动，根据微信公众号的多数景区活动讯息，仅有活动简介和模糊的日期，这更是“表”。对于将观后感想编撰成书这一想法，没有实质性的输入以求实质性的输出，未免有些不切实际。

故对于景区而言，所能够决定的并非让游客有“里”的输出，而是能够保证既有“表”又有“里”的输入。这就需要鲁迅故里，在场馆围绕的中心、义务讲解的主体内容、多方面活动的展开上，既要有鲁迅先生生平的体现，又要不失“鲁迅精神”的表达。

结合实地考察和问卷调查情况，本文提供以下可改进之处。

(1) 广泛宣传

正如12位问卷填写者所明确提出的，鲁迅故里要顺应快节奏时代人们接收信息的习惯，通过网络媒介及各种渠道增加宣传，甚至与各大新闻网、微博、博客、公众号等形成联系，二次宣传，吸引游客，扩大受众规模。

(2) 文化旅游资源形式多样化

在场馆展板的完整详细程度或讲解的深刻生动方面过于苛刻，显然不合理，故场馆可以增加多媒体的呈现方式，用以替代某些用文字大篇幅描述显得抽象的部分，并适当降低平淡的文字叙述的比例，通过数字化的线上线下混合的方式，增添参观的生动性与趣味性，使得展馆的表现形式更加丰富。

除了在鲁迅生平的介绍形式上多元化，从弘扬“鲁迅精神”的角度，场馆可以适当加强游客讲解的专业性，注重“鲁迅精神”的时刻渗透。相比于外地游客，对于绍兴市居民，鲁迅故里可以定期邀请鲁迅研究方面的专家学者开展讲座，让传授内容深入“鲁迅精神”的内髓，而不再是表面功夫上的人物生平。对于这些讲座，可以通过直播或录播的方式，提供给更多群众接触“鲁迅精神”内涵的机会。

(3) 全面落实与游客的沟通

作者在访谈预约时，由于鲁迅故里各大网站平台的“封闭”而遇到了不少障碍。可见场馆虽为游客提供了所谓的联系方式，却未真正地落实到实际应用当中。鲁迅故里应当在日常认真且全面落实与游客的沟通，了解游客的相关需求，积极调整改进，从而更好地达到弘扬“鲁迅精神”的办馆目的。

(4) 游客自身的参与感不足

鉴于存在一定比例的游客表示鲁迅故里与参观者的互动性不强，场馆可以针对不同年龄阶段的游客，采取不同方式调动游客了解鲁迅先生或“鲁迅精神”的积极性。对于少年儿童，场馆可以增加一些类似于“鲁迅护照”的打卡活动，收集满若干个戳印便可领取纪念品；对于青年学生，可以设计一些关于鲁迅知识的互动题目，进行知识竞答；对于成年游客，可以利用开设讲座的机会，鼓励游客向主讲人交流提问。在实地考察的过程中发现，游客往往不愿在大版面的展板文字与纸质资料展品面前过久停留，而对于颇具特色的多媒体较感兴趣，故在场馆内部也可以安装多媒体触屏，将展板内容电子化、分散化处理，并设计成知识问答，增强互动。

2. 基于鲁迅故里文化旅游资源对弘扬“鲁迅精神”的启示

由上文相关考察与分析情况看来，于相关场馆而言，在弘扬“鲁迅精神”的全过程中，当重视鲁迅先生生平介绍与弘扬“鲁迅精神”本身的有机结合，步步深入。前者是基石，后者是要旨，唯有二者兼备，才有望在弘扬“鲁迅精神”上起到现实作用。可是，仅仅依赖于与鲁迅先生相关的场馆景区来弘扬“鲁迅精神”，未免过于狭窄，难以普及。对“鲁迅精神”的弘扬已不只是区区场馆的办馆理念，而是体现爱国情怀的不可缺失的一部分。

(1) 引导青年以正确方式解读鲁迅作品，传承“鲁迅精神”

通过相关的问卷调查，作者发现，“人们对鲁迅的了解程度普遍较低，不够深入”，且“参观鲁迅故里为纯粹求知的人数并不多”。其中，数据表明，未成年人相较于其他年龄段人群，对于鲁迅先生的了解总体上最为匮乏。“鲁迅精神”在青少年人群中的弘扬遇到了一定障碍，而青少年是爱国主义教育的重点对象，应当引起社会重视。

对鲁迅先生作品的阅读是大多数青少年了解鲁迅先生最主要的途径。导致青少年对于鲁迅先生了解匮乏的主要原因在于：其一，鲁迅先生作品本体的时代性与深刻性对于绝大多数青少年而言难以理解；其二，青少年尚未达到能够领悟鲁迅先生作品的年龄阶段；其三，青少年阅读鲁迅先生文学作品的方式存在一定问题。对于前两点，同为客观存在的事实，社会却是可以从教育层面上缓解第三点原因所体现的问题。

如今语文教材已选取部分鲁迅作品中的经典之作和一些相对而言较适合青少年阅读的文章，十分不易，作者以为，在教学方式上依然有改进的空间。余华曾在一次采访中表示过大概的意思：“语文”和“文学”之间存在一定差异，“语文”之所以能够作为当今的考试学科，一部分原因在于存在经过反复斟酌的标准答案；而文学不存在标准答案，对于文学的解读具有多样性，凡存在都有一定合理性，没有是非对错之分。鲁迅先生的文学作品，相对于“语文”而言，更属于“文学”的范畴，即对于鲁迅作品的合理解读存在多样性。在如今的语文课堂中，应当允许青少年对于鲁迅作品多角度的见解，体会鲁迅作品中的真义，拒绝教学过程中一概的“统一标准化”，不以所谓的“标准”限制鲁迅作品在青少年群体中的魅力，增加青少年对于“鲁迅精神”的接受度和求知欲。至于应试要求，则另当别论。

不过，由于学生个体和地域的差异，还须在实际情况下通过具体实践找到各自适合的方法和内容。

(2) 改变社会对鲁迅的错误认识，为弘扬“鲁迅精神”营造良好社会环境

在20世纪90年代的中国文坛学界，轮番走过各式各样的鼓吹者，而且几乎是毫无例外地要以“批判鲁迅”为自己开路。这样的情况，在21世纪初仍在继续。

与时代命运紧密相连的民族英雄身上的精神，现代人未必能完全理解，时过境迁后心有陌生和隔膜很正常。对于更加普遍的社会群体，当今社会应当呼吁，将时代英雄融入特定的时代语境中，不以今日的世俗观念苛求过去，不以趋近于完美的眼光批判往昔，而应当保持同情的理解和敬畏，在思想方面开放、接受，如此才有深刻体悟“鲁迅精神”的可能。

## 六、总结与建议

### 1. 总结

基于问卷调查和实地考察的情况，浙江绍兴鲁迅故里对游客了解鲁迅先生有所帮助，却在为游客体现以及弘扬“鲁迅精神”上有所不足。故作者以为，鲁迅故里景区可以通过广泛宣传、文化旅游资源形式多样化、全面落实与游客的沟通来缓解并改进游客反映的问题，从而既有鲁迅先生生平的体现，又不失“鲁迅精神”的表达。同时，景区可以通过适当增加讲解的专业性、邀请名家开展解读鲁迅的讲座等方式避免弘扬“鲁迅精神”过程中一定的失真。

### 2. 建议

对于浙江绍兴鲁迅故里，望景区根据当地可调动的资源和地域特色，有所取舍，充分利用，从而更好地弘扬“鲁迅精神”。对于更加普遍的社会群体，唯有保持同情的理解和敬畏，不以苛刻眼光看待时代英雄，珍惜自己民族的英雄，才有深刻

体悟“鲁迅精神”的可能。

## 七、参考文献

[1] 吴钧.从儒家思想看鲁迅精神与中国文化传承[J].甘肃社会科学，2007,(4)：81－84.

[2] 高金鹏.鲁迅精神在当代中国社会的意义[J].文化学刊，2015,(5)：41－44.

[3] 霍虹，宗南海.鲁迅精神的当代价值与传承[J].党政干部学刊，2017,(1)：77－80.

[4] 周怀宗.北大教授：鲁迅文字并不难懂　鲁迅精神更具现代价值[J].成才之路，2010,(29)：92.

[5] 潘春玲.新时代必须建设好青少年爱国主义教育的主阵地[J].思想教育研究，2019,(12)：44－47.

[6] 曹林.不能失去对历史和英雄的温情敬意[N].新华网思客，2015－6－12.

## 三、市西中学文化游学的特点分析

透过上述两篇学生文化游学的作品，能够清晰地发现市西中学在文化游学活动设计和实施中的四个方面主要特点。

其一，注重结合实际引导学生选题。学生选择的研究主题，一方面与语文学习、文化体验的总体要求有关，另一方面也与社会整体关注的问题和自身的兴趣有关，这种既符合社会发展、学科学习，也符合个体经验的选题，能够引发学生的自主探究意识，有利于文化游学项目的顺利实施。

其二，注重相对规范的学术训练。从学生呈现的作品看，作为一项调研报告应该有的基本内容、素材、结构等都已经包含。学生不仅学会了结合自身确定主题，选择和使用合理的研究方法，对研究的命题进行多维度的调查和思考，而且能够通过相对规范的学术语言将研究的成果进行表达，这是非常难能可贵的。在两篇案例中，学生的报告包含了题目、摘要、关键词、引言、正文、结论建议、参考文献等内容，这几乎是普通学生在大学教育中才能养成的学术训练成果。市西中学依托文化游学对学生的学术训练，不仅能够有效培养学生当下的综合素质，也有助于其更好地融入未来的高等教育阶段学习。

其三，注重学生自主探究的过程。围绕研究的主题，学生能够通过小组合作的方式，运用问卷调查、访谈等方式开展调查，这是一种很好的田野研究的思维方式，不仅有助于学生了解社会的真实情况，而且能够锻炼学生的自主学习能力，这是“双新”改革背景下，对于人才培养尤为重要的领域。

其四，注重教师的及时针对性指导。倡导学生的自主探究，并非意味着教师的“无所事事”。在文化游学的实践活动中，教师和学生是一种学术共同体的关系存在，在选题、设计研究思路、制作调查工具、开展研究、撰写报告等过程中，教师需要给予学生及时必要的指导，确保学生的研究和探索能够有序进行，也让教学相长在调查研究的过程中更好地体现。

# 第六章

# 语文“双新”改革的成效与展望

任何层面的教育教学改革，都是对教育教学原有状态的一种打破，都会探索新的思想，形成新的做法，但是改革本身并不意味着教育的前进，也并非一定能够带来积极的成果。因而，作为一项完整的教育教学改革成果的呈现和陈述，在系统分析我们的思考和行动之后，还需要运用自我反思的视角来对"双新"背景下的语文教育教学改革进行自我审视和批判，明确其价值，总结其经验，寻找其未来研究和突破的重心与方向。

在当下的教育实践变革中，反思被视作一种重要的教师专业发展方式。教育的本质是实践性的，教育问题的解决，从根本上源于实践性反思和反思性实践。在西方教育学研究领域，第一次对反思进行系统研究和阐述的是美国教育家约翰·杜威。在他看来，反思是对于任何信念或假设性的知识，按其所依据的基础和进一步的结论而进行的主动的、持续的和周密的思考。[1] 显然，杜威所阐述的反思是一种思维方式的训练活动，强调通过思维习惯和态度的改变来培养"科学的思维方式"。后来的研究者基本上认同杜威的观点，认为反思是在实践之外的自我认识、自我检查的过程和外在表现，是形成思想、观念的手段与方法。[2] 真正将反思与实践直接联系起来的是唐纳德·舍恩。1983年，舍恩提出了"反思性实践"的理念，他反对仅仅将实践看成是对理论的应用的观点，认为实践是实践者运用实践性知识与实践情境展开"反思性对话"的过程，是实践者通过对问题的解决来不断丰富实践性知识的过程。"行动中反思"是实践者必须具备的典型特征。因此，实践者不仅要成为问题的解决者，更要成为复杂情境中能动的探究者。[3] 时至今日，实践反思依然被广泛运用于教师专业发展和教师培养体系的建构之中。在笔者看来，实践反思似乎是一个内涵和外延更加丰富的成长路径，它不仅仅能够作用于教师的专业成长之中，也蕴含在教师分析、发现、审视教育问题和现象之中。同样，对于语

1 [美] 约翰·杜威.我们怎样思维·经验与教育[M].姜文闵，译.北京：人民教育出版社，2005：19－21.

2 叶逢福，蒋励.教育实践反思的策略分析与路径探索[J].大学教育科学，2020(02)：59－67.

3 Schon, D. A. The Reflective Practitioner: How Professionals Think in Action[M]. New York: Basic Books, 1983: 177－179.

文“双新”改革，也有必要运用实践反思的视角来分析其利弊得失，只有如此才能全面认识这一改革的成效和问题，促进这一改革更好地延伸。

## 第一节　语文“双新”改革多元效能的达成

从中外教育史来看，教育改革无疑是一种常态，改革往往被看作是教育发展的一个必然途径，“没有改革就没有发展”似乎已经成为一个世界性的共识。改革的一个基本假设是，改革前的某些状况是不好的、是存在问题的，通过改革可以改善不好的状况，从而达到发展的目的。但是客观而言，改革是否一定就能够带来积极的变化，这个答案显然是不确定的，这实际上就是在呼唤教育改革成功与否的评价标准建构问题。当然，这一问题，更多的是一种理论层面的思辨，比如有研究者认为，评价教育改革是否成功主要有四条标准，即付出最小代价、让社会最少受惠者获得最大利益、以人的全面发展为最高目标和立足于教育改革发生的时空背景。[1] 对于一线教师而言，我们倡导的是一种基于实践分析的教育改革评价体系，也就是要从真实发生的教育现象和变化入手，去呈现教育改革带来的积极变化，分析其取得的各维度的价值和成效，以此来明确教育改革的成功与否。对于语文“双新”改革而言，作为亲身参与其中的教师，笔者能够深刻感受到这种改革带来的至少三个方面的积极变化。

### 一、提升了语文学科教学的效能

语文“双新”改革毫无疑问，首要的价值必然是指向于学科教学本身。从实践

1　朱丽.什么是成功的教育改革——教育改革成效评价标准构想[J].教育发展研究，2011(06)：35-38.

的角度看，市西中学所进行的“双新”背景下的语文教学系列改革，实际上就是通过扎实的校本研究寻找到了一条国家课程校本化实施的有效路径，通过创新性的设计和实施，让国家课程标准有了更为坚实有效的实施载体。从整体上看，随着我国课程改革的深入，课程改革不仅为地方和学校留足了学校课程开发的自主空间，也给出了地方和学校执行国家课程一定的自主空间。随着教学改革、课程创新、学校治理的整体深层次推进，国家课程校本化的节奏也从校本实施进入校本开发。[1] 校本课程开发，不仅包含学校充分整合利用校内外资源所进行的独立的课程研发活动，也应该包括学校如何创造性地实施国家课程的活动，这就是国家课程的校本化实施问题。这一维度的意义主要是：在坚持国家课程改革纲要基本精神的前提下，学校根据自身性质、特点和条件，将国家层面上规划和设计的面向全国所有学生的书面的、计划的学习经验，转变为适合本校学生学习需求的创造性实践，包括教材的校本化处理、学校本位的课程整合、教学方法的综合运用和个性化加工、差异性的学生评价等多样化的行动策略。[2]

从某种程度上说，“双新”政策的制定，特别是新课程标准的制定出台，实际上就是国家层面对于语文课程、语文教学的一种整体性设计，包含了国家层面整体的育人要求。对于市西中学而言，我们认识的“双新”改革，不是一种停留在观念层面的理论知识，而是一种非常紧迫的实践变革。从本书展示的内容看，不论是大单元教学的设计，整本书阅读的有效开展，作业设计的改革创新，基于思维广场的教学创新，围绕学科主题和任务群等开展的社会性学习，还是师生共同完成的学术研究等，这些举措都是在课程标准既定的框架下通过教师的共同努力寻找到的有效实践路径，它既基于课程标准，又超越了课程标准，是一种课程标准的具体呈现样态和有效落实载体。因为有了这样一些鲜活的教学方法，“双新”改革的理念才能够真正从一种文本状态转化为实践状态，才能够在语文教学的实践活动中寻找到落地生根的载体。单元整体教学、学科核心素养、立德树人、教学资源拓展、模块学习、任务群学习、典型任务设计等新的理念，也正是在这种丰富的教学方式探索中得到落实。从这个角度出发，语文“双新”改革找到了一种学校层面有效落实“双

---

1 杨小微.从实施到开发：国家课程校本化的新走向[J].课程·教材·教法，2019(05)：44－49.

2 徐玉珍.论国家课程的校本化实施[J].教育研究，2008(02)：53－60.

新”理念的语文教学承载，有效提升了学校语文学科的教学效能，打造了匹配“双新”要求的新型语文课堂。更为可喜的是，通过对近年来高考数据的分析发现，我们的语文课堂改革，没有因为对于新理念、新方式的追求而导致学生语文学习成绩的下滑，这一方面能够证明“双新”的改革理念与学生语文学习好成绩的取得并不矛盾；另一方面，也足以证明我们所开展的“双新”背景下的语文教学改革从学科层面看是极为成功的。

## 二、优化了学生核心素养的培育

人是教育的原点，也是教育的归宿，任何层面的教育活动，只有在人才培养上取得积极的成效，才能算是真正的有价值的教育改革。

自教育产生之后，教育的本质始终是成人对于儿童生活经验的主动干预。因此，儿童的成长是教育的基本价值所在，也是不同历史阶段教育改革的基本目的所在。改革作为对各主体之间社会利益关系变迁或调整的行为，就是要构建满足最大多数人的需要的社会利益关系。因此，教育改革应该以追求人的全面发展作为其终极价值标准。从终极目标上说，评价教育改革成功与否的标准，要看教育改革在多大程度上促进了学生的全面发展。[1] 对于人的全面发展而言，在不同的历史时期有不同的表述方式和承载体系。从“双新”改革的背景和当前我国教育教学及人才培养改革的趋势看，对于学生核心素养的培育实际上就是一种对全面发展的人的个性化理解和设计，它既符合国际潮流，也符合中国教育改革的整体趋势。

从国际的趋势看，全球化、现代化、信息化正在创造一个日益多样化和相互关联的知识经济时代，在机遇与挑战并存的背景下，各大国际组织从人才战略的高度相继开展并构建了核心素养的指标框架，以期回答“教育要培养什么样的人”这一重要问题。其中，最具国际影响力的经合组织、欧盟和联合国教科文组织分别构建了《成功生活和健全社会的核心素养指标框架》《终身学习核心素养：欧洲参考框架》《全球学习领域框架》三大核心素养指标框架。三大国际组织的三大核心素养

---

1 袁国，贾丽彬.人的全面发展：教育改革的基本价值标准[J].教育理论与实践，2018(20)：7－9.

指标框架涵盖了传统的涉及人全面发展的指标以及21世纪素养所涉及的指标。按照对人全面发展的要求，三大指标框架均涉及了德智体美等指标，可以分别归纳为品德素养、学习素养、身心素养和审美素养四个维度，共包含十一个指标。21世纪素养的指标可以分为认知和非认知两个维度，共包含八个指标。分析世界三大国际组织的核心素养框架，可以发现一些共同的特征和要求，比如核心素养的建构与达成要考虑人的全面发展；核心素养的建构与达成要与时俱进，适应21世纪社会发展的需求；核心素养的建构与达成要体现终身学习理念等。从国内的情况看，2016年9月，《中国学生发展核心素养》总体框架正式发布。根据这一框架，学生发展核心素养，主要指学生应具备的能够适应终身发展和社会发展需要的必备品格和关键能力。具体而言，《中国学生发展核心素养》以科学性、时代性和民族性为基本原则，以培养"全面发展的人"为核心，分为文化基础、自主发展、社会参与三个方面。综合表现为人文底蕴、科学精神、学会学习、健康生活、责任担当、实践创新六大素养，具体细化为国家认同等十八个基本要点。根据这一总体框架，可针对学生的年龄特点进一步提出各学段学生的具体表现要求。自核心素养的理念明确提出后，如何培养学生的核心素养就成了教育教学改革的一个热点问题。"双新"改革明确提出了各学科核心素养的理念，要求通过课程教学的系统性变革打破原有的静态知识传递导向，着重培养人的核心素养，促进人的全面发展。

从人才培养的角度看，语文学科"双新"改革通过一系列新型的教与学方法的呈现，特别是整本书阅读、探究式学习、文化游学、课题研究等，让学生从封闭的学习和课堂中脱离出来，在更加开放的时空环境中灵活运用知识进行思考和探究，这种学习方式显然更加契合学生核心素养培养的要求。这意味着，语文"双新"改革，建构了一种更适宜于培养学生核心素养的教学体系，锻炼了学生的综合素养、实践能力，拓展了学生的思维，这些都是学生核心素养养成的基础性条件。对于学生而言，他们的成长感言、反思收获、研究体会等，或许都能够作为其核心素养得到有效历练的最佳佐证。

这是学生在参与思维广场引领的语文融合式教学后的体会：

融合式思维广场和普通的语文、政治、历史思维广场的最大不同点就在于它将三门文科学科统一成了一个整体，彼此互不割裂。在同一话题中通过文学角度、史实角度和哲学角度多方面分析问题。而在充分的预学和积极的讨论之后，课后的总结是必不可少的，它不仅让我们在与老师和同学们分享之后得以整理别人的好的想法，更是让我们能够在被启发后重新思考，及时摒弃原来错误的想法，打开新的思路。

我想用三个“再”来概括每一次融合式思维广场课后总结所需要的步骤，分别是“再审题”“再思考”“再整理”。

“再审题”包括再一次审视讨论题和再一次研读讨论题中所提供的材料。因为在第一次阅读题目和材料时，难免会有一些遗漏和疏忽，从而导致思考不够完善，甚至因为理解不够充分而有所偏差。因此“再审题”可以帮助我们“常读常新”，更好地将三科融合在一起，而不是彼此分离，互不相干；或许在第二次甚至多次研读中，又会有新的发现。

“再思考”所包含的方面就比较多了。我简单列举，便是再次思考自己原先的思路，看看原来的想法有没有偏差，有没有缺漏；再次思考讨论时同学们所提供的与自己想法不同甚至完全对立的观点，取其精华，以充实自己的论述；再次思考老师上课提供的思路或是提出的有待思考的问题，顺着提示深入问题；再次思考讨论题的社会意义，包括文学内涵、历史价值以及哲学理念，这样才能实现真正意义上的融合学习。

“再整理”是基于再审题和再思考之上的，这一步在思维广场单上也有体现。每一次融合式思维广场的最后都有自选或者规定范围的小论文。这是一次很好的整理自己思路的机会，让我们在写作的同时再次梳理自己的想法，将一个个“小灯泡”串联成一条“灯带”。当然最后的佳作不意味着这个讨论题的结束，它只是阶段性思考的一个里程碑，有待之后不断地改进和提升。

思维广场讨论时每一场次都需要有一位同学对讨论进行记录，之后整理成文档。有些同学可能会嫌麻烦，但是其实每一次的整理都是一次很好的总结机会。我曾帮助语文、政治、历史老师多次整理讨论材料，整理一遍后脑中的思路也越发清晰了，并且在脑中也刻下了很深的印记。

在总结中，我产生新的思路，我改正原先思考的错误和不足，我在脑中搭建思维导图，我将讨论题的思考运用到实践中去……

总之，融合式思维广场虽称为“融合”，但并不是指各学科内容杂乱无章地交织在一起，相反，它是各学科根据不同的侧重点有条有理、相互依存。而及时的课后总结也正是帮助了我们梳理脑中的一团乱麻，以能更好地进一步分析、进一步实践。

这是学生参加文化游学，完成相关研究项目之后，形成的反思：

通过本次文化游学，课题组成员深入了解了鲁迅先生的童年生活以及往后的生平事迹，并对他所生活的时代有了一定的认识，这些背景知识对于理解鲁迅作品有所帮助。鲁迅先生深刻洞察辛亥革命前后的中国社会现实，支持改造国民性，却对其成功一直抱以怀疑态度：一方面，否定希望，是鲁迅先生清醒、理性而非盲目乐观的体现；另一方面，反抗绝望，是鲁迅先生内心坚守、行动的生动写照。这种复杂心境，在当代人看来是难以体悟的。不过在参观鲁迅故里、鲁迅纪念馆的过程中，通过场馆讲解员的讲解，组员怀揣着对于"鲁迅精神"的敬意与景仰，一定程度上也算是向这个伟大灵魂走近了一步。在课题研究过程中，各个组员按照原先制订的分工计划和规划的日程安排，按时且较高质量地完成自己的任务，便于组长做最后文字汇总的工作。总体而言，团队合作、互帮互助以及各自的责任感能够得到较为充分的体现。与此同时，也非常感谢各方人士对于本课题研究的支持与配合，得以保障本课题研究的顺利进行。

这是学生在完成《乡土中国》整本书阅读后形成的感悟：

作者在文章中明确地指出，西洋的社会组织是一捆捆扎清楚的柴，而我们的差序格局则是如水波般扩散的圆环。正像论题中所说的，家族的同心圆关系的确在"简化"，也就是说这水波的外圈在渐渐缩小。这是因为相较于以前的社会，现代人更看重小家庭了。但那些外圈并不会消失，只要圈子的中心有自我的存在，我们的亲戚、家人，所有那些或近或远、关系不明确的朋友们都会随之存在。在《差序格局》第九节中有这样一句话：中国传统结构中的差序格局具有伸缩能力。我们仅仅在思想上疏远了外圈的亲友，但在真实生活中，在中国这样一个缺乏"团体"概念认知的国家，我们在行为上仍要用回差序格局里攀关系、谈交情的那一套。差序，只有差等的次序。社会结构是不会变的，自古以来便是如此。我认为任务单 2 的讨论题 3 不存在矛盾。梁漱溟先生的《中国文化要义》的第五章的标题为"中国是伦理本位的社会"，这是一个被普遍认可的著名判断，恰巧与费孝通的《差序格局》的第十二节提到的有关差序格局的概念一致：伦是有差等的次序，差等则指的是君臣、父子、长幼、上下这类的伦理分别。梁漱溟与费孝通先生在章节中不约而同地引用了《中庸》中所说的“五伦为天下之达道”，且费孝通先生总结的“自我主义”也并不否定“以对方为重”的认知。因为《礼记》：“亲亲也，尊尊也，长长也……”这类基本的社会结构是不会变的。在我看来，“个人主义”与“伦理本位”所代表的含义是一致的，这是西方社会中普遍存在的思想，强调个人的权利、得失，但“自我主义”是与它相异的。“自我主义”是指以自己为中心，从而扩散开来的社会联系，其中不需要西方社会团体的存在。

这是学生在参加学术探究日后形成的心得体会：

这次学术节让我对于市西有了更加深度的了解，学术一词也不再是浮于表面。自由选择的课程和社团，让我有机会了解不同课程，乱花渐欲迷人眼，尽管只有短短的一个下午，但琳琅满目的课程内容，还是充实了自我。比如创智社就从不同的案例分析了生活与学术的交融过程，为我的拓展性论文提供了灵感。我很荣幸能参加第一届学术节，让我从另一个角度参与到丰富的校园生活里。

这是学生参与学术探究日选修课程“清十二帝小评”后，完成的课后作业：

嘉庆朝是清朝由盛转衰的标志时代，它的主人既没有创造出如其父辈一般的盛世，也没有为自己的后辈稳下一个可以久治的王国。康乾的气派与子孙的屈辱，都离嘉庆太远，但又都离他太近，他的命运不像一个皇帝，而像新兴起的西方工业革命中的工人，把自己和清国放在了历史的流水线上。嘉庆通过父亲的禅位得到了皇位，但权力仍然要等到太上皇去世之后才能回到他手中。嘉庆显然是比较老实本分的那一类皇帝，他保持耐心等了四年，而在接权后的一周内，就把父亲宠信的和珅给彻底惩办，但同时能不急于安排亲信，给了前朝重臣很大的尊重和余地，足见其头脑足够清晰，处事足够负责的特点。而一个好的早期工人，不但会有合格的操作能力，同时更能牢记各条生产规范，甚至能在此基础上改进规范，为工友们争取一定的利益。嘉庆在这方面显然也是模范，从小被老师培养出的尊师重道、文教兴国的理念很好地承接了封建王朝最根本的思想传统，体恤人民、惩治污吏的儒家经纶也成为了治国的根本方针，在此基础上的改名避讳、废文字狱等惠民举措，也都证明了嘉庆是一个优秀的早期工人，亦表现了清国皇子教育流水线的高质量。但封建王朝的历史往往不能由一个工人来引领，表面的敲敲打打不能修复清国深处的疤痕。嘉庆用了他能想到的所有办法，但污吏屡禁不止，奉承仍远多于实话，国家已经没有了当年的强盛，多出的人口却仍然生活在原来的土地上，清国的土地，开始渐渐承受不住上面的重量，无法养活这个王朝了。前朝留下的遗产已经不剩多少，但留下的问题却在变大，白莲教和天理教如同两个闯进工厂的饥饿且无路可走的孩子，破坏着工人的生产，等到把他们赶走，工厂已经人财两空。要救活工人的工厂，引进外资是唯一的道路了，但是外资本来就不怀好意，工人对外资的印象亦不佳，于是嘉庆拒绝了英国，拒绝了工业革命与通商的机会，关上工厂的大门，继续从事着他流水线上的工作。他引以为傲的重农抑商、遵纪守法，在此刻成为了流水线上的过期原料，生产着清国渐渐发烂的劣质产品。嘉庆完成了工作，安静地离开了流水线，他圆满完成了一个工人该做的，却远远未做到一个皇帝该做的。皇帝有皇帝的无奈，工人也有工人的无奈，嘉庆被夹在中间，安静地完成了他的任务，或许在他自己看来，他已经做得足够了。

这是学生在亲身参与活动组织实施后获得的成长感悟：

作为推理社的社长，我在这次的学术节中负责了我们社团的展板策划与讲解。在展板海报设计的过程中，我向社员们征求社团活动感想与收获，并在海报中加入了社团活动介绍、活动各类照片记录等，体现了社团丰富的学术性。同时，在展台处，我们放上了一些推理书籍，体现在文学中所锻炼的思维能力。在整个展示过程中，我们积极向参观的同学介绍社团内容，引导他们观赏海报等。我收获了更多的组织经验，并会将其运用到未来的社团管理和策划中。

透过上述这些包含思考和情感的文字，我们能够感受到“双新”背景下的语文教学改革对于学生生命成长状态所带来的积极改变，这些改变将有助于学生综合能力的提升和核心素养的积累。

## 三、搭建了教师专业成长的平台

教师专业发展是当今世界教育改革、教育可持续发展的前沿课题。进入 20 世纪 90 年代，教师专业发展逐渐被提升为教育改革的中心和核心要素，甚至被视为学校与教学革新的心脏，能最大程度地重建和振兴一个国家的教育希望。对于教育领域的改革发展而言，教师专业发展的认知与实践是一个不断丰富、演进的过程。特别是进入 21 世纪以来，教师专业发展经历了一个重要的范式转型，那就是由过去过于注重“外引型”的发展方式向注重“内生型”的发展方式转变，特别强调教师在专业发展过程中的自主意识和自觉行动。在这样一种发展观念下，发展越来越被看成是一种唤醒的过程，一个激发社会大多数成员创造性力量的过程，一个释放社会大多数成员个体作用的过程，而不是被看成是一个由计划者和学者从外部来解决问题的过程。[1] 从这样一种发展观念出发，培养教师的专业自觉，让教师对自己所从事的教育工作的专业性有清晰的体认，明确教师专业的特点和发展方向，形成坚定的教师专业信念和崇高的专业理想，主动维护教师专业的声誉，[2] 主动设计和实施旨在促进自我专业发展的有效方法，这才能够真正打造契合新时代教育改革发展需要的高素质教师队伍。

作为一名一线语文教师，笔者深刻感受到专业发展的必要性和紧迫性，但是从实践的角度看，要真正树立起专业自觉，并非易事。如果没有相应的载体和手段作为支撑，专业自觉的理想和实践可能无从谈起。“双新”政策的提出，生成了语文教学的新理念和新方法，这些理念和方法如果缺少教师的科学理解与精准落实，那就无法在教与学的实践中发挥其应有价值。从这个意义上说，“双新”首先需要改变的一定是教师。笔者从事语文教学已有多年，全程参与了“双新”发布以来的语文教学改革探索过程，从实际的感受看，“双新”的落实对于教师而言，一方面是一种挑战，另一方面，实际上也为教师专业发展提供了一种新的载体和可能。在探索“双新”下的语文教学过程中，教师的专业成长是多种多样的。比如，我们倡导基于实践的探索，让语文老师集体研读课程标准，把握课程标准的精髓，提升基于课程标准来开展教学和评价的能力，这实际上是一种基于教学实践提升教师实践素养的方式；我们倡导教师抱团式教研，通过定时的集体研讨来解决共同面对的教育问题，这就有效打造了教师专业成长共同体，发挥了团队的专业发展价值；我们倡导

---

1 姜勇.论教师专业发展的后现代转向[J].比较教育研究，2005(11)：52－55.

2 曹长德.论教师专业自觉[J].安庆师范学院学报(社会科学版)，2009(03)：26－31.

教师基于实践的自我反思，在每一次新的教学方法的探索、新的课程样式的呈现之后，都要求教师对教学的过程、内容、方法、结果等进行全方位反思，这种基于实践反思的专业成长方式，加速了教师对于“双新”背景下的新型课堂的把控；我们倡导教师的研究和探索，基于“双新”背景，聚焦实践性问题，通过开展课题研究、撰写论文案例等方式，将研究者的思维习惯运用到教育教学改革的过程之中，消弭教师自身理论素养与实践素养之间的鸿沟，这样既产出了大量的学术研究成果，也生成了一种基于教学研究的专业发展方式。

总而言之，“双新”改革对于学校语文教师队伍建设而言，既是挑战，又是机遇。幸运的是，我和我的同伴们，都能够在学校整体的设计和引领下，通过积极主动的参与，把握住了变革带来的专业发展契机，培养了自己在“双新”背景下语文教学的综合适应能力。作为语文团队的一员，我始终对此怀有欣喜和感恩之心。学校近年来在教师队伍建设上整体不断取得的成绩，实际上也是“双新”改革赋予教师专业发展新的契机和动能的直接体现。

## 第二节　语文“双新”改革市西经验的凝练

作为一项教育科研成果，笔者撰写本书的目的，不仅仅是呈现市西中学语文教研组在组织开展“双新”改革中的一些具体做法，更为重要的是，要通过对现象的分析来透视学科教学改革中的规律和经验。基于此，凝练和总结语文“双新”改革市西经验是本书撰写的一个重要价值和目标。对于这一价值和目标的追求，笔者主要经历了三个维度的思考。

其一，从教育研究的价值和意义出发，任何一项有价值的研究，都应该是理论理性和实践理性的有机结合，既要从实践层面呈现具体的做法，也要有一定的理论梳理和经验凝练，只有如此，才能达成教育研究的理论价值，给人以启发。从市西中学语文学科的教学改革现象出发总结凝练普适性的价值认知，这实际上就是一种理性思考的过程。其二,从优质学校的社会责任出发,当下,教育优质均衡发展已经成为一种重要的改革趋势,教育均衡发展实质上是指在教育公平思想和教育平等原则的支配下,教育机构、受教育者在教育活动中享受平等待遇的教育理想和确保其实际操作的教育政策与法律制度。[1] 在这一过程中,优质学校理应承担更多的社会责任。"优质学校"概念的提出本身就含有不同以往的价值意蕴,即这部分学校不仅要"独善其身",考虑自身的发展,还要"兼善天下",切实履行社会责任,成为教育公平建设和质量提升的典范。[2] 市西中学作为上海市知名中学,有必要通过学科教学改革经验的凝练和输出来达到承担教育公平优质发展的社会责任。其三,从当前教育研究的话语转向看,对于当下的中国教育改革发展而言,真正"有意义的"教育思想必须基于实践,对中国教育真正具有引导力的思想最终只能形成于本土境脉与本土实践之中,不能全部用具有浓厚西方文化色彩的价值取向、思维习惯与言说方式来套解中国的社会现实和规引中国人的教育实践。[3] 因而,梳理市西中学的课程教学改革经验,是生成课程教学改革本土经验,彰显教育研究本土话语体系回归的需要。

梳理市西中学语文学科"双新"改革的具体实践,可以总结形成以下四个维度的经验,这些经验的凝练,显然在更广阔的教育空间中可以得到借鉴和运用。

## 一、注重先进思想理念的指导

市西中学在推进"双新"改革的过程中,始终坚持理念先行的原则,也就是要集中统一教师的思想认识。我们发现,教师对于改革的恐惧几乎是天生的,他们害怕改革会打破他们原有的生活和专业发展"舒适区",对于未知的恐惧更是加剧了他们对于改革的抵触情绪。在这样的情况下,"双新"改革之初,学校就通过专家讲座、校本研修、专题会议、教师团队学习等方式,对新课程、新高考、新课标等理念进行学习,将业务学习与党的最新教育政策、文件、方针等的学习有机结合,让教师真

---

1 翟博.树立科学的教育均衡发展观[J].教育研究,2008(01):3-9.

2 高芳.均衡发展政策框架下优质学校的社会责任[J].学术交流,2014(07):217-220.

3 吴康宁."有意义的"教育思想从何而来——由教育学界"尊奉"西方话语的现象引发的思考[J].教育研究,2004(05):19-23.

正明确"双新"改革的理念是什么，明确自己在"双新"改革的场域中能够做什么，应该做什么，形成对于改革的基本认知。有了这种先进思想和理念的引领，教师对于改革的恐惧心理能够得到有效的缓解。因此，对于任何学校而言，要想有效推动改革的进程，必须从统一教师的思想意识入手，要让教师通过对先进思想理念的认知明确改革的必要性和合理性，形成主动参与改革的意识，这是学校层面教育教学改革真正落到实处的必然选择。

## 二、注重教师参与意识的提升

教师是学校的主人，任何课程教学变革，如果缺少教师的深度参与，都将难以真正达成目标。近年来，随着新公共管理对参与决策思想的倡导以及批判理论对个人自我解放、反对霸权的呼吁，参与决策权成为各个领域人们争取权力、参与管理的一种手段。[1] 在教育领域，自20世纪80年代开始，对于教师的赋能增权开始成为教师专业发展研究的重要问题域，同时，为教师赋能增权也被视作是推动教育改革、实现学校教育重建的重要手段。在这一系列的改革运动中，教师赋能增权应该成为教育改革特别是学校重建的一个重要组成部分，而不是一个单独的工作，成为了一种共识。[2] 要想使得学校改革和重建获得成功，就不能仅仅对学校进行改革，教师必须成为学校决策的重要组成部分。[3] 在这样的理论支持和实践探索中，学校管理者开始普遍重视通过制度的设计和路径的创新来吸引教师参与学校管理，利用教师的集体智慧促进学校改革发展。近年来，随着现代学校治理理念的提出，教师参与治理问题再一次成为研究的热点。大量研究认为，完善学校治理结构、提高学校治理能力，"需要确立教师在学校治理中的主体地位，发挥教师在学校治理中的'权力分享''权力监督'和'责任共担'作用，这是时代使命，更是实践所需"。[4] 在这样的情况下，学校开始普遍重视思考和探索制约教师参与学校治理的

1 朱旭东.教师专业发展的理论研究[M].北京：北京师范大学出版社，2018：177－179.

2 Marks，H. M. & Louis，K. S. Teacher Empowerment and the Capacity for Organizational Leaning[J]. Educational Administration Quarterly，1999(05)：720－729.

3 Klecker，B. J. & Loadman，W. E. Defining and Measuring the Dimensions of Teacher Empowerment in Restructuring Public Schools[J]. Education，1988(03)：360－366.

4 魏叶美.教师参与学校治理研究[D].上海：华东师范大学，2018：1.

内外部因素，并希望通过教师治理意愿的提升和教师治理能力的拓展让教师深度参与学校管理与发展的过程。市西中学在推动“双新”改革的过程中，就在倡导一种教师全员参与的良好机制和氛围建设，通过制度设计、政策保障、激励措施等的协同建构，让教师能够更加主动地参与项目研究，积极贡献智慧，同时也收获专业成长。由此，对于任何学校的改革发展需要，都要在现代教育治理的范畴内进行有效设计和思考，倡导教师参与学校事务，提升教师参与学校治理的意识和能力，这是学校得到长久发展的必然选择。

## 三、注重学校整体特色的引领

近年来，创建特色学校、推动学校特色发展越来越成为我国中小学改革的热点，[1]对于普通高中的发展而言，实现学校特色化、多样化发展已经写入到政策文本之中。特色学校建设的内在要求已经不能依赖外在治理范式，而必须代之以内在生成的哲学。[2] 从这个意义出发，学校特色建设就是要立足自身实际并合理定位，大力挖掘学校内部的潜力，找到学校发展的突破口，逐渐将潜在优势转变为显性优势。[3] 对于一所高中学校而言，学校的特色，往往是通过一系列具有鲜明标志的活动进行承载和体现的，这些活动既能够体现学校的办学特色，也能够为办学特色的进一步显现和扩大影响提供支撑。

在“双新”改革的过程中，不论是语文学科，还是其他学科，市西中学的改革推进都有一种鲜明的“整体”意识，那就是不管什么学科，不管怎样的学习方式，我们所代表的首先是市西中学，要有市西中学的味道和标志。比如，学校的思维广场变革，这是学校鲜明的课程教学改革标志，也是学校的特色项目。语文学科在推进“双新”改革的过程中，主动利用思维广场进行教学创新，这既丰富了语文教学的实施手段，也进一步助力和推动了思维广场的教学改革整体实施。再比如，学校目前正努力打造学术性高中，这是学校改革发展的又一个重要特色设计，而我们在进行语文“双新”改革的过程中，也很好地契合这种学术性高中的要求，通过引导学生参

1 楚江亭.特色学校创建：概念透视与模式重构[J].教育发展研究，2008(08)：33－37.
2 漆新贵，蔡宗模.特色学校建设：内在生成的理念[J].中国教育学刊，2010(02)：22－25.
3 殷桂金.普通高中学校特色的定位与类型[J].教育科学研究，2011(11)：10－14.

与调查、课题，撰写论文等方式，培养学生的学术思维，为打造学术性高中提供支持。从市西中学的经验看，学校的学科教学改革，一定不能是各行其是的单打独斗，一定要在学校整体设计下按照学校整体的发展思路进行探索，特别是要注重体现学校的办学特色，通过整体特色发展的引领赋能学科教学改革的有效推进。

## 四、注重高校专家资源的引进

在当下的中小学改革与发展实践中，通过与高校的合作，借助高校的专家资源实现学校特色发展和教师队伍的有效培育，已经成为一种共性的选择。所谓大学与中小学的教育合作(简称 U-S 合作)是指大学与中小学之间为改善学校教育教学实践，提高教师的专业发展水平而建立的关系。[1] 其后，随着一些社会与教育问题日益突出，U-S 合作进程在加快，深度在加强。U-S 合作具有重要的现实意义和实践基础，传统上的大学与中小学一直处于彼此隔离的状态，因此造成了教育理论与教育实践的脱离，教育研究者与教师实践者的隔阂，大学的教师教育脱离教学实践，中小学教学实践缺乏教育理论的有效指导，这种长期隔离的状况对双方的可持续发展都极为不利，[2] 而有效的 U-S 合作则有助于消解这种问题。当然，中小学与高校的合作，也需要有相应的价值观念和实践机制作为保障才能够最终取得实效。

在推进“双新”政策下的语文教学改革过程中，市西中学也注重充分挖掘整合华东师范大学等高校的资源，通过建构学术共同体的方式，打造实践共同体视域下的 U-S 合作新机制，[3] 围绕“语文跨学科融合式教学实践”这一主题开展深度合作(见表 6.1)。

高校组建项目团队，全面支持市西中学人文类学科关注思辨能力与素养的跨学科思辨融合式教学研究。在跨学科思辨融合式教学研究过程中，及时提供专家咨询，提升教学能力成效，优化教师理论系统。每年至少安排 5 人次高水平专家来校指导。开设专家讲座 8 场，其中邀请了华东师范大学教授周彬、郅庭瑾，复旦大学著名学者葛剑雄开设了专题讲座。学校还聘请华东师大倪文尖教授作为跨学科专

1 张景斌.大学与中小学的伙伴协作：动因、经验与反思[J].教育研究，2008(03)：84－89.

2 陈振华，程家福.论 U-S 合作长效机制的构建[J].教育发展研究，2013(04)：54－59.

3 孙自强.实践共同体视域下 U-S 合作模式的重构[J].教育研究与实验，2016(04)：77－81.

职指导教授，指导相关学科教师开展教育科研和教学研究，提升教师的教育教学专业发展能力。对教师的教育教学专业发展进行专业引领，指导教师提升教育素养和责任意识。

表 6.1　教研活动列表

| | 活 动 主 要 内 容 |
|---|---|
| 2020 年 9 月 | 华东师大倪文尖教授的"双新"专题讲座"文学性阅读与单元整体教学"。 |
| 2020 年 11 月 | 季丰老师谈一线教师新教材使用的思考与反思。 |
| 2021 年 5 月 17 日 | 教学实践研讨：<br>倪文尖老师展示课：《包身工》《荷花淀》比较阅读。<br>评课及新教材单元教学研讨。<br>借助华东师大的教授资源，研讨新教材教学方式方法，打开高中教师的思路，使教师得到很大启发。 |
| 2021 年 6 月 30 日 | 华东师大倪文尖教授带参与新教材编写的老师来校讲座，题目是"寻找切实可行的新教学样态"，并回答老师们在新教材教学实践中遇到的问题，存在的困惑。 |
| 2021 年 12 月 9 日 | 倪文尖老师展示课：《故都的秋》《荷塘月色》比较阅读 |
| 2022 年 11 月 18 日 | 罗岗教授"重读鲁迅'幻灯片事件'"。<br>毛尖教授"认识电影，兼谈中国影视剧的问题"。 |

在华东师大倪文尖教授等专家的引领支持下，学校的语文教学改革有了先进的理念作为引领。更为重要的是，因为有了共同的研究命题，市西中学和华东师大的合作有了更坚实的基础。在专家的引领下，教师们能够深入研讨，认真观课，仔细思考，也能够就语文教学改革的问题形成专家引领下的自主设计和创造（参见下文），这是高校与中小学合作所能够产生的积极价值。从这个角度出发，在未来的学校改革发展中，要进一步加强高校资源的有效借鉴和运用，当然这种运用不是单向度地听取高校专家的意见，而是要有学科教师自身的思考和辨析。只有如此，这种高校和中小学的合作才是真实有效的。

下文是笔者在参与倪文尖教授的合作项目、观摩倪教授的课堂展示后对新教材的单元与群文阅读教学产生的一些思考，这些思考也从侧面印证了我们与华东师大专家的合作是深入人心并且富有成效的：

国家统编版教材的实施以及单元教学的推行，使语文“课”的构成发生了变化，语文“课”不再以单篇文本作为基本构成单位，更多的情况是以一组文本为一课。这样整合的目的是克服传统阅读教学的碎片化，建构一个单元、一册教材乃至高中语文课程的整体性，同时激发学生自主学习的兴趣，由此促进教学方式发生相应的转变。而如何按新教材编写的特点和要求进行教学、如何有效进行群文和单元教学，让教师的导读和学生的自读有机融合，这又是我们一线教师普遍感到困惑的地方。现场观摩了倪文尖老师在我校上的《故都的秋》与《荷塘月色》比较阅读课之后，我颇有些感触。本文既可以说是对这堂课的评议，实际上也属于自己对以上问题的收获与思考。

群文阅读教学并非全新的事物，正如倪老师所指出的，过去教科书里有不少把多首诗词或新闻作品编为一课的情况，而教师组织教学时也多有将几个文本放一起学习的做法，其中较多也较成功的是比较阅读。如今群文阅读成了热门话题，但万变不离其宗，“比较阅读”仍然是最基本也最重要的方式，而“比较点的选取”则是比较阅读能否成功的关键。倪文尖老师对此具有高度的自觉意识，而他对郁达夫的《故都的秋》、朱自清的《荷塘月色》的深入研究与独特见解，又使他对这两篇散文的“同与不同”了如指掌，所以他这课讲起来是非常自信乃至游刃有余的。

但倪老师不急于展开这个核心环节，而是从“《故都的秋》和《荷塘月色》为什么会被编为一课”这个开放性问题切入，这应该和他这堂课的多重教学目的有关。首先是当堂的学生，为的是给他们提供自主思考的空间。从课堂反馈来看，学生的回答已算是比较多样化的了。可倪老师似乎并没有很满意，他直接对学生提出了进一步的要求，想促动学生对发散思维的关注，这也是其重要的教学目标。而后倪老师自己小结为“编者、读者、文本”等几个维度，文本维度又分“内容、形式”之类，则是在讲授知识的同时，试图启发学生逐渐形成对教材的元认知习惯，这对于帮助学生学会梳理教材、建构自己的知识显然是有利的。这样做，当然也和倪老师希望这堂课是在师生对话中走向核心教学内容而显示其建构性有关。

而在我看来，因为这堂课有现场录像，而且视频会在B站上上线，这样做倪老师还有一重很重要的目的，他是想以教材编者的身份给广大教师示范教材如何使用，或许一线教师才是他最重要的预设观众。所以，倪老师一开始让学生读“单元导语”，在教学中又不断利用课后“学习提示”“单元学习任务”乃至有关写作的短文《如何做到情景交融》等教材里的有关内容，既由此组织现场学生们的学习，又指点这些教材构件的功能和用法，等于是在手把手地教B站上的教师观众今后怎么用好教材。可以夸赞这为一箭双雕，而且利用写作短文来助力阅读教学，如此这般地实现通常所说的“读写结合”，这一幕当时就给我以惊喜之感。但我还是要说，给现场学生上课还要给教师观众上课，总还是会顾此失彼的，尤其是录像被处理后作为B站UP主的视频课，更难免要受其形式和风格的牵扯。仅就在场的观感来说，这部分内容虽然并不枯燥，学生也显然有所收获，但他们总体处于茫然状态，不大知道老师葫芦里卖的什么药；其次就是用时问题，即便还算可控，但还是耗时偏多，使得无法给予学生更多的时间思考这堂课里更重要的教学内容。

更重要的内容是这两篇写景抒情散文之间的差异：《荷塘月色》是触景生情，情因景生，《故都的秋》是因情写景，借景抒情；《荷塘月色》写的是实景，而《故都的秋》写的是虚景。这是基于统编版教材这一单元的教学目标、基于课文的文本特性、基于教师个人的深度解读而进行的选择，那么是否适合高一学生的知识基础和认知水平呢？从课堂实施与反馈看，较好地达成了目标，这就表明核心教学内容的确定在这堂课上是适切的。这得益于倪老师的教学逻辑与方法。首先是文章“线索”这一比较点的选定，不高不低，又是从《荷塘月色》的已知内容出发，而且“行踪”与“心绪”在语言表达上的对比度强，学生不难领悟；其次是以文本为本，“几幅秋景图是怎么连接起来的”，这个问题具体而明确，完全落实到了文本的细读之中；进而又激活学生的生活经验进行有效“类比”，“像提溜着画板，到处去找一个点作画”“他在喝茶”“是写意画”，学生的感觉与判断在教师的点拨下逐步调整，越来越准确；最终，则是“实景”“虚景”这一对有难度的文学范畴水到渠成、和盘托出。

估计有些读者看了课堂实录会比较担心，这样的教学内容学生能否接受？也由此产生一些不满和批评，课上重要的知识内容怎么多半是由教师直接讲授出来的？对此，我一方面也是同样感到颇为遗憾，而另一方面据我在现场的观察，学生在整节课上基本处于兴奋的状态，他们的理解和接受并没有多大问题，也看不出他们对倪老师在对话教学过程中“发表长篇大论”有什么不适。这启发我想了几个至今没有想清楚的话题，这里一并提出来请倪老师和同行朋友们批评。

一是，真实生成的课堂应与学生的阅读和认知过程相匹配，教师敢于与学生一起走进文本、一起探究分析，这是最重要的，这才能建构出一个趣味性、发现式的课堂，从而也自然有利于学生的生成性、过程性学习。也就是说，在课堂伊始，教师提出学习价值高的问题，带动学生创造每个人积极思考、生生之间与师生之间踊跃碰撞对话的课堂氛围，这比什么都重要。无论是单篇作品还是组合文本的教学，道理都是一样的。只不过群文阅读教学，要使多文本真正组合起来融合好，是非常考验教师综合素质的，比如文本解读能力，尤其是在发现不同文本不同特点基础上的比较阅读能力，比如理解领悟教材、有分有合地落实单元教学目标的能力，等等。

二是，在课堂上，当学生们思维活跃、积极互动之时，结论性的看法假如能通过对话、追问而从学生嘴里发表出来，固然是最好的，但即便是由教师口中给出，问题或许也没那么严重。像倪老师的这堂课，并不特别看重表面上的对话，也不怕教师自己讲得多了，而是敢于当场揣摩、还原学生的思考过程，帮助学生反思自己的思维活动，从而达成师生思想的共振，也迸射出了很多教学智慧。

三是，从形成性评价和“教—学—评一致性”的要求来看，这堂课的缺憾又是明显的，因为很多时候，学生还来不及思考出结果就被叫停而被给出答案了，而不少对话的来回与纵深也很不够，这就使得我们无法看到足量的形成性评价，获取更贴合实情的学生深度学习的证据。

也正是在这一维度上，倪老师布置的课后作业，真可谓“价值连城”。揣摩以文本形式为中心的比较阅读的切入角度，这是对这堂课所学方法、可迁移知识的总结，也是对课堂学习里评价和反馈不足的一个弥补；“因情写景，仿佛你坐在那儿，开始让意识流动，让想象的翅膀飞，然后把这个流动、把这个心绪记录下来，写一篇三四百字的抒情散文片段”，这一课后学习任务就更是课堂的延续，乃至课堂的升华。但从学生作业的完成情况，才看得出这堂课的最终效果。所以观课，可能更重要的还是要看下课之后。可见，倪老师给了我们一个意犹未尽的结尾，值得所有的一线教师细细揣摩。[1]

## 第三节 语文“双新”改革未来研究的重心

任何改革，只有进行时，没有完成时。回溯“双新”背景下市西中学的语文学科教学改革，尽管在实践中已经取得了很大的成效，但是依然存在完善拓展的空间。结合当下语文学科教学改革的趋势和新时代教育教学在演进中生成的新的理念、思想，未来的语文“双新”教学改革研究和实践，至少在如下三个维度上应该有更进一步拓展的空间。

### 一、更加科学的学科评价设计

评价是教育教学活动的重要环节，评价的改革也是课程教学改革的重点和难点所在。中央全面深化改革委员会第十四次会议审议通过的《深化新时代教育评价改革总体方案》提出改进结果评价、强化过程评价、探索增值评价、健全综合评价的整体设计。[2] 语文新课程标准也强调，要改进教学评价，在评价的过程中，要着眼于核心素养的整体发展，要全面把握学习任务群的特点，要倡导评价主体的多元化，要选用恰当的评价方式，要明确必修和选修课程评价的重点和联系，这实际上是要求根据“双新”的理念建构开发一种合理的教学评价、课程评价、学生评价体系。从目前学校对于语文教学的改革探索看，我们对于评价领域的探索尚没有形成系统性成果。着眼未来，要进一步结合新时代教育评价改革的基本理念，结合语

1 郑岚.统编语文教材的单元与群文阅读教学[J].语文学习，2022，(10)：45 - 46.
2 朱立明，等.新时代教育评价改革的思考[J].中国考试，2020(09)：15 - 19.

文课程标准的要求，结合具体的教学任务设计多元主体共同参与、多种评价工具共同使用的科学的评价体系，发挥评价的发展性、增值性功能，也为学校“双新”背景下的语文教学改革寻找新的变革突破。

## 二、更加智能的教学方法运用

信息技术的广泛运用，是当今时代发展的最显著、最重要的特征。信息技术的快速发展和广泛运用，深刻改变了人们的生产生活方式，也必然会为教育的变革带来直观可见的机遇与挑战。如何抓住信息技术的优势，推动技术赋能的教育变革，显然已经成为当今时代教育整体改革与发展的重要问题域。从实践的角度看，从某种意义上可以认为，人类教育的沿革历史，很大程度上可以体现为一种技术的发展史。但是，在教育史学的理论研究和叙事体系中，“技术”显然并非一个显在的要素，究其原因，主要是相较于教育改革发展的速度和进程，教育技术的变革往往比较缓慢和落后，以至于很多时候人们往往难以真正察觉技术发展对教育变革的直接影响。[1] 但是这种状况自 20 世纪 90 年代后期信息技术快速发展以来得到了彻底性的改观。作为一种独特的“技术”，信息技术与教育改革发展之紧密，促进教育变革成效之显著，信息技术赋能教育整体变革任务之迫切，可以说都是前所未有的，也正是因为如此，信息技术对于教育发展的影响将会是革命性的。

从当前的情况看，随着信息技术在教育领域的充分运用，我国已经在基础教育信息化促进教育公平和信息技术与课程整合等方面开展了较多的实践探索。伴随着信息技术与教育教学的深度融合，技术赋能已经成为教育信息化领域的研究热点和实践突破口，[2] 信息技术与教学、管理、评价的有机结合将成为一种新常态。线上线下融合的教学也将成为今后我国中小学教育教学的一种可行性模式。实际上，《普通高中语文课程标准(2017 年版)》也已经在倡导信息技术与教学的有效融入，只是在我们的探索中，对于信息技术融入“双新”背景下的语文教学的探索还比较零散。着眼未来，我们要树立起数据驱动、信息发展的意识，积极探索信息技术

---

1 郭文革.教育的技术发展史[J].北京大学教育评论，2011(03)：137－192.

2 万昆，任友群.技术赋能：教育信息化 2.0 时代基础教育信息化转型发展方向[J].电化教育研究，2020(6)：98－103.

与课程、教学和评价的有机融合之道，培养师生适应未来教育的能力和素质，打造匹配未来教育的新型语文课堂。

## 三、更加自信的本土经验凝练

文化自信是一个国家发展进步的不竭源泉，是一个民族最动人的精神底色。新时代深化教育改革，必须坚持文化自信，扎根中国大地办教育，培养德智体美劳全面发展的社会主义建设者和接班人，[1]这就需要以更加自信的勇气和态度来凝练改革中的本土经验。习近平总书记在党的二十大报告中提出，要“以中国式现代化全面推进中华民族伟大复兴”。中国式教育现代化具有其内在的政治逻辑、历史逻辑、理论逻辑和实践逻辑，[2]要形成中国式教育现代化的道路体系，就需要各个领域中具有中国特色的教育改革发展路径设计，需要更具有本土特色的教育经验的凝练。着眼未来，我们要以更加主动开放的心态对待教育改革，更加积极主动地开展教学方式变革的探索，也要对新时代语文教育教学的改革问题进行深入研究，形成具有中国特色和世界影响力的实践模式，发出高中语文教学改革的中国声音，讲好语文教学改革的中国故事，彰显语文教学改革的中国气质，这是中国式教育现代化的重要支撑，也是高中语文教育教学研究和实践的努力方向。

作为一名高中语文教师，我将持续为此而努力。

1 李兴洲，何雨点.教育改革要坚持文化自信[J].中国高等教育，2019(15/16)：40－42.

2 张志勇，袁语聪.中国式教育现代化道路刍议[J].教育研究，2022(10)：34－43.

# 主要参考文献


1. [日] 筑波大学教育学研究会.现代教育学基础[M].钟启泉,译.上海：上海教育出版社,1986：195.
2. [德] 赫尔巴特.普通教育学·教育学讲授纲要[M].李其龙,译.北京：人民教育出版社,1989：221.
3. 陈桂生."教育学视界"辨析[M].上海：华东师范大学出版社,1997：86.
4. [德] 马克斯·韦伯.学术与政治[M].冯克利,译.北京：生活·读书·新知三联书店,1998：28－29.
5. 吴志宏,陈韶峰,汤林春.教育政策与教育法规[M].上海：华东师范大学出版社,2003：60.
6. [美] 杜威.道德教育原理[M].王承绪,等,译.杭州：浙江教育出版社,2003：183.
7. [英] H.K.科尔巴奇.政策[M].张毅,韩志明,译.长春：吉林人民出版社,2005：10.
8. [美] 约翰·杜威.我们怎样思维·经验与教育[M].姜文闵,译.北京：人民教育出版社,2005：19－21.
9. [美] 约翰·杜威.民主·经验·教育[M].彭正梅,译.上海：上海人民出版社,2009：37－41.
10. [英] 霍普金斯,爱恩思科,威斯特.变化时代的学校改进[M].孙柏军,编译.北京：北京师范大学出版社,2016：4.
11. 中华人民共和国教育部.普通高中语文课程标准(2017年版)[S].北京：人民教育出版社,2018.
12. 朱旭东.教师专业发展的理论研究[M].北京：北京师范大学出版社,2018：177－179.
13. 朱香平.高中语文教学思考与实践[M].福州：福建教育出版社,2020.
14. 胡惠闵,王建军.教师专业发展[M].上海：华东师范大学出版社,2014：256.
15. 费孝通.乡土中国[M].北京：商务印书馆,2011.

16. 铁凝.又见香雪[J].安徽文学,2008(06):157-158.
17. 郑金洲.走向"校本"[J].教育理论与实践,2000(06):11-14.
18. 叶澜.重建课堂教学价值观[J].教育研究,2002(05):3-7+16.
19. 张天宝.鼓励创新:新课程课堂教学改革的核心[J].课程·教材·教法,2004(02):24-30.
20. 吴康宁."有意义的"教育思想从何而来——由教育学界"尊奉"西方话语的现象引发的思考[J].教育研究,2004(05):19-23.
21. 朱京曦.学生主体活动:课程学习资源的价值所在[J].教育研究与实验,2005(02):27-29.
22. 刘徐湘,胡弼成.教育学中"具体的人"——现象学的视域[J].高等教育研究,2005(03):17-22.
23. 彭寿清.学科德育:一种有效的德育模式[J].重庆大学学报(社会科学版),2005(05):134-137.
24. 姜勇.论教师专业发展的后现代转向[J].比较教育研究,2005(11):54-57.
25. 王少非.论基于标准的教学[J].教育发展研究,2006(17):10-13.
26. 邹尚智.论中小学校长校本课程领导的功能和策略[J].课程·教材·教法,2007(01):19-22.
27. 邓涛,孙启林.论个人主义教师文化及其变革[J].比较教育研究,2007(06):26-30.
28. 翟博.树立科学的教育均衡发展观[J].教育研究,2008(01):3-9.
29. 徐玉珍.论国家课程的校本化实施[J].教育研究,2008(02):53-60.
30. 张景斌.大学与中小学的伙伴协作:动因、经验与反思[J].教育研究,2008(03):84-89.
31. 王兆璟.论有意义的教育研究[J].教育研究,2008(07):39-43.
32. 楚江亭.特色学校创建:概念透视与模式重构[J].教育发展研究,2008(08):33-37.
33. 吴伟昌.语文教学的生命支点——新课标高中语文课堂教学设计[J].教育理论与实践,2008(26):9-10.
34. 崔允漷.课程实施的新取向:基于课程标准的教学[J].教育研究,2009(01):74-79+110.
35. 曹长德.论教师专业自觉[J].安庆师范学院学报(社会科学版),2009(03):26-31.
36. 漆新贵,蔡宗模.特色学校建设:内在生成的理念[J].中国教育学刊,2010(02):22-25.
37. 姜新生.从个人主义到自然合作:教师文化的理性建构[J].教师教育研究,2010(03):5-9+15.
38. 牛利华,邹萌.教育改革中的教师阻力:成因及教育应答——以中外已有研究为基点[J].外国教育研究,2010(10):18-21.
39. 严仲连,马云鹏.论课程价值的实现与理性选择[J].教育理论与实践,2010(11):39-43.
40. 魏明芳.以有效的教带动高效的学——新课标高中语文实施有效课堂教学策略[J].教育

学术月刊，2010(12)：97－98.
41. 胡惠闵.从区域推进到以校为本：校本研修实践范式研究[J].教育发展研究，2010(24)：61－65.
42. 周波.三十年来我国学生主体性研究的反思[J].首都师范大学学报(社会科学版)，2011(01)：54－59.
43. 郭文革.教育的技术发展史[J].北京大学教育评论，2011(03)：137－192.
44. 朱丽.什么是成功的教育改革——教育改革成效评价标准构想[J].教育发展研究，2011(06)：35－38.
45. 陈雅玲.教师团队合作学习：生态取向的教师发展机制[J].当代教育科学，2011(15)：26－29.
46. 顾明远.试论教育现代化的基本特征[J].教育研究，2012(09)：4－10+26.
47. 张治平.论学校课程领导的原则与任务[J].课程教学研究，2012(11)：19－23.
48. 殷桂金.普通高中学校特色的定位与类型[J].教育科学研究，2011(11)：10－14.
49. 刘涛.教师成为研究者：急需澄清的三个问题[J].教育发展研究，2012(12)：58－63.
50. 李凌.美国高中生走在科研前沿[J].教育，2013(02)：63.
51. 陈振华，程家福.论 U－S 合作长效机制的构建[J].教育发展研究，2013(04)：54－59.
52. 孟可.希腊要求高中生开展科研项目[J].世界教育信息，2013(05)：76.
53. 李学书.从认识论到生存论：中小学作业改革的新取向[J].课程·教材·教法，2013(07)：31－36.
54. 李辉.我国基础教育学校课堂改革概览与展望[J].中国教育学刊，2013(08)：35－39.
55. 杜晓利.富有生命力的文献研究法[J].上海教育科研，2013(10)：1.
56. 李太平，刘燕楠.教育研究的转向：从理论理性到实践理性——兼谈教育理论与教育实践的关系[J].教育研究，2014(03)：4－10+74.
57. 杨建超，孙玉丽.高中教育的历史演进及启示[J].河北师范大学学报(教育科学版)，2014(05)：46－51.
58. 李云星.高中教育改革研究的进展与展望[J].浙江师范大学学报(社会科学版)，2014(06)：116－120.
59. 高芳.均衡发展政策框架下优质学校的社会责任[J].学术交流，2014(07)：217－220.
60. 刘燕楠.对教育研究的再认识——教育理论研究与教育实践研究之辨[J].教育理论与实践，2014(10)：11－15.
61. 褚宏启.教育治理：以共治求善治[J].教育研究，2014(10)：4－11.
62. 孙宽宁，徐继存，焦炜.课堂教学改革的本质游离与回归[J].中国教育学刊，2014(10)：54－58.
63. 向晶.追寻目标：学生幸福的教育关照[J].全球教育展望，2014(11)：17－24.

64. 杜明峰,范国睿.普通高中教育现代化发展指标的价值选择与建构思路[J].教育发展研究,2015(01):71-75.
65. 邱德乐.论学生的课程权利[J].课程·教材·教法,2015(3):48-52.
66. 苏百泉.高中生全员参与课题研究与学校创新教育的调整[J].创新人才教育,2016(01):24-27.
67. 袁小梅.作业的内涵与减负的实践走向[J].教育探索,2016(02):35-37.
68. 孙自强.实践共同体视域下U-S合作模式的重构[J].教育研究与实验,2016(04):77-81.
69. 吴歆欣.阅读整本书,整体提升语文学科核心素养[J].中学语文教学,2017(01):11-14.
70. 中国教育科学研究院课程教学研究所课题组.深化课程改革是落实立德树人根本任务的必由之路[J].中国教育学刊,2017(07):1-6.
71. 吴晓玲.论学校课程规划的过程性——基于江苏省义务教育学校课程规划状况的调查[J].教育科学研究,2017(07):65-70.
72. 范敏,刘义兵.斯腾豪斯的"教师成为研究者"思想[J].全球教育展望,2017(08):83-94.
73. 张华.跨学科学习:真义辨析与实践路径[J].中小学管理,2017(11):21-24.
74. 薛文坤.基于高中语文"核心素养"下的语文教学改革初探[J].教育现代化,2017(45):117-119.
75. 王婷,徐继存,王爱菊.改革开放四十年我国课堂教学研究的回顾与反思[J].教育学报,2018(01):27-34.
76. 胡勤.高中语文课程内容结构性重组——我读《普通高中语文课程标准(2017年版)》[J].语文建设,2018(02),13-17.
77. 肖军.教育研究中的文献法:争论、属性及价值[J].当代教育理论与实践,2018(04):152-156.
78. 胡定荣.全面发展·综合素质·核心素养[J].新疆师范大学学报(哲学社会科学版),2018(06):61-78.
79. 刘日光.高中语文课程视域下的"整本书阅读"[J].语文建设,2018(07):44-46.
80. 石中英.关于中国学生发展核心素养的哲学思考[J].课程·教材·教法,2018(09):36-41.
81. 白显良,崔建西.新时代立德树人的价值定位、时代内涵与实践要旨[J].思想理论教育,2018(11):4-9.
82. 刁益虎.教育经验的困境及其突破——狄尔泰体验哲学的视角[J].当代教育科学,2018(11):7-10.
83. 袁国,贾丽彬.人的全面发展:教育改革的基本价值标准[J].教育理论与实践,2018(20):7-9.

84. 曾天山，杨颖东.新时代科研强校的使命、基本特征与推进策略[J].教育理论与实践，2018(22)：16－20.
85. 赵虹元.学科德育的价值及边界[J].中国德育，2018(22)：32－38.
86. 邹广文，杨景玉.新时代教育如何立德树人[J].人民论坛，2019(2下)：28－30.
87. 胡定荣.论学校课程治理变革的意义、性质与任务[J].教育学报，2019(02)：32－40.
88. 崔允漷.如何开展指向学科核心素养的大单元设计[J].北京教育(普教版)，2019(02)：11－12.
89. 周彬.教学治理现代化：时代挑战与实践转向[J].教育科学，2019(04)：17－22.
90. 杨小微.从实施到开发：国家课程校本化的新走向[J].课程·教材·教法，2019(05)：44－49.
91. 温儒敏.坚持立德树人，立足核心素养——用好语文统编教材的两个前提[J].语文建设，2019(07)：4－7.
92. 杨伟.语文核心素养概念的背景、意义与理论资源——论《普通高中语文课程标准》的创新[J].课程·教材·教法，2019(07)：99－105.
93. 董君武.思维"广场"撬动教学方式深度变革[J].未来教育家，2019(07)：71－74.
94. 徐俠俠，鲁宽民.习近平关于创新人才的重要论述及其实现路径[J].思想理论教育导刊，2019(07)：8－11.
95. 李润洲.指向学科核心素养的教学变革[J].教育科学研究，2019(09)：5－10＋23.
96. 郭华.70年：课堂教学改革之立场、思想与方法[J].中小学管理，2019(09)：20－24.
97. 成尚荣.学科育人：教学改革的指南针和准绳[J].课程·教材·教法，2019(10)：82－89.
98. 王本华，朱于国.以立德树人为根本，以核心素养为依归，建设符合新时代需要的高中语文教材[J].课程·教材·教法，2019(10)：10－18.
99. 牛楠森."办学理念"：概念辨析及其"诞生"[J].中小学管理，2019(11)：28－31.
100. 金京泽.简论学校课程领导力之上海模型[J].上海课程教学研究，2019(12)：6－12.
101. 李兴洲，何雨点.教育改革要坚持文化自信[J].中国高等教育，2019(15/16)：40－42.
102. 杨九俊.立德树人 合时而著——统编高中语文教材特点解读[J].人民教育，2019(20)：58－59.
103. 瞿婷婷，高建波.核心素养背景下综合实践活动课程设计：价值体察与实践路径[J].教育理论与实践，2020(02)：37－40.
104. 叶逢福，蒋励.教育实践反思的策略分析与路径探索[J].大学教育科学，2020(02)：59－67.
105. 殷世东.中小学研学旅行课程设置价值与理论基础[J].宁波大学学报(教育科学版)，2020(04)：26－34.
106. 成晴晴，张春霞.高中语文核心素养的内涵及培育路径[J].华夏教师，2020(05)：45－46.

107. 孙爽红，顾玉军.学生发展视角下的高中语文核心素养生成路径探析[J].西北成人教育学院学报，2020(06)：97－101.
108. 万昆，任友群.技术赋能：教育信息化2.0时代基础教育信息化转型发展方向[J].电化教育研究，2020(6)：98－103.
109. 尹后庆.深入推进普通高中新课程体系建设[J].中国教育学刊，2020(08)：1.
110. 朱立明，等.新时代教育评价改革的思考[J].中国考试，2020(09)：15－19.
111. 顾咏梅.高中语文阅读教学中学习任务设计的实践反思[J].中学语文教学，2020(12)：26－28.
112. 董君武.思维广场，让跨学科融合式教学渐成常态[J].上海教育，2020(34)：47.
113. 方兆玉，薛婷彦.市西中学：八年思维广场积淀，探索跨学科融合教学[J].上海教育，2020(34)：42－46.
114. 郝玲君."新课标"背景下高中语文群文阅读的实践探讨[J].中国教育学刊，2020(S1)：46－47.
115. 郑新丽，靳彤.基于大概念的单元设计：核心素养培育的有效突围——兼论统编高中语文教材的使用[J].内蒙古师范大学学报(教育科学版)，2021(01)：120－127.
116. 周益民.整本书阅读：基本问题与实践探索[J].语文建设，2021(04)：4－7.
117. 季金杰.基于"双新"的学校课程规划：整体架构与编制策略[J].教育参考，2021(05)：28－32.
118. 董玉德.在高中语文教学中立德树人的路径探索[J].语文教学通讯，2021(05)：50－51.
119. 杨桦.高中语文新课程实施应处理好几种关系[J].中学语文教学，2021(06)：28－31.
120. 贡如云.高中语文统编教材选文的语篇特征考察[J].课程·教材·教法，2021(12)：69－74.
121. 何小元.核心素养下的高中语文课堂教学策略研究[J].中学教学，2022(01)：77－79.
122. 管然荣，陈金华.语文作业科学设计刍议——以统编高中语文部分教材为例[J].语文建设，2022(01)：14－19＋28.
123. 张燕华，殷茵.高中语文整本书阅读教学：类型与建议[J].天津市教科院学报，2022(02)：33－38＋73.
124. 耿红卫，吴曼.高中语文写作教学的发展研究[J].河北师范大学学报(教育科学版)，2022(02)：127－134.
125. 谢登科.对高中"双新"改革中五对关系的思考[J].中小学校长，2022(06)：46－48.
126. 余昆仑.学科核心素养视域下的高中语文阶段性测评命题初探[J].语文建设，2022(06)：50－53.
127. 张宁建.高中语文大单元教学实践研究[J].开封文化艺术职业学院学报，2022(06)：75－77.

128. 张志勇,袁语聪.中国式教育现代化道路刍议[J].教育研究,2022(10):34 - 43.
129. 马德传.新时代高中语文教学方法探索——评《高中语文教学思考与实践》[J].语文建设,2022(19):15.
130. 黄军瑞.基于核心素养的高中语文立德树人理念渗透[J].河南教育,2022(12):52 - 53.
131. 龚青铧.高中语文教学融入传统文化培育学生核心素养的探究[J].中国教育学刊,2022(S1):169 - 171.
132. 俞水.创新人才培养不能怀有功利心理——访北京师范大学资深教授林崇德[N].中国教育报,2012 - 06 - 30(003 版).
133. 眭依凡.大学校长的教育理念与治校[D].上海:华东师范大学,2001:2.
134. 陈晴.高中语文新课标伦理内涵研究[D].成都:四川师范大学,2014:1 - 2.
135. 周吉.基于自主学习能力培养的学习任务单设计研究[D].上海:上海师范大学,2018:4.
136. 魏叶美.教师参与学校治理研究[D].上海:华东师范大学,2018:1.
137. 李伟.新课标背景下高中语文读写结合教学研究[D].锦州:渤海大学,2021:14 - 18.
138. 马钰斐.新课标背景下高中语文单元教学研究[D].天水:天水师范学院,2020:44 - 51.
139. 教育部基础教育司.新课程、新教材及高中育人方式改革进展及成效[EB/OL].(2022 - 09 - 15)[2022 - 10 - 17].https://baijiahao.baidu.com/s?id=1744002763012702835&wfr=spider&for=pc.
140. Schon, D. A. The Reflective Practitioner: How Professionals Think in Action[M]. New York: Basic Books, 1983: 177 - 179.
141. Klecker, B.J., Loadman, W. E. Defining and Measuring the Dimensions of Teacher Empowerment in Restructuring Public Schools[J]. Education, 1988(03): 360 - 366.
142. Snyder, etc. Curriculum Implementation[A]. Jackson, P. W. Handbook of Research on Curriculum[C]. New York: Macmillan Publishing Company, 1992: 404 - 418.
143. Hargreaves, A. Changing Teachers, Changing Times: Teachers' Work and Culture in the Postmodern Age[M]. Lodon: Cassell, 1994: 177 - 184.
144. Marks, H. M., Louis, K.S. Teacher Empowerment and the Capacity for Organizational Leaning[J]. Educational Administration Quarterly, 1999(05): 720 - 729.
145. Weinert, F. E. Concept of Competence: A Conceptual Clarification [J]. University, 2001(01): 45 - 65.
146. Goodson, I. Social Histories of Educational Change [J]. Journal of Educational Change, 2001(01): 45 - 63.

# 后　记

《“双新”背景下的高中语文教学革新——上海市市西中学的探索与实践》的书稿，即将付梓。市西中学在推进“双新”改革的过程中，除了整体层面的统一设计，还采取了学科重点突破的方式。语文学科聚焦立德树人的教育根本任务，从学校整体改革出发，努力推动学科教学样态的重构和方式的创新，通过对教育本原及其价值基于实践研究的持续思考、探索，形成了兼具学校特质和传播辐射价值的语文“双新”改革的市西特色。这既是语文学科顺应“双新”改革的主动求变，也是勇于改革创新的使命与责任。

在董君武、方秀红、张芸等校级领导的具体组织下，学校通过课程领导力项目团队，以课程的科学规划推动“双新”改革的整体性实施，以“双新”理念赋予学校课程教学与人才培养新的价值、思路和方法，从而促进学校办学理念的逐步深化。“双新”改革的推进需要学校层面和学科教学层面的整体联动。对于一线语文教师而言，如何适应“双新”的内在要求，构建契合“双新”改革的教育教学策略，是落实“双新”理念需要关注的重要方面。

这本书稿不仅汇聚了学校教育教学的思考和勇敢探索，也倾注了市西中学语文教研组全体成员共同的努力与付出，凝聚着语文老师的集体智慧。近年来，市西中学的语文教师立足课堂，深入分析，开展了一系列的教学实践：周家宏、邱俊铭、张屹、徐梦婷老师带领的2020、2021、2022、2023届备课组在“整本书阅读”“单元整体设计”等方面的大胆尝试，为语文课堂教学的整体转型重塑提供了根本支撑；杨俊杰老师带领的2020年跨学科融合式教学项目团队构建了教学过程的范式，为后期深化提供了可操作的研究基础；2021 年项目组在循环往复螺旋式的过程中继续推进，跨学科融合式学习的理念通过有效的整体性的设计得到呈现；许楠和陈学政两任教研组长领衔的作业设计团队运用真实的学习活动，内化提升学生学习能力……这一系列的探索既是对语文学科践行“双新”的厘清与梳理，又是对既有经验的传承与发展，其目的是在语言建构与运用、思维提升与发展、文化传承与创新等方面发展学生的语文学科核心素养，希冀对语文的育人价值进行再认识、再反思。

董君武校长与郑岚老师一起讨论了本书的总体结构和大纲，又共同确定了书稿撰写的具体要求和撰写计划，并确立核心观点。郑岚老师负责书稿撰写。在案例的撰写中，陈学政、许楠、顾妍婷、周家宏、杨俊杰、张屹、邱俊铭、顾云波、章润发、周毅恒、谷熠等老师将自己的宝贵经验进行了分享。除了语文老师，王璐、陈思燕、杨靖华、王巍老师也提供了跨学科教学、拓展性论文、文化游学、学术探究日课程等案例，在此一并向他们表示衷心的感谢。在这一过程中，上海市教师教育学院纪明泽副院长对市西中学进行的“双新”探索，提出了不少建设性的建议；华东师范大学倪文尖教授领衔的团队为语文学科建设提供了强大的支持与研究指导；上海市浦东教育发展研究院李百艳院长审读了全部章节，并提出了不少中肯的修改意见。在书稿的出版方面，静安区教育发展基金会及张连根理事长，给予了必要性的经费等方面的大力支持。在此，对给予指导、帮助以及支持的所有领导、专家和教育同仁，表示最真挚的感谢！

限于研究的经验与水平，在践行和落实“双新”改革方面，难免存在值得商榷之处，有待于以更加深入的研究，使得论述更加全面、准确、深刻，特别是需要以更加丰富的实践，使“双新”实验更好地落地。我们真诚期待专家和同仁的批评、指导，以促使研究与实践工作得到更加深入的推进、丰富与完善。

郑　岚

2023 年 3 月 30 日